经治
财法

中文社会科学引文索引（CSSCI）来源集刊（2017－2018）

Tribune of Economic Law

经济法论坛

（第20卷）

主　编／岳彩申　盛学军
副主编／江　帆　邓　纲

法律出版社
LAW PRESS·CHINA

出版说明

中国经济法学作为一门新兴的、发展中的学科，迄今已走过30余年的风雨历程。经济法作为我国社会主义法律体系的组成部分，已得到了无可辩驳的承认。随着我国市场经济的进一步发展和依法治国战略的全面推进，经济法必将迎来更加美好的未来。

中国经济法的理论构建和制度建设已经取得了显著成就，为推动我国法治发展作出了重要贡献。但也必须清楚地认识到，经济法在它的发展进程中，仍然面临着新兴学科通常容易存在的一些问题，需要我们以锲而不舍的精神去探索。

西南政法大学经济法学科点，是教育部确定的国家级高等学校重点学科点之一。近年来，一直紧紧跟踪经济法学的发展，并在经济法理论和实务研究方面作了不懈努力。经过全体成员的共同奋斗，学科点在学科建设和学术研究方面取得了一定成果。但我们深知，只有广大经济法理论工作者和实践工作者共同努力，才能形成研究合力，推动经济法学科的进一步发展。正是基于这种考虑，我们本着学术性、实践性和开放性的宗旨，继"经济法博士精品文库"之后，又创办了《经济法论坛》，一方面为广大经济法理论与实务工作者展示学术研究成果和进行学术交流提供更加广阔的平台；另一方面也为我校经济法学科建设开辟一个新的学术阵地。

既然是"论坛"，在指导思想上我们力求把它办得活跃一些。在栏目的设置上，既有相对固定的栏目，如"基础理论""制度研究""国际视窗""学术争鸣""农村法治"等，又可以根据每卷的组稿情况，开辟新的栏目。《经济法论坛》将坚持"百花齐放，百家争鸣"的方针，以关注民生、跟踪理论前沿、服务法治实践作为基本追求。

我们热忱希望各界学者一如既往地关注经济法学科的发展，并欢迎惠赐佳作。我们期待着法学界同人以你们辛勤的汗水浇灌《经济法论坛》这株法学百花园的幼苗！

西南政法大学经济法学科点

《经济法论坛》编辑委员会

目　　录

基础理论

制度研究

农村法治

会议综述

CONTENTS

Fundamental Theories

Institutional Researches

Legal Systems in Rural Areas

Meeting Summaries

基础理论

经济法体系"二元结构"的界分与调适

李玉虎*

目　次

一、问题的提出与分析思路

(一)问题的提出

当前正在推进的国家机构改革,将对市场监管和宏观经济调控法治化产生重要影响。其中,作为国家参与市场经济的主要法律制度的经济法,应当更加有所作为。随着我国民法典的基本形成和财政税收、市场监管等经济法领域立法进程的加快,经济法立法将成为我国法治体系建设的重要内容,合理的经济法体系有助于经济法立法的科学化、规范化。作为经济法理论研究重要内容之一的经济法体系,其划分标准是经济法体系理论的重要问题。在经济法体系理论研究中,通常将经济法体系定位为:由一国现行的经济法律规范按照不同分类组成的系统且有机联系的整体。尽管经济法学界对经济法体系具体构成部分的划分有所不同,也达成了一个基本共识,即市场监

* 西南政法大学副教授,法学博士。

管法与宏观调控法是经济法体系的基本构成部分。[1] 从经济法理论研究进程来看,对于经济法体系的划分标准有两种基本思路:一种是从经济法调整对象出发认识经济法体系;另一种是从经济法规范的角度归纳经济法体系。调整对象的研究思路侧重于理论推演,按照部门法调整对象,经济法是调整在现代国家进行宏观调控和市场规制过程中发生的社会关系的法律规范的总称。[2] 在更宽泛的意义上,还可以将经济法调整对象理解为"需要由国家干预的经济关系",进而分为市场主体调控关系、市场秩序调控关系、宏观经济调控关系、社会分配关系,基于此认识,经济法体系主要由市场主体法、市场秩序法、宏观调控法和社会分配法构成。[3] 近年来,对于经济法体系认识的"共识度"更趋明晰,基于经济法调整的市场规制关系和宏观调控关系这两类社会关系,将经济法体系分为市场规制法和宏观调控法,从而形成了一个基本的"二元结构"。[4]

这种立基于我国社会主义市场经济体系建设初期对市场自治与政府干预二元关系定位的经济法体系理论,在推动经济法理论发展和促进经济法立法中发挥了重要作用。然而,随着经济改革和法治建设进程的同步深入推进,在"要让全面深化改革、全面推进依法治国如鸟之两翼、车之双轮,推动全面建成小康社会的目标如期实现"阶段,作为连接全面深化改革与全面推进依法治国重要法律部门之一的经济法,亟待全面实现理论创新和制度建构,尤其是在我国民法典日渐成型的背景下,将分散的经济法整合成为体系化的部门法成为必要。在国家全面推进法治体系建设的新时期,是否需要以及应在什么层级和范围推进经济法立法的统一、整合或综合,以实现更高层次的"立法统合",已成为经济法治建设和法学研究都应关注的重要问题。[5] 经济法立法统合的关键问题之一便是对经济法体系具有更加准确的、符合时代需要的认识,经济法立法统合的理论前提是形成科学、合理的经济法体系划分结构,需要破除传统经济法体系划分的桎梏,探索建构新的经济法体系划分理论和方法。

(二)分析的思路

在经济法学研究中,通常将市场监管法和宏观调控法作为构成经济法体系的基本

---

〔1〕　有的学者将其称为市场规制法、市场秩序法、市场运行法、市场管理法等,但其基本认识是一致的,即国家和政府围绕市场行为而展开的各种监督管理的法律规范的总称。除此之外,经济法体系中还包括市场主体法、社会保障法(或者社会分配法)等。

〔2〕　参见张守文主编:《经济法学》(第5版),北京大学出版社2012年版,第12页。

〔3〕　参见李昌麒主编:《经济法学》(第2版),法律出版社2008年版,第63~68页。

〔4〕　《经济法学》编写组、张守文主编:《经济法学》(马克思主义理论研究和建设工程重点教材),高等教育出版社2016年版,第35~36页。

〔5〕　参见张守文:《经济法的立法统合:需要与可能》,载《现代法学》2016年第3期。

分支,这是经济法体系理论乃至经济法理论的重要贡献。但是,源于现代经济学中微观与宏观的基本分类方法,依据经济法调整对象划分的市场规制法与宏观调控法的边界在哪里,二者的主要区别是什么,相互关系是什么,都值得进一步思考。例如,当股票市场出现大幅度波动时,政府所采取的以稳定股市为直接目标的政策措施,是在履行市场监管职权还是实施宏观调控职能。

市场监管的核心在于由具有监管职权的政府机构依法履行监管职责,纠正具体的市场主体的违法行为,从而维护市场秩序,如果市场主体没有从事违法行为,则其市场行为不受非法干预。宏观调控的核心在于当国民经济出现增长速度下降、货币体系不稳定、物价大起大落、失业严重、国际收支严重失衡等经济现象时由中央政府(或者法律授权部门)利用市场机制实现稳定增长、稳定物价水平、促进就业、维持国际收支平衡等目标所采取的一系列经济政策的过程,其侧重于宏观层面。由于市场监管法与宏观调控法在执法主体、执法权来源及执法程序等方面具有诸多相似之处,导致二者之间的边界存在交叉或者空白。在经济改革逐步深入和市场经济体系日臻成熟的阶段,市场监管与宏观调控的界限也出现了模糊地带。传统经济法体系中市场监管法与宏观调控法的划分,在我国经济改革和转型进入“深水区”的背景下,其存在的基础也在发生变化。面对经济法立法中存在的单行法中既有市场监管的内容,又有宏观调控成分的情形,为了实现经济法体系内部的和谐统一,有必要进一步厘清市场监管法与宏观调控法的界限,以便加深对经济法体系的认识和对经济法立法体系的完善。

二、经济法体系理论演变中的分歧与阶段性共识

(一)经济法体系理论的演变

作为经济法基本理论问题的经济法体系及其内部结构,是经济法学理论研究的重要领域。在经济法学创立之初,对经济法体系的研究建立在对法律一般理论和传统部门法体系划分进行借鉴的基础上,因而“大经济法”时代提出的经济法体系也相对较为宏观和宽泛。而经济法理论研究所面对的市场与政府关系界定出现新的变化后,经济法理论研究步入新阶段。1992 年确立“我国经济体制改革的目标是建立社会主义市场经济体制”之后,全国人大通过宪法修正案,在宪法层面规定了“国家实行社会主义市场经济”和“国家加强经济立法”的背景下,有学者提出了“新经济法体系”的思路,认为新经济法体系是由适应社会主义市场经济需要的,多层次的、门类齐全的经济法部门组成的有机联系的统一整体。在此理论基础上,有学者提出经济法体系由企业组织

管理法、市场管理法、宏观调控法和社会保障法构成。[1] 这一思路基本达成了经济法学界的一般共识,即从"市场与政府双重失灵"的假设前提出发,按照干预市场主体的竞争行为和规范政府对宏观经济的干预行为的思路,从市场主体、市场主体的经济行为、对这种经济行为造成的负面效果的矫正等环节认识并构造经济法体系,从而将经济法体系的结构确定为市场主体法、市场监管法、宏观调控法和社会保障法。

此外,也有学者另辟蹊径,从人性的运行规律即人性的需要与满足来解读与构建经济法的体系,认为经济法应当由生存保障法、人性平衡法、人性发展法和控制国家干预法构成。[2] 近年来,有学者提出以市场主体的行为作为经济法体系划分标准,进而将经济法调整或者规制的行为作为建立经济法内部结构的依据。由于经营者的行为贯穿于整个经济过程,也贯穿于整个经济法。而经营者行为大致可以分为竞争行为、与消费者权益相关的行为、雇用劳动力的行为、利用自然资源以及与生态环境相关的行为,由此认为经济法体系主要由竞争法、消费者保护法、劳动法、自然资源和环境保护法等构成。而政府的投资、购买、消费、分配及借贷等行为属于广义财政或财税范畴,即财税法规范,其也是经济法不可或缺的构成部门。[3]

(二)经济法体系理论认识的分歧

在经济法体系及其构成部分的研究中,往往有两种基本方法:一种是从经济法的调整对象和调整方法出发,通过演绎出经济法的体系及其构成要素,或者按照既定的经济法体系构造经济法的调整对象;[4]另一种是从现行法律制度出发,先归纳出可以称其为"经济法"的法律规范,再将这些法律规范进一步归类,从而形成了不同的经济法分支。从调整对象角度演绎而来的经济法体系理论因受制于经济法调整对象的变

---

[1] 参见杨紫烜:《论新经济法体系——关于适应社会主义市场经济需要的经济法体系的若干问题》,载《中外法学》1995年第1期。

[2] 参见胡光志、田杨:《人性视野下经济法体系的建构——一个尚未被认知的理路》,载《郑州大学学报》(哲学社会科学版)2011年第2期。

[3] 参见薛克鹏:《法典化背景下的经济法体系构造——兼论经济法的法典化》,载《北方法学》2016年第5期。

[4] 例如,学术界普遍采用的方法是将经济法体系与经济法调整对象关联,经济法体系一般包括市场主体法、市场规制法(或者其他名称,但其调整对象大致相同)、宏观调控法、社会保障法等。

化,其变化相对较少;[1]而基于经济法立法实践归纳而来的经济法体系,则受立法的影响较大,新的法律颁行之后,就需要将其归类。实际上,对经济法体系认识的分歧不仅存在于学术界,法律实务界对此也有不同的认识,这种分歧本质上是方法论和认识论层面的分歧。

我国经济法理论和立法实践与市场经济体制改革关系密切,甚至可以说经济法理论往往滞后于市场化经济体制改革的步伐。改革开放以来,每一次重大的改革思想和经济体制改革战略布局的变化,都会体现在经济法理论和实践中。从经济法实践与经济法学研究的进程来看,随着中国特色社会主义市场经济的逐渐定型和成熟,在依法治国理念下,与市场经济运行密切相关的民商法和经济法立法正在大规模推进。而初创于计划经济向市场经济过渡阶段的经济法[2]以及社会主义市场经济体制确立之后的经济法在调整对象和立法上都存在差异。党的十八大以来提出的全面深化改革、全面依法治国为经济法理论研究和实践提供了新的背景和思路。这种对市场与政府作用的重新定位,将直接影响既有经济法理论对中国经济改革和法治建设的回应能力,如果经济法体系及其内部结构不能与市场经济运行规律相符合,则经济法不仅难以成为推动深化经济改革的法律动力,甚至还可能成为阻碍法治进程的因素。

(三)经济法体系划分的阶段性共识

经过经济法学界的长期努力,在经济法体系划分方面达成了基本共识,即构成经济法体系的主要组成部分是市场监管法与宏观调控法,并得到了国家实践层面的肯定。2011 年发布的《中国特色社会主义法律体系》白皮书将经济法定义为:调整国家从社会整体利益出发,对经济活动实行干预、管理或者调控所产生的社会经济关系的法

---

〔1〕 例如,2011 年发布的《中国特色社会主义法律体系》白皮书,认为中国特色社会主义法律体系是由宪法相关法、民法商法、行政法、经济法、社会法、刑法、诉讼与非诉讼程序法等多个法律部门组成的有机统一整体。在说明经济法的构成时分三段表述,如果每一段表达一个方面的含义,则可以大致归纳为宏观调控法、市场监管法、对外贸易法三类。其中,第一段的构成比较多样,包括了对经济活动实施宏观调控和管理的法律、税收法律、金融监管法律、农业和产品质量安全法律、对重要行业实施监督管理和产业促进的法律、规范重要自然资源的合理开发和利用的法律、促进能源的有效利用和可再生能源开发的法律等。如果从经济的角度分类,经济法还可以与以下21 个经济门类关联,经济体制改革与对外开放、计划投资、财政、税收、金融、基本建设、标准化及计量、质量管理、统计、资源与资源利用、能源与能源工业、交通运输、邮政电讯、农牧业、工业、商贸物资仓储、工商管理、物价管理、市场中介机构、对外经济合作与三资企业、对外贸易。

〔2〕 改革开放初期,对经济法的认识主要是在借鉴苏联、日本等国家 20 世纪五六十年代的经济法理论和实践,以及通过比照民法构造经济法。当时在国家领导层还没有形成经济法的概念,例如,1978 年 12 月邓小平同志指出,"应该集中力量制定刑法、民法、诉讼法和其他各种必要的法律,例如工厂法、人民公社法、森林法、草原法、环境保护法、劳动法、外国人投资法等等",其中就没有经济法的概念。

律规范。将经济法的功能定位于“为国家对市场经济进行适度干预和宏观调控提供法律手段和制度框架,防止市场经济的自发性和盲目性所导致的弊端”。《中国特色社会主义法律体系》白皮书中对经济法的定义和功能作用的表述基本上吸收了经济法学界对经济法的认识,经济法的调整对象是市场经济活动,调整方法主要是干预、管理或者调控,调整主体是国家,基本立场和出发点是社会整体利益,调整体系为“适度干预”和“宏观调控”,目的是防止市场经济的弊端。

党的十八大以来,国家强调落实依法治国基本方略,而全面深化改革和全面推进依法治国是目标方向一致、相辅相成、并行不悖的:通过全面深化改革,推进体制机制创新,进一步解放和发展生产力,促进社会公平正义,可以为建设中国特色社会主义法治体系创造条件。通过全面推进依法治国,确保改革沿着法治轨道有序推进,及时巩固、发展改革成果,可以为推进国家治理体系和治理能力现代化提供有力的法治保障。[1] 在改革中,改革的总体设计和具体推进应当是相互协调的,不仅涉及改革的具体经济措施需要依法实现,而且改革总体设计中的重大问题也应当依法决策。

全面深化改革,涉及经济、政治、文化、社会、生态文明、党建等六大改革主线。经济体制改革是全面深化改革的重点,其核心问题是处理好政府和市场的关系,使市场在资源配置中起决定性作用和更好发挥政府作用。经济体制改革包括经济制度、市场体系、政府职能、财税体制改革、城乡一体化、开放型经济六个领域。全面推进依法治国的核心在于全面推进科学立法、严格执法、公正司法、全民守法,坚持依法治国、依法执政、依法行政共同推进,坚持法治国家、法治政府、法治社会一体建设。从经济法的调整范围和部门法属性角度来看,经济法以下范畴关系更加紧密:经济制度—市场体系、政府职能—严格执法—依法行政—法治政府。经济法的调整对象则是政府干预市场所形成的社会关系。根据政府干预市场的强度、方式等,可以将干预分为对微观市场运行秩序的监管和对宏观经济秩序的调控,即经济法体系的基本构成仍然包括市场监管法和宏观调控法,只是其内容及其相互关系不同于以往的经济体制改革。

三、市场监管法与宏观调控法的划分及其缺陷

我国经济法体系关于市场监管法与宏观调控法的分类并非绝对的,二者之间在有些领域存在交叉,尤其是在金融、财税、投资、价格、外汇等领域,既有微观监管制度,也有宏观调控和管理制度。正如有学者早就意识到的那样,宏观调控法与市场规制法规范之间的交叉融合现象日益突出,从而使宏观调控法和市场规制法的联系更紧密,也

---

[1] 参见穆虹:《全面深化改革必须全面推进依法治国》,载《求是》2014年第22期。

使经济法作为一个统一的部门法的系统性更突出。在宏观调控法和市场规制法各自的发展过程中,一些非典型性的宏观调控法规范和市场规制法规范,作为“二元结构”的“中间地带”,也逐渐变得重要起来。[1]

市场监管法和宏观调控法在执法主体、执法权限、执法程序、执法方式、执法责任等方面也有重叠之处。针对同一市场主体的监管主体可能涉及多个部门,例如,对证券公司的监管不仅有证监会执法,还会涉及国有资产管理部门、银行业监管部门等。同样,维护证券市场稳定运行的机制,不仅依赖于证监会,而且还涉及央行、银监会、财政部、公安部等政府机构,甚至国家领导人在特定场合的言论也会影响证券市场的运行。从当前我国市场监管与宏观调控所依据的手段来看,针对市场交易秩序的监管主要依据法律,而宏观调控所采取的手段则包括行政手段、经济手段和法律手段。从经济法体系分类的逻辑性和我国市场运行的规律来看,市场监管法与宏观调控法这种二元分类的逻辑性还有待进一步论证,其实际效果也需要在经济改革和依法治国背景下重新审视。全面深化改革和全面推进依法治国的主导力量均来自于政府,政府既是改革的实施者和执行者,也是行政执法的主体;行政执法的领域既可以针对具体市场交易主体,也可以针对市场交易秩序。而传统的市场监管法与宏观调控法的界分已经难以适应依法推进经济体制改革的要求,二者的划分依据和法律边界都在发生变化。

(一)市场监管法与宏观调控法的划分依据

在经济法研究中,一般认为,经济法的构成主要取决于经济法的调整对象,经济法是国家进行宏观调控和市场规制过程中形成的社会关系,即宏观调控关系和市场规制关系,由此经济法规范被分为调整宏观调控关系的法律规范和调整市场规制关系的法律规范。[2] 经济法中宏观调控和市场规制的表述源于经济学理论。宏观调控的理论基础主要来自凯恩斯主义,凯恩斯主义认为,在经济危机和危机后的萧条时期,政府应该采取扩张性的宏观经济政策来提振经济。市场规制的理论基础主要来源于市场失灵理论,该理论认为市场经济中会出现市场失灵现象,而政府具有纠正市场失灵的善意,而且政府有能力纠正市场失灵,通过政府干预市场就能克服市场失灵这一市场机制的弊端。我国经济法学界基本上完全采纳了这些理论前提,由此构造了市场规制法和宏观调控法的分类。然而,这种分类并不是非此即彼的,而是互有交叉。

(二)市场监管法与宏观调控法划分的缺陷

科学的、符合市场经济规律的市场监管法与宏观调控法的界分,不仅是经济法理

---

[1] 参见张守文:《经济法体系问题的结构分析》,载《法学论坛》2005年第4期。

[2] 参见张守文主编:《经济法学》(第5版),北京大学出版社2012年版,第23页。

论完善的要求,而且是市场在资源配置中起决定作用和更好发挥政府作用的要求。二者的法律边界就是在立法上完善市场监管法与宏观调控法各自的法律规范,在执法上界定市场监管机构与宏观调控机构的执法权,在程序上明确各自的执法程序。经济法体系中市场监管法与宏观调控法并存的划分,在经济法学形成和发展初期阶段,这种划分对经济法学理论的成熟具有重要促进作用,然而,这种经济法体系的划分也存在明显的缺陷,主要表现为两部分内容的交错、市场监管立法数量远远高于宏观调控立法,政府对市场"一管就死、一放就乱"的现象依然存在,宏观调控法的内部结构混乱。在实践层面,市场监管与宏观调控的法治化程度仍然较低。

例如,2015年6月以来我国股票市场大幅波动,从6月15日到7月8日政府救市力度空前,国务院、"一行三会"(现为"一行两会")、公安部、财政部、国资委和央企协同作战稳定股市,主要包括:政府部门发声稳定市场,增加信心;央行降准降息释放流动性和降低资金成本,降低交易费用刺激市场,暂缓平仓减少市场冲击,扩大市场资金来源;中央汇金、证金公司直接在二级市场购买,证券公司出资购买蓝筹,基金公司自购基金,保险公司提高权益投资比例,证券公司自营盘在4500点以下不减仓,社保账户只买不卖,汇金承诺不减持4大行并择机增持,央企不得减持控股上市公司股票,期货限制空单,提高空单保证金水平,限制开仓交易量,暂停IPO(Initial Public Offerings),再融资,限制高管减持,鼓励企业回购和高管增持,原银监会(现中国银行保险监督管理委员会)允许银行业金融机构对已到期的股票质押贷款与客户重新确定期限,降低对市场的冲击,公安部会同证监会排查近日恶意做空股票和期指的线索等。[1] 从这些"救市"措施来看,其目的是稳定股票市场,防止证券市场发生系统性风险,其手段既有市场化也有非市场化的救市措施,既有市场监管层面的也有宏观调控层面的措施,既有市场监管执法行为也有履行宏观调控职责的行为。但是,市场监管法与宏观调控法的边界还是比较模糊的,这种情况与经济法体系的分类不符合市场运行规律有关,也与市场监管法、宏观调控法立法的滞后性有关。

四、市场监管法与宏观调控法的内在冲突与协调

(一)市场监管法与宏观调控法的内在冲突

市场监管法与宏观调控法的内在冲突,主要表现在二者的主体、职权、程序方面。我国经济法学界的一个基本假设前提为:由于存在市场失灵或者市场缺陷,所以需要

---

〔1〕 参见任泽平、宋双杰:《"6·15"后的救市退出与制度改革:经验与启示》,载财经网证券频道:http://stock.caijing.com.cn/20150910/3965400.shtml,最后访问日期:2018年3月1日。

政府干预以消除市场失灵。然而,并不是所有的市场缺陷都需要政府干预,政府干预的弊端也是显而易见的,甚至大于市场失灵。因为政府干预不仅可能造成政府失灵,而且还可能造成市场失灵,即政府干预会导致政府失灵与市场失灵同时出现。市场监管的正当性在于不公平、不正当的竞争损害了自由市场的竞争机制,同时还会损害消费者等市场主体交易对象中弱势群体的利益,因此政府对这些违背自由、公平市场竞争规则的行为不会坐视不理。例如,股票市场中的虚假行为、操纵行为、内幕交易行为等破坏了股票市场的公平有序运行,因而必须由政府出面干预,纠正市场主体的违法行为,维护公平有序的市场交易秩序。但是,当股票市场因国内外经济因素或者其他因素而导致投资者因恐惧心理而大量抛售股票时,就会因“集体的非理性”而导致股市暴跌,从而引起连锁反应,引发系统性金融风险乃至经济危机。为了防止经济领域出现系统性风险和危机,政府就会启动宏观调控(宏观管理的另一种说法)机制。然而,当股票市场出现暴涨暴跌现象时,如果政府在没有弄清楚原因的情况下贸然采取调控手段,则可能会进一步加剧波动。

(二)市场监管法与宏观调控法的外部协调

在全面深化改革和全面依法治国背景下,经济法调整对象本身需要进一步明确,而依赖于调整对象理论的经济法体系划分,也需要重新界分。从深化改革和依法治国的阶段性要求来看,市场监管法和宏观调控法的具体组成部分也需要通过立法完善。因而,协调市场监管法与宏观调控法的基本途径是通过立法明确市场监管与宏观调控的主体、职权、程序等基本内容。在市场监管法领域,应制定“市场监管法”,作为规范市场监管行为的基本法律,将证券市场的基本法律制度和监管法律制度分开,制定证券业监督管理法、保险业监督管理法等法律,进一步完善市场监管法体系。宏观调控的领域主要在于发展规划、金融、财政、税收等方面,随着改革的深化和全面推进,尤其要加快制定与宏观调控相关的法律,如金融市场稳定法、宏观调控程序法、经济稳定增长促进法等,完善宏观调控法体系。正如李克强总理所说,金融领域改革总的是按市场化、法治化方向继续稳步推进,要积极培育公开透明、长期稳定健康发展的资本市场,加强和完善风险管理,坚决守住不发生区域性、系统性金融风险的底线。[1] 资本市场长期稳定健康发展的基本前提是具有与之相适应的法律制度,尤其是资本市场监管法律制度和金融稳定法律制度。

---

〔1〕 参见2015年9月10日国务院总理李克强在第九届夏季达沃斯论坛开幕式上的特别致辞。

五、结论

现阶段,全面深化改革、全面推进依法治国是我国经济社会发展的动力系统和稳定系统交织、交融在社会主义现代化进程中。[1] 因此,全面深化改革也应当依法进行,只有通过合乎法治的方式进行改革,才能协调各方利益关系,从而有序推进改革。尽管全面深化进行的改革是全方位的,但其侧重点无疑在于经济体制改革。就经济体制改革而言,在经济体制改革中推进依法治国和依法推进经济体制改革是"一体两面",因而,在法律体系中,全面深化改革与全面推进依法治国和经济法关系密切,经济法可以在实现"两个全面"中发挥更大的作用。经济法要成为促进经济体制改革和依法治国的推动力量,不仅要在民法典逐渐成形的背景下实现经济法与其他部门法之间的协调,更加重要的是经济法体系的内部结构必须和谐一致。经济法学界将市场监管法和宏观调控法作为经济法体系的构成要素基本上不存在争议,但由于早期的经济法立法中并没有按照这种二分法,例如,价格法中既有针对微观领域价格违法行为的规范,也有关于价格宏观调控的规范,由此造成一部单行法包含有经济法体系中的两个甚至多个部分的现象,不利于经济法的立法统合。面对越来越复杂多变的市场经济,在经济法领域中,微观与宏观、个体与集体、私益与公益的界限越来越难以清晰界定,在经济法体系构造中应当反思调整对象理论及其对经济法体系的影响,转向从市场主体的经济行为的后果的角度认识经济法体系,进而重新界分市场监管法与宏观调控法的界限,在经济法立法中,在不断修改完善作为维护市场交易秩序的市场监管法的同时,加快宏观调控领域的立法,将宏观调控权配置与行使程序纳入法治框架。

---

〔1〕 参见黄坤明:《深刻理解"四个全面"的重要意义》,载《求是》2015年第13期。

制度研究

企业环境责任制度之构建

贾海洋*

目　　次

近年来，关于企业环境责任的承担正日益成为学界持续关注的焦点问题，且业已形成一系列具有重要意义的观点与学说，这对企业承担适格义务束缚、保障环境安全、促进经济的可持续发展具有积极价值。关于企业环境责任的研究并非法学界的“专利”，法学界关于企业环境责任的研究大都借鉴、移植社会学、管理学等其他学科既有成果，并在这些成果上建构相应的理论体系，这对于丰富和拓展法学研究思维、科学建构相应责任体系具有重要意义。但同时也存在研究对象界域模糊，经常处于学科摇摆的游离状态，形成的成果经常淡化以“严谨性”“逻辑性”为本的法学之色，其确立观点的科学性与准确性难免受到质疑。鉴于此，本文拟从法学视角对企业应当担负的企业环境责任进行适格审视，并对现行立法中的企业环境责任制度的构建提出宏观性完善建议。

一、企业环境责任的界域性考量

从现有研究法学研究成果来看，学界普遍存在的通病之一即在于对企业环境责任研究的逻辑起点——概念界域定位不准，受其他学科影响，多数学者并未将道德层面

---

* 西南政法大学法学博士后、吉林大学民商法博士，教授，辽宁省沈阳市人民检察院副检察长。

的义务进行剥离,企业环境责任的定义缺乏严谨性。鉴于此,准确厘定企业环境责任边界,确定企业承担环境责任维度,系企业环境责任理论研究的根基。

(一)道德与法律的嫁接融合

法律是统治阶级为维护社会秩序和社会正义,由国家机关制定或认可,依靠国家强制力保证实施的社会规范,是人们必须遵守的行为准则。法律通过权利—义务—责任范式来规定与调整人们的行为,进而实现对社会关系的有效规制。之所以各国以法律作为规制人们行为的不二之选,其主要原因在于以下几点:其一,权利—义务—责任范式能够对人们行为进行明确的指引与评价,能够为众多法律主体提供稳定的行为标准;其二,法律注重对人们外部行为的调整,更加强调客观性,具有效率性;其三,法律具有强制性,能够通过国家机器对违法行为进行有效制裁。在现代社会,企业作为客观存在的社会组织体,被赋予与自然人平等的法律人格,其行为必然受到法律规范的具体调整。与其他法律主体相较,企业基于迥异的社会属性,被赋予不同的权利能力与行为能力,各国立法者均针对其独特法律人格,设置了形式各异的行为规范。具体到企业经营行为之上,法律要求企业在规定的行为规则框架内从事经营活动,遵守法律、行政法规,遵循诚实守信、公平、等价有偿等基本原则。在针对企业设置的诸多行为规范中,企业环境义务与责任规则最突出,彰显了立法者对企业环境责任的高度关注。然而在日益严重的环境污染现实面前,现有的企业环境责任规范已不能制止日益增长的企业破坏环境行为,法律层面的环保义务、责任规范已不能也无法承担有效制约企业破坏环境、保障环境安全之重任,于是只得寄希望于企业环境道德责任的辅助,甚至是主导,以此催生、呼唤企业的良知,形成企业自律。正如有学者所言:"公司的利益最大化是在不损害社会利益,不超越道德底线前提下而应追逐的目标,抛开社会效益(利益)而谈公司利益是与现代经济制度发展目标不相吻合的……其社会责任有时应大于自然人对社会的责任,法律是有其局限性的,如果公司活动都要被法律所决定那是不现实的。"[1]"不否认公司追求利润的本质,但其所遵守的'游戏规则'很明确的告诉我们法律规范和道德规则是公司营利的前提。"[2]就形式维度而言,道德规范与法律规范均是促进企业担承企业环境责任的工具、手段和方法。道德规范与法律准则均是企业环境责任的载体,企业环境责任既非纯粹的道德责任,也非仅指法律责任,而是一种游离于道德和法律之间的责任样态。[3]

---

〔1〕 薛生全:《公司目标二元论——兼论我国现代公司的社会责任》,载《法学杂志》2010年第12期。

〔2〕 同上。

〔3〕 参见刘萍:《公司社会责任的重新界定》,载《法学》2011年第7期。

(二)法定义务与责任应为企业环境责任的基本范式

从企业环境责任的理论研究成果来看,企业环境责任的边界仍显异常模糊、宽泛之态,究其原因即在于企业环境责任并非仅限于企业环境法律责任要义,还包括比现行法律规范更具高度之道德要求。[1] 然法律与道德之间有界亦无界,对于企业环境责任真义之探寻实无益处,道德要素主导的企业社会责任“看上去很美”,包罗万象、无所不能,但其华而不实,弊端种种:其一,过于强调道德要求会造成企业环境责任的外延无限放大,企业环境责任标准体系会因社会公众的动机、目的、价值观的不同而愈加混乱,无法形成自成一体的企业环境责任理论。其二,过于强调道德要素会令企业环境责任形成两种评判标准及结果:一种是法定要件与法定后果,另一种是道德标准与道德后果。这样极易造成企业环境责任理论体系的崩溃,无法梳理出相对清晰、逻辑严谨的企业环境责任判定规则。其三,尽管学界力争构建系统化、执行力强的企业环境责任规则体系,以期与日趋严峻的恶劣环境实践相适应。然而,“即使是在一个比较静态的社会中,也不可能创造出能预料到一切可能的争议并预先加以解决的永恒不变的规则”。[2] 鉴于此,本文认为,企业环境责任体系应当以法定义务与责任作为基本范式构建与完善企业环境责任制度,此举并非否定企业环境责任的道德要素。归结现行法律规范下的企业环境责任软弱无力之根由,不难发现当下规则体系已不能适应环境破坏之实践,不能满足人们日益增长的环保诉求。而将那些尚未被纳入法定义务责任范畴的道德义务,上升为法定义务并苛以相应法定后果,即将已具备纳入法律调整条件的道德层面的环境义务进行立法化升级,才是今后理论与立法层面应当努力的方向。“一旦制度面上要落实社会责任之目标,自然必须明确界定社会责任之内涵,以免公司经营者无所适从。”[3]本文认为,企业环境道德责任无法担负如此重任,在残酷的现实面前是倡导者的一厢情愿。尽管现行的法律规范存在种种不足或缺陷,不能与复杂的企业破坏环境行为相适应,但不能以此否定环境法律责任的正当性,法律层面的积极应对永远是规制企业行为的不二选择,只有不断完善与环境法律责任相关的现行法律、法规方是立法者的正确选择。

---

〔1〕 参见王文宇:《公司法论》,中国政法大学出版社2004年版,第29页。

〔2〕 赵万一、朱明月:《伦理责任抑或法律责任——对公司社会责任制度的重新审视》,载《河南省政法干部管理学院学报》2009年第2期。

〔3〕 王文宇:《公司法论》,中国政法大学出版社2004年版,第29页。

二、企业环境责任制度构建的价值取向

“任何法律的制定都应当有明确的目的性,都应当有自己的价值目标和价值取向。”[1]企业环境责任制度的具体构建是否科学、准确离不开立法者对该种制度所涉诸多价值的甄别、判断与取舍。在构建企业环境责任制度之始,综合考量经济社会结构现实与人类认知选择进行价值博弈取舍实有必要。

(一)效率价值与公平价值的衡平

在法学视域下,效率与公平均是法的基本价值范畴,二者既能共容,也能相斥。远至秉性迥异的法律部门,近至具体法律制度均是效率价值与公平价值较力之场,如何准确衡平二者之间的价值位阶,实现法的正义效能,已然是各国立法者不可回避的重要课题。企业环境法律责任制度的构建,首先需要考量且必须为立法者所尊重的即为企业营利性目标的确立与实现,此乃法的外在效率范畴。申言之,在构建企业环境责任法律制度之始,必须厘清如下两个问题:其一,企业是否应当以营利作为其生命周期的恒定目标?毋庸置疑,企业作为投资者实现投资的具体工具,营利性是其与生俱来的标签。企业样态具有多元性,但无论是公司、合伙企业,抑或是个人独资企业、个体工商户等任何一种企业类型,在诸如公司法、合伙企业法等相应法律法规中均将其定位于营利性组织体,在商法及其部门法等教科书中也对这些组织体的营利性特质予以明确。由此可见,企业的生命在于营利,无营利即无企业。其二,企业营利性目标是否为企业的最高目标?如前所述,企业的生命在于营利,这为众多投资者所接受,并为立法者给予积极认可。尽管在具体的实践过程中可能会存在各种复杂性,但均不能否认和动摇人们对企业营利目标的高度推崇。既然企业的营利目标已经作为法的外在效率价值被立法者所认可,那么接下来需要的即是如何在构建企业环境责任制度过程中立法者将企业营利性目标予以固化与凸显,即通过法的内在效率价值在具体制度规则设计中的凸显,来达到法的外在效率最终得以实现的目的。相较效率价值而言,公平价值是立法者更关注的重要对象。为论述周延之需,本文将公平价值也区分为法的外在公平与内在公平。就企业环境法律责任制度而言,法的外在公平所关注的系企业在追求经济利益过程中是否可以毫无顾忌、任性发展,只追逐效益而忽视其他社会利益主体的基本利益诉求是否得当,显而易见,答案是否定的,企业实现其利润目标时不可忽视对其他法律主体的必要保护,不能任由企业对其他主体权益进行侵害,不能以牺牲社会利益或个人利益来实现、满足企业的一己之私,这就是法的公平价值在社会经

---

〔1〕 赵万一:《商法基本问题研究》,法律出版社2002年版,第84页。

济实践中的重要凸显。相应随之而来的,带给立法者最为棘手的课题即为在建构企业环境责任法律制度中如何实现法的效率与公平价值的衡平。结合前述内容,本文认为应当进行如下考量:其一,企业营利性目标应当作为企业的最高目标、唯一目标予以确立,只有对企业营利目标进行高度支持,才能令企业全身心投入经济目标实现上,才能与企业这种组织样态予以确立的初衷相符,此即立法者对效率价值给予的必要尊重;其二,企业实现营利并非不受任何限制,立法者应当积极进行调研、论证,动态而非静态关注企业"唯利是图、不择手段"之劣根,科学立法、修法,不断针对新问题、新现象进行制度规则调整,不应遏制企业营利而实现所谓的"伪公平",而应以公平价值观去维护、守护企业营利目标的实现,践行效率价值观上的公平。

(二)自由价值与秩序价值的衡平

"秩序价值与自由价值是客体价值的两个基本侧面,其间存在客观的矛盾关系。"[1]在法的价值范畴体系中,自由、秩序与法的公平、效率一道共同构成法的价值序列,对于立法者判断、评析、构建法律制度规则具有重要意义。正如有学者所言:"自由是主体最深刻的内在需求之一,它的法律表达即权利。可以说,权利是自由这一社会——政治概念的法律译语。权利的本质和外在形式既决定着自由,又表现主体自由。权利就是法律层面的自由。权利的可选择性,放任性和可弃性所表明的正是法律价值中的自由价值。"[2]现代立法中,法律赋予企业与自然人一样具有享有权利与承担义务的资格,对企业法律人格的合法性给予了明确肯定,赋予了企业较丰富的自由。在相关企业立法中,自由价值的体现无处不在,主要凸显在如下几个方面:其一,赋予企业追逐利润的权利,明确企业营业自由。立法者不但对企业的营利性组织体之特质给予肯定,在具体条文设计中更是对企业营业自由与逐利目提供了规则支撑。其二,立法者逐步放宽投资者对企业的出资管制,企业设立自由业已趋势化。从我国近年来公司法修订来看,立法者放弃了坚守多年的资本实缴制,改为认缴资本制,无疑是在放宽企业设立条件,鼓励投资者创立企业的积极性。其三,推崇企业自治。从各国公司法规范来看,立法者大都有意凸显企业的自由意志,明确可以通过章程设计对股东表决权、分红权等进行有异于公司法即有规则的约定。凡此种种,无不体现自由价值在企业法中的重要地位。"法律秩序作为社会秩序的一种重要形式,是法律主体在法的指引与调控下建立一定的法律关系,为实现一定的权利、权力、义务和责任而展开的持

[1] 侯宏林:《刑事政策的价值分析》,中国政法大学出版社2005年版,第182页。

[2] 谢晖:《法律信仰的理念基础》,山东人民出版社1997年版,第152页。

续性社会互动过程,以及因此而呈现出来的社会稳定地运行、相对和谐地发展的状态。"[1]相较自由价值而言,秩序价值表现得更为外化,主要表现在如下方面:其一,立法者为不同企业形式量身定制公司法、合伙企业法、个人独资企业法等种类繁多的企业法律,彰显了其对秩序价值的崇尚与追求。其二,确立不同企业类型的异质人格,赋予其迥异的生命规则。立法者基于人格属性将企业分为企业法人与非企业法人两种类型,苛以不同的行为与责任规则,投资者在不同的企业样态中承担迥异的法律责任,投资者与企业之间、投资者之间责任分担与顺位存在差异性。其三,针对不同类别企业设置程序各异的议事规则。诸如合伙企业表决多采用全体一致决、合伙人群策群力、共同参与经营。公司则采用多数表决制,所有权与经营权分离,股东并不一定参与公司具体管理。综上,这些均是秩序价值在企业立法中的具体体现。毋庸置疑,大到一国法律体系设置,中到某一部门法的整体设计,小到某一具体法律制度的构建均会涉及立法者对秩序价值的"感悟",并借以具体彰显。在企业环境责任制度的具体构建中,企业追逐利润天性的充分保障无疑是自由价值是否予以实践之根本,而对何种情境下的企业逐利行为不能为立法者所容忍则是秩序价值的重要特征,也是法的自由价值与秩序价值博弈、较力的结果,明确企业环境责任的法律属性,摒弃道德责任更是自由价值基础上秩序追求的实现。

(三)个人本位与社会本位的衡平

一直以来,法的本位经常被学者作为价值衡量的一种评判路径。"'法的本位'是关于在法这一定型化的权利和义务体系中,权利和义务何者为起点、轴心或重心的问题。"[2]民商法历史的发展实践,见证了义务本位、权利本位、社会本位等多种本位模式,进入近现代民法,义务本位已然被拒之千里之外。直至今日,横亘在人们心中仍在持续发挥效用的当属个人本位与社会本位的价值观。近代民商法极度推崇个人本位,以个人中心为其制度构建的价值取向,个人本位主要体现在如下方面:一是所有权绝对。即法律主体所享有之所有权神圣不可侵犯,所有权具有绝对自由性,相较其他权利具有绝对优越性。二是契约自由。契约自由包括是否进行缔约自由、选择缔约当事人自由、缔约方式自由、缔约内容自由等。三是过失责任,其是指只有在当事人具有过失的情况下才能对受害者承担赔偿责任。毫不夸张地讲,个人本位是民商事立法永远挥之不去的"烙印",具有鲜明的专属性。那么,何谓社会本位?诚如梁慧星教授所言:"为使社会共同生活之增进,法律即强使负担特定之义务,限制或剥夺其权利,是谓之

[1] 胡平仁等:《法律社会学》,湖南人民出版社2006年版,第150页。

[2] 张文显:《从义务本位到权利本位是法的发展规律》,载《社会科学战线》1990年第3期。

社会本位之法制。"[1]以社会中心为其价值取向的社会本位观在现代立法中逐渐显露头角,主要体现在如下方面:一是所有权绝对的限制。即不再强调所有权万能,开始对所有权的部分权能进行限制,诸如权利滥用原则的确立等。二是竞争受规制。注重竞争秩序的维护,契约自由受到规控。三是无过错责任出现。通过确立严格责任、危险责任等责任形式缓和无过错责任的弊端。四是社会责任的生成。要求法律主体在享有民商事权利的同时承担必要的社会义务。个人本位与社会本位之间具有何种关联,二者是否可以共存?现有研究成果更为倾向于将两者对立来看,非此即彼。但笔者认为,该种观点具有视角层面的狭隘性,从狭义上来讲,仅就民法这门独立部门法而言,个人本位与社会本位确实无法共存,个人本位与社会本位存在绝对的价值认知界限。但从广义上来看,对于企业这种法律主体,民法并非其唯一行为规制渊源,其还需接受诸如刑法、经济法、环境法等其他相关部门法的调整,此种意义上,即会存在不同本位理念支配下的规则体系。就企业环境责任制度而言,其并非单一法律部门所能覆盖,该种制度既涉及民商法关于企业所有权与环境权的享有与行使,又涉及侵害他人环境权益的侵权责任规制,既涉及经济法对宏观经济运行调整,又涉及微观市场主体行为监管,还涉及环境法对企业逾越环保标准破坏环境行为的认定。凡此种种,不同法律部门所崇尚的法的本位不同,两种本位观完全有可能在企业环境责任制度中实现和谐共存。笔者认为,现阶段,企业环境责任制度的具体构建,应当秉持民商事立法的个人本位为主,经济法、环保法的社会本位为辅之价值理念。

三、企业环境责任制度的宏观构建

企业环境责任的愈发凸显并非偶然,而是现代风险社会发展的历史必然反馈。如何对其健全完善,如何与我国社会现实相结合,形成一种适应我国特定阶段国情的具体法律制度,深入我国企业制度改革之中,是企业环境责任制度构建的精义所在。从我国现行企业环境责任制度来看,陈旧滞后、体系散乱的制度规则显然难以与高速发展的市场经济相匹配,究其原因,即在于立法层面关注企业环境责任具体规则有余,而宏观方面的总体设计却严重不足,不能与企业社会现状及企业相关制度规则高度对接,造成法制资源的极大浪费。

(一)道德规则法律化

传统企业环境责任理论认为,"法律的概括性和普适性决定了法律既不能囊括所有的社会要求,也不能规定过高的行为标准。道德是人们共同生活中普遍认可的判断

---

〔1〕 梁慧星:《民法总论》,法律出版社1996年版,第37页。

一个行为正当与否的观念标准",[1]是现代文明社会普遍信守的一种特定评判标准。鉴于此,企业环境责任应当包括企业环境法律责任与企业环境道德责任两种形式。其中,道德层面的企业环境责任相较法律层面的企业环境责任更重要,企业环境责任的意义更在于道德准则,道德准则反映了企业环境责任的价值追求。尽管本文将企业环境责任定位于企业环境法律责任范畴,但并非与道德准则意义上的企业环境责任彻底割裂,二者之间仍然存在微妙联系。之所以强调对道德意义上的企业环境责任予以弱化,主要原因在于以下几个方面:其一,道德准则不能够为企业提供明晰的行为规则,道德规则不具国家强制力,只能依靠企业的自觉性。在复杂的商事实践中,道德标准高于法律规则而经常被视为一纸空文,对于本来即已陷入窘境的企业来讲更是无从谈起。其二,尽管法律与道德具有同源性与互补性,但并非二者总能恰当地适用于任何领域,作用于任何主体。与血肉之躯、感情丰富的自然人不同,企业是为法律拟制的主体,其灵魂价值强调企业人格独立与股东有限责任,股东利益与企业利益并非绝对重合,企业所有者缺位,企业在追逐利益时,道德规则无法对实际操纵企业且不需承担对等责任的股东及公司高管发生效能。故此,根据社会实践发展现状,将那些已然窘迫的道德义务上升为法律义务,赋予道德规则以法律意旨,将企业自律转化为他律,进而提升企业的行为标准与承担的企业环境责任强度实属必要。当然,在具体立法过程中,并非是毫无限制地将那些道德范畴下的环境责任予以法定化,而是在必要甄别的基础上适度进行,以免不合理地增加企业负累。

(二)明确商人责任

毋庸置疑,企业为商主体,其秉性自然异于民事主体。归结原因即在于:企业生命始自其营利性目的,企业投资者持续关注的重心在于谋取利润最大化,最大限度地获取投资回报,其意志形成及决策执行具有社团性,企业投资者与企业管理者对企业行为的义务性考量相较权利性明显淡薄。申言之,"显性上,商人是众多自然人合构而成的组织体,其价值的先天定位决定了商主体是众多社员逐利意志之载体,商人无非即为多位自然人基于营利目的的一种目的性联合。然而,隐性上,商人这种社员组织体并非是自然人营利目的的简单联合,而系专司持续营利为要旨的一种有机体,与以偶发性营利为目的的自然人迥然不同"。[2] 故此,现代社会中,各国立法者都注重针对企业与自然人的异质性设置具有一定差异性的权利规则与义务规则,其中最为突出的当为商人责任之确立。诚如学者所言,商人责任者,诚信重于泰山,商人及商人责任的

---

〔1〕 胡晓静:《论公司社会责任:内涵、外延和实现机制》,载《法制与社会发展》2010年第2期。

〔2〕 周海博、孙卓:《经济全球化视域下的商人责任》,载《商业经济研究》2015年第4期。

构建需要更加注重诚信原则的恪守，其中，企业承担社会责任，尤其是企业负担相较自然人更重的环境责任即为商人责任的凸显。但包括企业环境责任在内的商人责任应当如何构建，如何区别于民事责任？笔者认为应当从如下方面进行考量：其一，苛以企业最大诚信义务，以衡平其在商事交易中的信息不对称中的绝对优势；其二，明确企业责任维度，将确应由企业承担的义务之违反均苛以商事责任；其三，将惩罚性赔偿作为商人责任的基本原则，以补偿性赔偿为补充。凡此种种，皆旨在明确商人责任，拓展商人责任维度与深度，真正形成商事规则与民事规则并行的规则体系，为企业环境责任之确立奠定法理基础，清除制度性障碍。

（三）完善董事义务规则

传统企业理论者认为，企业利益即为投资者利益，二者具有同源性与一致性。但从企业人格理论出发，并随着利益相关者理论的确立，学界逐渐改变了对企业本质及企业利益的认知。企业与投资者人格独立，企业利益系为投资者利益与其他企业利益相关者的综合体，包括企业环境责任在内的企业社会责任的本质在于企业利益的实现，而企业利益的实现需要依靠董事义务之履行，[1] 董事对谁负有义务、承担义务范围、能否适格履行义务直接影响企业环境责任等企业社会责任的实现，个中缘由即在于企业行为需要依赖董事进行，董事义务规则的建构直接关系企业环境责任制度的落实。结合现行立法，笔者认为应当在今后的企业法律修订中对董事义务规则进行如下完善：其一，明确董事承担义务的对象主体为企业，而非企业投资者。尽管企业实践中，董事经常为投资者推举并为投资者会议选举产生，但并非董事应当针对投资者个人负责，而是应当对企业负责。其二，明确投资者对企业担承环境责任负有义务，在企业决策与执行中是否适格履行相关义务作为对其行为考评的重要标准之一。尽管理论层面上，董事既对投资者负有义务，也对其他企业利益相关者负有义务，但在实践中，后者经常被纳入董事的“权利范畴”。因此，如何通过董事义务规则的具体构建，通过各项配套机制将董事义务落到实处，实乃今后企业立法的重点方向。

四、企业环境责任制度的微观构建

从我国现行企业环境责任制度来看，立法者更多关注于环境信息披露制度、环境标准制度、环境许可制度等，其规则体系散乱，并未形成逻辑结构合理、张弛有度的完善规则体系。但就我国经济发展所处特定阶段而言，继续细化完善企业环境责任具体制度规则迫在眉睫，从大量企业实践可知，企业盈利目标与环境资源的保护并不矛盾，

---

[1] 参见李建伟：《论公司社会责任的内涵界定与实现机制建构》，载《清华法学》2010年第2期。

公司环境责任完全可以成为二者之间的载体和纽带。就企业环境资源法等相关法律、法规而言,立法者亟应对企业环境制度具体规则体系进行相应完善。

(一)明确企业环境责任

一直以来,学界更为关注企业社会责任理论的宏观问题,对于企业环境责任承担等微观层面问题的注意相对较少,此种思维定式下的企业立法也难免与之对应。毋庸置疑,在当下,企业环境责任是企业社会责任项下最重要的类型支撑,也是最易被人们所忽视、话语权最低的责任形式。其主要原因在于以下两个方面:其一,企业环境责任中的权利主体不特定,并非如其他企业社会责任那样具有明确的权利主体与责任主体,企业环境责任的诉求主体经常缺位。其二,传统企业社会责任理论下的企业环境责任不仅限于企业环境法律责任,还包括企业环境道德责任,这势必导致不具专业法律知识的人民无法界分企业环境责任的法律边界与道德边界,极易引发走向两个极端即法律极端或道德极端的尴尬,长此以往,将压抑人们对企业承担环境责任的积极性。故此,诚如前文所述,在今后的企业立法中,首先,应当构建企业承担环境责任的义务及责任条款,在企业承担社会责任等原则条款基础上进一步明确企业应当承担企业环境责任;其次,应当明确企业环境责任并不仅限于具有国家强制力的企业环境法律责任,还应包括道德层面的企业环境责任;最后,在具体的环境保护相关法律法规中,应当细化与完善企业环境责任规则,将那些原属于道德责任项下的环境责任内容通过立法上升为具体的法律规则。

(二)扩展企业环境责任主体范围

从我国现行企业相关立法中可知,企业环境责任的承担主体仅限于企业自身,并不涵盖其他法律主体,尤其是不包括那些以企业为牟利工具的关联主体,这对于因环境破坏受到损害而无法从企业处获得充分赔偿与救济的受害主体是不公平的。之所以立法者并未将诸如股东、信贷机构、环保评估机构等主体纳入企业环境责任主体范畴,主要理由在于以下两个方面:其一,股东与公司人格相互独立,股东对公司债务或责任以自己出资额为限承担有限责任,在认缴制模式下,股东立法者也仅是规定股东以认缴的出资为限对公司环境责任等债务承担有限责任,并未扩展股东负担责任的边界;其二,虽然信贷机构与环保评估机构在具体实践中担负的角色不同,但其本质上均是企业的合同交易人,根据合同相对性原理,信贷机构与环保评估机构并不需要对企业环境责任的权利主体承担义务或责任。而随着商业实践的迅猛发展,我们发现如再固守僵化的传统原理而忽视法律正义的维护,显然是与现代法律精神相悖的,更何况在当下已有相关法理出现修正现象,无疑为扩展企业环境责任主体范围提供了重要理论支持:其一,公司法关于公司人格否认制度的确立,为追究股东不如实出资,抑或利用公司独立人格疯狂牟利之不当行为的责任供给了直接的法律依据。其二,债权人代位权与撤销权制度的确立,无疑为合同相对性原理提供了例外性范例,这为在某些特定情形下追究合同之外的责任者,抑或非直接侵权者责任供给了立法支撑。故此,笔者认为,在今后企业法修订过程中,应当将投资者、信贷机构、环境评估机构纳入企业环境责任主体范围,但应当进行必要条件限制,如对于投资者仅限于其未按法律规定或章程出资的情形,对于信贷机构、环境评估机构则仅限于其未尽审查义务或职责的情形。

(三)完善公益诉讼制度

尽管我国民事诉讼法业已对公益诉讼制度规则进行了具体规定,为企业环境公益诉讼提供了基本的制度性支撑,明确了公益诉讼的主体为国家机关与法律规定的社会团体,且环境保护法及最高人民法院关于民事诉讼法的司法解释对国家机关与社会团体的范围进行了必要规定。但在具体司法实践中,我们发现,公益诉讼尤其是环境公益诉讼并未如立法者所期待的那样有序进行,在各地法院系统统计的数据中,经常出现“零立案”的尴尬,有权提起公益诉讼的国家机关或社会团体对提起公益诉讼多采谨慎态度,怠于提起公益诉讼的现象时有发生。其主要原因在于以下几个方面:其一,缺乏怠于提起公益诉讼的责任机制。从我国民事诉讼法及司法解释、环境保护法等相关法律、法规来看,立法者并未对国家机关及社会团体怠于提起公益诉讼情形进行必要规制,未对相关机关及部门苛以责任。其二,若缺乏提供公益诉讼的激励机制,国家机关与社会团体并不能从公益诉讼赔偿中获利,也是其怠于提起公益诉讼的又一原因。鉴于此,尽管我国现行公益诉讼规则业已逐渐完善,但在复杂的企业环境公益诉讼实践面前仍有待进一步完善:其一,应当规定有权提起公益诉讼的国家机关与社会团体怠于提起公益诉讼的法律责任,尤其是对相关负责人的责任追究机制;其二,应当规定在国家机关怠于提起公益诉讼情形下,其他社会团体及公民有权代位行使相关诉权;其三,应当建立提起公益诉讼的激励机制,提起公益诉讼的国家机关或社会团体有权从环境责任赔偿金中获得一定比例奖励。

(四)健全企业环境信用评价制度

在市场经济发展实践中,企业经营行为不断受到关注,市场监管者从不同角度对企业经营失信行为给予持续监管。例如,工商行政管理局通过对企业出资行为、财务年度报告行为、企业年检行为进行监管,对于存在瑕疵的企业冠以经营异常标志。中国人民银行对企业贷款失信行为记载失信记录,对企业恶意还贷行为构成威慑。人民法院对企业恶意拒不履行判决行为建立失信被执行人档案,联合央行、航空公司等部门或单位对企业及其法定代表人的高消费行为进行限制。凡此种种,监管者对企业采取诸种形式的信用监管在商事实践中取得了显著成效,对企业失信行为构成了一定震慑。就企业环境责任制度构建而言,相较前述形式各异的监管举措,企业环境信用评价监管显得尤为重要,尽管我国环境保护法业已规定将企业环境违法行为纳入其社会诚信档案,突出了立法者对企业环境信用监管的决心,但遗憾的是,相关立法并未对企业环境评价结果规定详细的法律后果,故应当在今后法律修订过程中,"建立每个企业的环境守法和违法行为的信用档案并定期进行信用评级,而且对那些信用评级差的企业在环保资金补贴、政府采购、银行信贷、证券上市及增股融资等方面进行限制甚至直接剥夺其资格"。〔1〕

五、结语

作为现代风险社会的重要角色,企业在其发展进程中承担环境责任已为不争事实,这是市场经济运转实践的迫切反馈,是与企业相关的诸多利益主体诉请的真实反映,是国家实施经济与社会可持续发展战略的必要步骤。尽管"企业环境责任"这一命题在我国刚刚开始引起关注,随着环境污染、资源破坏状况的日趋加剧,以及人们对环境权益保护意识的加强,加快企业环境责任体系的构建与完善步伐已然成为一项系统工程,这既需要理论层面的不断供给,又需要立法层面的积极作为,通过对公司法、合伙企业法、个人独资企业法等企业法与环境资源保护法等协调并治,逐渐建立和完善与我国环境资源保护的社会现实相适应的完备企业环境制度规则体系。

〔1〕 徐以祥、刘海波:《生态文明与我国环境法律责任立法的完善》,载《法学杂志》2014年第7期。

公司股权激励纠纷裁判理念反思

章晓明*

目　次

日前,深圳前海合作区人民法院审结的一则劳动争议案件,引起了广泛讨论。审理后,法院从诸多因素考虑和分析,确定了上市公司违法回购注销员工限制性股票的应在劳动争议纠纷中予以赔偿。[1] 媒体在报道此案时,纷纷使用了"全国首例",即该案将限制性股票争议纳入劳动争议在国内属于首次。限制性股票作为股权激励的主要方式之一,在近几年被国内很多大型企业采用。但是一旦发生纠纷,对于该纠纷究竟适用于哪种类型的纠纷处理机制却存在诸多争议。

随着我国资本市场的进一步活跃以及创业板、新三板的进一步发展,越来越多的公司选择通过股权激励计划激励员工。尤其是对于处于成长期的企业而言,通过将员工和公司利益进行捆绑,不仅有利于公司长期发展,还能减少因高管、骨干人员的高薪带来的人工成本压力,因此,采用股权激励手段的公司数量逐渐增多。2016 年 8 月《上市公司股权激励管理办法》正式施行,意味着我国上市公司股权激励在经历了 2005 年之前逐步实验、缓慢发展的"摸索阶段"和 2006 ~ 2016 年高速发展、暴露问题、部分有

---

* 西南政法大学经济法学院博士研究生。

基金项目:国家社会科学基金项目"劳动法与民法典关系研究"(16CFX063)。

〔1〕 参见王依婷:《全国首例|前海法院将限制性股票争议纳入劳动争议纠纷处理》,载搜狐网:http://www.sohu.com/a/191256255_202803,最后访问日期:2018 年 1 月 9 日。

效的“成长阶段”后,即将进入一个制度相对成熟、市场导向明确、设计逐步自主的崭新阶段。根据统计数据显示,从《上市公司股权激励管理办法(试行)》出台截至2013年年底,我国公布了股权激励计划的共有585家上市公司,占到A股市场总数的23%,2014年共有682家上市公司公布股权激励计划。[1] 另外,根据德勤管理咨询公司2016年6月发布的《2015~2016年中国A股上市公司高管薪酬与激励调研报告》,近80%的上市公司选择限制性股票作为其主要的激励手段,而创业板则成为采用股权激励手段最集中的板块。

一、公司股权激励纠纷的情况梳理

(一)股权激励的理论基础

股权激励,是指企业经营者和员工通过持有企业股权的形式来分享企业剩余价值索取权的一种激励措施。具体来说,股权激励机制是一种通过让被激励对象获得公司股权或一定的经济权利,使其能够以股东的身份参与企业决策、分享利润、承担风险,从而勤勉尽责地为公司的长期发展服务的制度安排。[2] 股权激励制度最早于20世纪50年代出现在美国,70年代开始在西方盛行,并在90年代以迅猛之势被推广到世界各地。[3] 中国证券监督管理委员会(以下简称证监会)《上市公司股权激励管理办法》第2条规定:股权激励就是指上市公司以本公司股票为标的,对其董事、监事、高级管理人员及其他员工进行的长期性激励。股权激励的理论基础主要有委托代理理论、[4]公司治理结构理论[5]和人力

---

〔1〕 参见倪铭娅:《2014年A股年度市值管理行为报告:682家A股公司陆续推出股权激励》,载中证网:http://www.cs.com.cn/sylm/jsbd/201501/t20150123_4628005.html,最后访问日期:2018年1月9日。

〔2〕 参见卢雄鹰:《中国上市公司股权激励问题研究》,华东师范大学金融与统计学院2013年博士学位论文,第20页。

〔3〕 参见石慧荣:《商事制度研究》,法律出版社2003年版,第122页。

〔4〕 委托代理理论,实质所有者以预先达成的条件,把其资产委托给经营者经营,但不转让资产的所有权,资产所有者按出资的额度分享资产的剩余索取权和相应的最终控在企制权。在企业的经营过程中,委托人是资产所有者,代理人是企业的经营者,资产所有者与企业经营者(被激励者)通过实现约定的契约明确界定双方的责、权、利,形成相互制约和激励的机制。

〔5〕 公司治理理论注重从“激励—约束”二者平衡的角度来分析股权激励。现代公司的治理主要交由董事会和高级管理人员来完成,而公司的所有权人即股东并不都参与到公司的管理中。这样的结构缺少长期的、有效性的激励。因此,很多上市公司便选择通过股权激励来弥补传统公司治理结构的不足,使激励与约束重回衡平状态。

资本理论[1]等。

目前，股权激励的主要方式有限制性股票、股票期权、员工持股计划、虚拟股票等。在我国现阶段采用较多的两种股权激励方式分别是限制性股票以及股票期权。[2]其中，限制性股票是指上市公司按照预先确定的条件授予激励对象一定数量的本公司股票，激励对象只有在符合股权激励计划中明确规定的条件时，才可出售限制性股票并从中获取收益。而股票期权在本质上是一种权利，是激励对象购买本公司股票的选择权，激励对象可以在事先约定的时间内，以原先确定的价格购买公司一定数量的股票；激励对象是否行使该权利，由持有者自行决定，如果其行使了购买权利就是一种激励。

（二）股权激励纠纷案件的裁判现状

一是案件数量不断增多。随着股权激励越来越成为企业管理的重要手段，股权激励纠纷案件的数量也呈逐渐增长趋势。根据中国裁判文书网的案例数据，分别以“股票期权”和“限制性股票”为案由进行搜索，2010～2016年诉讼案件的数量变化情况如图1所示。

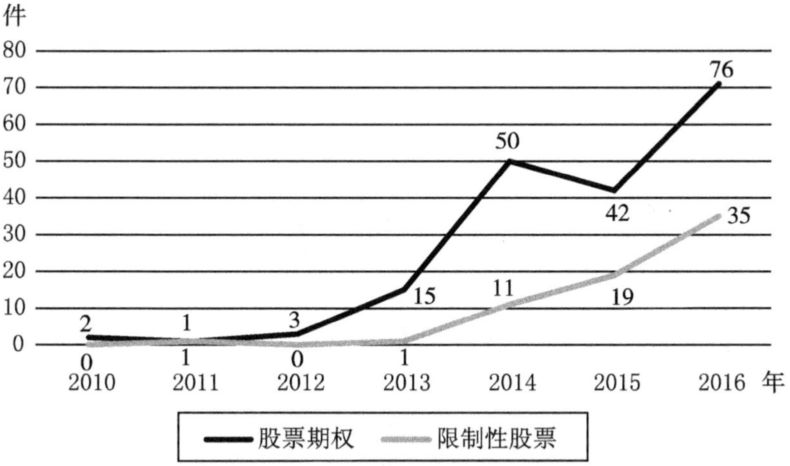

图1　股权激励纠纷案件数量变化

---

〔1〕人力资本理论认为经理人员的人力资本是一种稀缺资源，通过股权激励制度，让经营管理者得到企业的一部分股权，既实现了经理人员人力资本的价值，同时也体现了经理人员的劳动收入，是对经理人员人力资本作用的承认和肯定。随着中国改革和对外开放的逐步深入，我国也吸纳了西方经济学关于人力资本理论的合理部分，在党的十五届五中全会上，提出“鼓励资本、技术等生产要素参与收益分配”，提供了人力资本参与分配的理论基础。

〔2〕参见刘广生、马悦：《中国上市公司实施股权激励的效果》，载《中国软科学》2013年第7期。

二是立案案由具有多样性。案由反映的是案件所涉及的法律关系的性质,是人民法院将诉讼争议所包含的法律关系进行的概括。通过在中国裁判文书网[1]以及北大法宝[2]进行案例搜索,笔者发现股票期权案件共有239件,其中民事案件229件;限制性股票案件共有71件,其中民事案件68件。通过梳理发现,以上案例均是与公司股权激励有关的案件,但立案的案由却各不相同,跨越普通民事、商事、劳动争议等法律部门。案由数量具体分布比例见表1所示。

表1 不同案由案件数量分布

案由关键词	股票期权(件)	限制性股票(件)	所占比例(%)
婚姻家庭、继承纠纷	30	12	14.1
物权纠纷	10	5	5
合同、无因管理、不当得利纠纷	37	14	17.2
劳动争议、人事争议	129	31	53.9
与公司、证据、保险、票据等有关联的民事纠纷	21	6	9.1
适用特殊程序案由	2	0	0.6
总计	229	68	100

三是获得股权激励的对象具有多样性。笔者选取其中涉及"股票期权"和"限制性股票"的案件二审终审判决书,基于案件与股权激励的相关性、法院裁判说理的丰富程度、案例的代表性等因素,从200份案例中筛选出33份样本,梳理出了股权激励纠纷案件的基本面特征、常见争议点。通过对样本案件的梳理,笔者发现股权激励的对象既有公司高管,也有中层管理人员以及普通员工。在样本案例中,有7个劳动者为中层及以下层级的员工,占比为21.2%,其工资收入并不高。这些激励对象所在的公司往往是采用期权激励计划,激励对象包含公司普通员工,涉及员工范围较大。

四是劳动者败诉率高。从样本案例中可以发现劳动者败诉率高达93.9%,仅有3个案例中的劳动者胜诉。[3] 而在胜诉的这3个案例中,只有上海家化与王某劳动合同

---

〔1〕 数据采集于2017年9月20日。

〔2〕 数据采集于2017年9月21日。

〔3〕 参见上海市第二中级人民法院(2015)沪二中民三(民)终字第747号判决书;北京市高级人民法院(2012)高民终字第1879号判决书;上海市第一中级人民法院(2015)沪一中民三(民)终字第2436号判决书。

纠纷案是以劳动争议为案由提起诉讼，即在以“劳动争议”为案由的21个样本案例中，仅有1个样本案例中的劳动者获得胜诉。对于劳动者败诉，法院的裁判理由主要集中在“不属于劳动争议范畴”（占比达42.9%）。败诉的20个样本案例中，9个案例的裁判理由是“不属于劳动争议”，即劳动者败诉的主要原因在于裁判机构认为其不属于劳动争议，还有部分案例是在提起劳动争议仲裁后，劳动仲裁机构认为股权激励争议不属于劳动争议，不应当适用仲裁前置的相关规定，当事人转而以其他案由向法院提起诉讼。[1] 其余裁判理由包括“涉及到案外第三人，导致诉讼主体不适格”“劳动者提供证据不足”“劳动关系解除导致期权失效”、其他原因（包括超过诉讼时效等）。在牵涉案外第三人的案例中，主要是涉及：(1)境外公司通过电子邮件等方式发布公告实施股权计划，劳动者未获得股权证书等；[2] (2)劳动者与分支机构建立劳动关系，但股权激励计划由母公司实施，纠纷中出现案件当事人适格争议。[3] 具体情况如表2所示。

表2　劳动者败诉裁判理由统计

主要裁判理由	案例数量（件）
不属于劳动争议	9
涉及到案外第三人，导致诉讼主体不适格	5
劳动者提供证据不足	3
劳动关系解除导致期权失效	2
其他原因（包括超过诉讼时效等）	1
总计	20

从样本案例数据中分析，也可发现对于股权激励纠纷的法律性质及处理机制还存在较大争议。纠纷的数量逐渐增多，但是对于股权激励纠纷的法律性质如何认定却没有定论。由于股票期权激励纠纷法律性质的模糊性，以及其横跨劳动法、民商法等多个法律部门的特性，导致其司法裁判面临困难，裁判说理及判决意见也莫衷一是。[4] 本文将通过对我国国内目前最广泛采用的两种股权激励方式，即股票期权以及限制性股票的案例梳理，力求明晰股权激励纠纷案件的法律性质并反思司法实践中的裁判理念。

---

〔1〕参见北京市第三中级人民法院(2016)京03民终12236号判决书。

〔2〕参见上海市第一中级人民法院(2016)沪01民终8876号判决书。

〔3〕参见广东省广州市中级人民法院(2016)粤01民终18528号判决书。

〔4〕参见范围：《公司股票期权激励争议处理研究》，载《当代法学》2016年第2期。

二、公司股权激励纠纷的法律性质判断

确定股权激励纠纷的法律性质,是明确其法律适用以及裁判规则的前提。目前,关于股权激励纠纷的法律性质具有代表性的主要有如下几种观点:(1)股票期权法律关系并非员工与公司双方之间的一种孤立的关系,而是劳动关系的重要组成部分。股票期权授予本公司的员工,所以该种法律关系是以劳动合同关系为基础的。[1] (2)受激励的企业员工与企业间的关系上,员工既是劳动者,又是股东。这两种关系的建立,既有先后顺序,又相互独立,受不同的法律规范调整。劳动关系应受劳动法调整,而股东与公司的关系作为典型的商事关系则理应受到民商事法律的规制。[2]

笔者认为,股权激励纠纷的性质应属于劳动争议,具体理由可从以下三个方面来分析:劳动者获得股权激励的原因;期权或者限制性股票能够行权的条件;股权激励所产生收益的性质认定。

(一)股权激励法律关系以劳动关系的存在为前提

对于股权激励法律关系的认定争议,主要集中在其是属于劳动法律关系还是民事法律关系。劳动法律与民事法律关系的区别在于民事法律关系是一种平等性的法律关系,体现的是两个个体(单位或个人)的利益,这种法律关系比较充分地体现了当事人双方的意志,它在许多场合下具有"任意"的特点。而劳动法律关系是在协调劳动者利益与用人单位利益的基础上建立起来的法律关系,兼有平等性和隶属性的特征。[3]

劳动者与用人单位建立劳动关系,是劳动者获得股权激励的前提条件。因为劳动关系的建立或解除,劳动者行权资格发生变化,进而引发股权激励纠纷。在前文所述的前海法院案例中,劳动者获得违法解除劳动合同的赔偿金,即如果劳动关系未被违法解除,劳动者在解锁期到来后即获得限制性股票解锁能产生的收益。但是因为劳动关系违法解除后,用人单位回购了该部分应解锁的限制性股票,导致劳动者利益受损。与该案性质相似的另一个样本案例是上海家化联合股份有限公司与王某的纠纷案中,法院判决因上海家化公司违法解除劳动关系,导致劳动者应获得的股权激励收益受损。从样本案例分析中,我们可以得出,股权激励纠纷案件案由虽不同,但均与劳动关系的解除相伴,均是在劳动关系解除后发生的此类纠纷。通过进一步的梳理,在样本案例涉及的纠纷关键点是员工在激励协议中约定的服务期期满之前离职,离职的原因

---

〔1〕 参见常传颂:《股票期权法律关系之分析》,载《社会科学辑刊》2009年第1期。

〔2〕 参见王蓓、刘珂:《论股权激励计划中劳动者的身份转换与权益保障——以富安娜股权收益纠纷案为切入点》,载《四川大学学报》(哲学社会科学版)2015年第3期。

〔3〕 参见董保华:《劳动关系调整的法律机制》,上海交通大学出版社2003年版,第41页。

包括员工主动离职、公司解聘等。

笔者发现,即使是在以非劳动争议为案由提起的诉讼中,法院通常是在审查劳动关系解除的合法性的前提下,判断股权激励产生收益的性质。在三一重机有限公司(以下简称三一公司)与任某合同纠纷上诉案中,法院认为,双方之间的劳动纠纷经法院审理认定,三一公司违法解除劳动关系,导致任某在行权日之前离开公司。三一公司构成违约,应承担违约责任。另外,股权激励协议上的文字属于三一公司单方面的规定,并未与任某进行协商。事实上,上述规定内容显然不合理,因为如若三一公司不想据此履约,则会选择在奖励到期日前违法解除合同。如果法院支持了该条款的效力,则显然助长了三一公司的违法行为,也放任了三一公司违背诚信的行为。因此,法院认定三一公司通过提前解除劳动合同的方式逃避兑现承诺的行为构成违约,其应承担继续履行的违约责任。在裁判股权激励纠纷之前,法院往往需要首先判断解除劳动关系的合法性。

股权激励对于建立和谐劳动关系,促进劳资合作具有重要意义。股权激励的范围从最初的高级管理人员逐渐扩展到核心骨干人员,作为人力资源管理的重要手段也体现了劳动关系中从属性的典型特征。因此,从实施股权激励的目的上来说,股权激励是劳资合作的一种实现路径,劳动关系的确立和解除是股权激励纠纷产生的根本原因,股权激励所产生的法律关系具备劳动关系的基本特征。

(二)期权或者限制性股票能够行权的条件

股权激励,是企业对劳动者进行绩效激励以及约束的重要手段。《上市公司股权激励管理办法》第二章第10条第2款明确规定:激励对象为董事、监事、高级管理人员的,上市公司应当建立绩效考核体系和考核办法,以绩效考核指标为实施股权激励计划的条件。该条款中,绩效考核充分说明了劳动者获得股权激励是在完成相应的绩效目标,实现了用人单位的经营指标的基础上获得的,这也证明了股权激励实施的前提是基于劳动者与用人单位之间的隶属性特征。在前文所述案例中,前海法院认为,用人单位授予劳动者限制性股票是在双方存在劳动合同关系的基础上,充分考虑劳动者对用人单位的业绩、贡献、地位和作用,其目的是激发劳动者工作的积极性,用人单位有权要求激励对象按其任岗职位的要求为公司工作,故用人单位授予劳动者限制性股票的目的考察,都体现了劳动者接受用人单位管理、平衡劳动者报酬与用人单位效益的劳动关系典型特征。

股权激励作为劳资合作的重要手段,主要目的是调动劳动者参与用人单位经营管理的积极性,其最大优点在于以股票升值所产生的价差作为对高级管理人员的报酬,将作为代理人的高级管理人员的利益变成公司价值的增函数,促进了经营者和股东利益实现渠道的一致性。[1]

有学者指出,获得股权激励的对象主要为公司的经理层或者核心员工,与普通员工相比具有更强的谈判能力,同时股权收益的实现还部分依赖于管理人员控制之外的因素,因此,股权激励与劳动者个人的劳动给付之间的关联性和对应性较弱。[2] 但是按照劳动力价值市场决定理论,劳动力的价值本身存在差异,公司管理人员与核心骨干人员在知识、经验、能力等方面具有的生产力创造价值,决定了在劳动力市场其能够获得高于市场平均水平的报酬,因此,用人单位通过授予员工股权激励,也是对其劳动力价值的认可。同时,通过股权激励协议设置利润目标、考核指标等,也是要求劳动者在实现相应的生产经营目标,充分发挥其能力的基础上才能获得股权收益。从这方面来说,股权激励应是更充分地体现了劳动者个人的劳动给付与劳动收益的关联性。尤其是在各国均充分重视和谐劳动关系,减少劳资纠纷的社会氛围中,股权激励是促进劳资合作的重要手段。美国韦恩州立大学教授威廉·N.库克认为,劳资合作是一种劳资关系模式,建立在劳资双方共同追求更大效益的目标上,在追求的过程中劳资双方不将各自的心力用于相互对抗上,而是集中心力于目标的达成上。经过合作努力所取得的成果,由劳资双方分享。[3]

根据《上市公司股权激励管理办法》第9条的规定,上市公司依照本办法制定股权激励计划的,应当在股权激励计划中载明激励对象、获得激励的条件以及行权条件、行权的方式,笔者认为,股权激励协议约定了股权激励对象的确定和获得激励的条件。因此,从协议内容的维度考察,股权激励协议实际是劳动合同的一种补充。有学者认为,股权激励协议并非公司与员工之间孤立的关系,而是劳动关系的重要组成部分,即使是股权激励协议衍生出了激励对象与公司之间的股东关系,但依然是建立在劳动关系的基础上。[4] 股权激励协议中载明的行权条件,主要包含经营目标、利润指标。有学者梳理了部分公司公开的股权激励行权条件,行权条件一般包括绩效考核情况、净利润增长率、净资产收益率、营业收入等指标。[5] 这也充分说明了股权激励约定实际上是激励对象实现一定的经营目标后能获得相应的股权收益。

---

[1] 参见卢雄鹰:《中国上市公司股权激励问题研究》,华东师范大学金融与统计学院2013年博士学位论文,第14页。

[2] 参见范围:《公司股票期权激励争议处理研究》,载《当代法学》2016年第2期。

[3] 参见常凯:《劳动关系学》,中国劳动社会保障出版社2005年版,第9页、第58页。

[4] 参见李靖:《股票期权法律关系透析》,载《福建金融》2006年第3期。

[5] 参见卢雄鹰:《中国上市公司股权激励问题研究》,华东师范大学金融与统计学院2013年博士学位论文,第203~213页。

（三）股权激励产生的收益应属于劳动报酬

在样本案例“曾某某与广州化工交易中心有限公司劳动争议纠纷上诉案”[1]中，法院裁定奖励股权不应当纳入劳动法的调整范畴，裁判理由如下：国家统计局《关于工资总额组成的规定》（1990 年颁布）第 3 条规定：“工资总额是指各单位在一定时期内直接支付给本单位全部职工的劳动报酬总额。工资总额的计算应以直接支付给职工的全部劳动报酬为根据。”第 4 条规定：“工资总额由下列六个部分组成：（一）计时工资；（二）计件工资；（三）奖金；（四）津贴和补贴；（五）加班加点工资；（六）特殊情况下支付的工资。”第 8 条第 1 款规定：津贴和补贴是指为了补偿职工特殊或额外的劳动消耗和因其他特殊原因支付给职工的津贴，以及为了保证职工工资水平不受物价影响支付给职工的物价补贴。此外，根据劳动部印发的《关于贯彻执行〈中华人民共和国劳动法〉若干问题的意见》（1995 年）第53 条的规定，“劳动法中的‘工资’是指用人单位依据国家有关规定或劳动合同的约定，以货币形式直接支付给本单位劳动者的劳动报酬，一般包括计时工资、计件工资、奖金、津贴和补贴、延长工作时间的工资报酬以及特殊情况下支付的工资等”。福利待遇则一般是指企业为了保留和激励员工，采用的非现金形式的报酬，包括保险、实物、股票期权、培训、带薪假等。工资与福利待遇最明显的区别在于工资是以现金形式支付，福利待遇则是以非现金形式支付，故二者存在明显区别。

但以上规定均制定于20 世纪 90 年代，已经严重滞后于社会经济现实。随着现代人力资源管理理念的兴起，全面薪酬战略是当前发达国家普遍推行的一种薪酬支付方式。在我国国内，人力资源管理学者对于劳动报酬的理解同样已经发生了变化，如将劳动报酬分为三个部分，即基本薪酬、可变薪酬、福利。三个部分的功能分别是保障功能，体现岗位的价值；对员工良好业绩的回报；提高员工满意度。[2] 有学者将薪酬的主要构成定义为总体薪酬，企业向员工提供的经济性的报酬和福利，还包括为员工创造的良好的工作环境以及工作本身，经济性的报酬分为直接报酬和间接报酬，直接报酬包括基础工资、绩效工资、奖金、股权、红利等。[3] 有学者认为，股票期权是在工资基础上当事方对于薪酬的进一步重新约定，是关于工资之外薪酬的补充约定。[4]

对于劳动报酬的认定范围在地方性法规以及部门规章中实际上已经扩大了。财政部、国家税务总局《关于个人股票、期权所得征收个人所得税问题的通知》（财税

---

[1] 参见广东省广州市中级人民法院（2016）粤 01 民终 17677 号判决书。

[2] 参见文跃然主编：《薪酬管理原理》，复旦大学出版社 2003 年版，第 6～7 页。

[3] 参见彭剑锋主编：《人力资源管理概论》，复旦大学出版社 2003 年版，第 373 页。

[4] 参见周龙杰：《“金手铐”股权激励合同的法律性质》，载《人民法院报》2014 年 1 月 22 日，第 7 版。

〔2005〕35号)中关于股票期权所得性质的确认及其具体征税规定为:(1)员工接受实施股票期权计划企业授予的股票期权时,除另有规定外,一般不作为应税所得征税。(2)员工行权时,其从企业取得股票的实际购买价(施权价)低于购买日公平市场价的差额,是因员工在企业的表现和业绩情况而取得的与任职、受雇有关的所得,应按"工资、薪金所得"适用的规定计算缴纳个人所得税。

劳动者能够获得股权激励相应收益的前提,是劳动者在用人单位支付了相应的对价,即付出了劳动并实现了股权激励协议中相应的义务。在一般的股权激励计划中,只有企业高管、核心员工、业务骨干等能获得股权激励,这些劳动者具有的共同点是能为用人单位提供具有高价值的劳动效益,能够为用人单位的发展发挥重要作用,用人单位给予劳动者股权激励,往往是基于对其原有的知识水平、劳动技能、绩效水平的认可,同时也是对其未来的劳动成效的正面预期。正是在这样的背景下,用人单位对这部分劳动者实施股权激励,并将可能产生的巨额股权收益与劳动者的劳动绩效予以捆绑。因此,从本质上来看,股权激励所产生的收益是劳动报酬的一种形式。正如人力资本理论所言,人力资本在现代企业管理中是同物质资本同样重要的生产要素。人力资本的所有人是公司重要的无形资产,理应享有对企业的索取权。企业为了留住这部分无形资产并充实企业的发展,也应该赋予其有别于其他普通员工的激励措施,避免其实施对企业发展不利的行为。

三、公司股权激励纠纷处理的建议

笔者通过前述分析,认为深圳前海合作区人民法院做出的探索,是对股权激励争议处理的重新认识。在司法实践中,在明晰股权激励纠纷法律性质的基础上,对其纠纷处理理念进行了反思,并应通过纠纷处理程序以及实体法上的进一步完善,对公司股权激励纠纷的处理形成明确的裁判标准。最后,还应通过法律路径优化股权激励的效用,尽可能减少股权激励纠纷的发生,实现劳动者和用人单位的合作共赢。

(一)纠纷处理程序上的完善

一是审理程序。股权激励争议纳入劳动人事争议处理,即适用劳动争议处理程序,以先仲裁、后诉讼的方式处理。自2000年我国首例股票期权争议发生至今,劳动争议仲裁机构仍多以股票期权纠纷不属于劳动争议的受理范围,裁定不予受理。[1] 因为股权激励纠纷的发生往往与劳动合同的解除、违约金的约定、服务期的约定等相伴随。

---

〔1〕 参见广东省广州市中级人民法院(2016)粤01民终18528号判决书;北京市第三中级人民法院(2017)京03民终3401号判决书。

如果将股权激励纠纷纳入劳动争议处理,可允许在提起劳动仲裁后对裁决不服的当事人提起诉讼,法官可以将涉及该纠纷的各类因素综合考量。另外,此种处理程序减少了当事人的诉讼负担,包括经济成本和时间成本。

二是对当事人适格的审查。在笔者收集的33个样本案例中,有6个案例的裁判理由为涉及案外第三人,主体不适格。案外第三人是指股权激励是由劳动合同相对方的母公司或者关联公司授予的,劳动者获得案外第三人授予的股权激励,虽然从合同相对性的原则来说,与劳动者建立劳动关系的非股票期权的授予方,其并不具有可以或授予取消上述股票期权的权利,但案外第三人授予劳动者股权激励的前提条件是劳动者与其子公司或者关联公司建立劳动关系,并实现相应的绩效目标,股权激励的最终目的是实现劳动关系相对方的绩效目标,进而实现该案外第三人的绩效目标。因此,股票期权的授予方即案外第三人在股权激励纠纷中,应为共同诉讼当事人。

三是适用相应的证据规则。最高人民法院《关于审理劳动争议案件适用法律若干问题的解释》第13条规定:因用人单位作出的开除、除名、辞退、解除劳动合同、减少劳动报酬、计算劳动者工作年限等决定而发生的劳动争议,用人单位负举证责任。以及最高人民法院《关于民事诉讼证据的若干规定》第6条规定:在劳动争议纠纷案件中,因用人单位作出开除、除名、辞退、解除劳动合同、减少劳动报酬、计算劳动者工作年限等决定而发生劳动争议的,由用人单位负举证责任。因此,若将股权激励纠纷纳入劳动争议处理,那么因为用人单位作出解除劳动合同、开除等决定而导致发生股权激励纠纷的,应由用人单位负举证责任。

(二)实体法的进一步完善

一是笔者对于部分学者认为的劳动法倾斜保护劳动者的价值理念过度适用保持质疑。股权激励虽属于实践中的新事物,在劳动立法中并未明确规范,但其实质上依然属于劳动关系实践的一种,不能为了避免对劳动者的过度倾斜保护而将其刻意剔除劳动法律司法的范围。相反地,对于劳动立法中相关概念的进一步厘清,才是问题的解决之道。比如,对于有关工资、劳动报酬、服务期等概念,劳动实践与法律规定已经出现了较多的不匹配。

二是劳资合作理念应作为劳动立法完善的基本价值理念之一。近年来,随着我国劳动法律的进一步完善,尤其是随着劳动合同法的实施,我国劳动者处于极端不平衡的弱势地位的情况已经得到一定改善。基于劳资合作理念构建和谐劳动关系的声音逐渐增强。劳动立法的进一步完善,需要从对劳动者的倾斜保护向劳资合作的方向过渡。甚至有学者提出创设一部劳资合作法,而笔者认为创设一部单独的劳资合作法律并不必要,但在立法中贯彻体现劳资合作理念却很有必要,包括企业重大经营决策的协商民主程序、企业经营信息的披露、社会保险的兜底支持等。

三是关于劳动者分层保护的问题。在股权激励的对象中,除了公司高管人员外,还包含中层管理人员以及普通员工。对于公司管理人员是否适用现有的劳动法,学界和实务界均存在颇多争议。对于劳动者的分层、分类保护现在未在我国现有的劳动法律体系中实现。同样,本文对样本案例的梳理也未发现在司法裁判中,对公司高级管理人员或普通员工进行区分。但是高级管理人员在用工单位中具有较强谈判资源以及从属性较弱等因素,均需要考虑。尤其是在股权激励纠纷案件中,高级管理人员是否需要以倾斜保护弱者为立法宗旨的劳动法来保护呢?笔者认为,在现有的劳动法律体系未对劳动者的分层分类进行规制的情况下,不应区别对待高管。股权激励纠纷纳入劳动争议处理,并不意味着对其进行倾斜保护,而是在司法裁判程序中加以规范。

(三)股权激励的效用优化路径

在明晰股权激励纠纷法律性质的前提下,对股权激励效用进行进一步优化确有必要。在股权激励实施中,可通过保障劳动者的权益、促进企业发展等方面来实现优化股权激励效用的法律路径。

一是劳动者权益的保障。企业应重新审视其股权激励协议中关于服务年限、离职等相关条款的合法性。《中华人民共和国劳动合同法》第37条规定:"劳动者提前三十日以书面形式通知用人单位,可以解除劳动合同";《中华人民共和国劳动合同法》第38条规定了用人单位有过错的,劳动者可以无条件解约。首先,在股权激励协议中限定劳动者的辞职权有侵害劳动者的劳动权之嫌。在劳动力市场化的前提下,人力资源尤其是具有较多人力资本的劳动力的流动是正常现象,通过股权激励协议中约定服务期将人才捆绑在企业中,只能是"治标不治本"。其次,劳动关系解除或终止,劳动者并不必然丧失行权资格。劳动关系的解除不能排除企业在员工可行权期到来前恶意解除劳动关系,导致其无法行权,进而损害劳动者利益。[1] 因此,法官在裁量涉及股权激励的劳动关系解除时,应重点审查劳动关系解除的原因,应排除企业恶意解聘的可能性。最后,劳动者在股权激励计划中,应增强法律意识,注重对相关证据的收集和保留,在签订股权激励协议的过程中,应加强对协议文本的法律审查,尤其应注意协议中有关行权、回购等条款,以保障自身利益。

二是实现企业实施股权激励的目标。在股权激励计划中,对激励对象行权条件的约定应明确为企业经营、利润目标,明确限制性条款的性质、适用范围、适用时限等。受激励的员工通过低价获得企业的股权后,一旦遭遇机会主义和道德风险,激励对象

---

〔1〕 参见上海市第一中级人民法院(2015)沪一中民三(民)终字第2436号判决书。

辞职离开企业,甚至转投竞争对手,企业原本通过股权激励计划以留住人才、增强企业竞争力、实现经营目标的愿景就会落空。根据人力资源激励理论,激励与惩罚机制是人力资源管理的两种手段,而激励具有正面作用。通过对激励对象行权设置正面导向目标,可以实现企业与激励对象的共同利益最大化。充分发挥劳资合作的作用,实施有效的人力资源管理政策。为了更好地实现股权激励目标,企业应尽量避免激励对象的主动离职。激励对象的主动离职往往会给企业带来经营上、组织氛围上的不良影响。通过提高激励对象工作满意度,建立劳资合作的有效机制,增加激励对象对企业的工作黏性,将激励对象个人发展目标与企业目标一致化,可以使股权激励的效用最大化。另外,考虑到企业高管与普通员工的禀赋差异,对其在股权激励方案中的权益与义务约束是否应设置分层、分类的条款有后续研究的价值。

四、结语

学界和实务界对于股权激励纠纷的性质认识存在较大争议,在明晰股权激励纠纷法律性质的基础上,对此类案件的裁判思路进行反思和重构具有重要意义。本文开头所提的前海法院案例,对于股权激励纠纷的处理提供了好的思路,颇有借鉴价值。在构建和谐劳动关系的背景下,股权激励措施会被越来越多的企业采用。法律应注重保障股权激励的正面效用,维护劳动者和企业的正当权益,促使股权激励措施能够对经济发展发挥更大的作用。

论比例原则在反垄断执法中的适用

钟　原*

目　次

比例原则长期受到行政法学界的关注，该原则最早由德国率先适用并逐渐为大多数国家和地区所接受，其适用的范围也从最初的公法领域逐渐向私法领域延伸。〔1〕 作为一项以“禁止过度”为核心内涵的法律原则，其本身所特有的灵活性成为排除自由裁量对公民权利过度侵害的天然屏障。〔2〕 反垄断法学界的专家学者们也有将此原则引入适用的呼吁，〔3〕这是因为反垄断规则大多缺乏明晰的概念界定和抽象逻辑，由此引发的问题便是反垄断执法自由裁量权限过大，可能造成对经营者基本权利的过度限制，而比例原则作为对基本权利“限制的限制”，可以有效规制此类矛盾和困境，因此，

---

* 武汉大学竞争法与竞争政策研究中心助理研究员，武汉大学法学院经济法学博士研究生。

基金项目：最高人民法院2016年度司法研究重大课题“供给侧改革背景下相关司法对策研究”（ZGFYKT201603）。

〔1〕 参见陈景辉：《比例原则的普遍化与基本权利的性质》，载《中国法学》2017年第5期。

〔2〕 参见许玉镇：《比例原则的法理研究》，中国社会科学出版社2009年版，第51页。

〔3〕 将比例原则引入反垄断法适用的学者和著述颇多，参见游钰：《论反垄断执法之规范与比例原则》，载《甘肃政法学院学报》2010年第5期；彭岳：《反垄断豁免中的规制性冲突及其解决——以证券市场为例》，载《当代法学》2012年第4期；兰磊：《论我国垄断协议规制的双层平衡模式》，载《清华法学》2017年第5期；王炳：《论经营者集中附条件许可制度的适用衡量——以比例原则为视角》，载张守文主编：《经济法研究》（第11卷），北京大学出版社2012年版，第338页等。

从理论角度考量具有其适用的必要性和可行性。但就当前的研究现状来看,比例原则适用于反垄断执法的基本问题并未得到系统、有效的研究,首先,本文将就法理基础进行探讨,通过比例原则的价值功能以及反垄断法对经营者基本权利的限制阐释该原则"可以"应用于反垄断法;其次,从反垄断规则的模糊性和比例原则"禁止过度"的内涵出发,说明该原则"应当"适用于反垄断执法;最后,本文将着重探讨比例原则"如何"适用的问题,即该原则在反垄断执法适用中的具体路径。

一、比例原则适用于反垄断执法的法理基础分析

(一)比例原则的价值定位:合理限制基本权利

比例原则自身的性质和特点,是其适用于反垄断法的理论前提。该原则最初舶来于同为大陆法系的德国,经过长期的理论探究和实践发展已逐渐成为国家公权力行使的最高指导原则,[1]被称为"公法之皇冠原则"。

无论从历史维度考量,还是从法释义学的角度分析,比例原则始终是作为预防公权力扩张,从而危害公民基本权利的手段而存在的。它最初产生于对德国法院在一起案件中对警察权力的限制,之后德国学者迈耶在其《德国行政法》中首次对比例原则进行了系统阐述,为其日后的发展奠定了理论基础,随后由于其实现了对国家权力领域的无缝隙覆盖,[2]继而逐渐发展成为适用刑法、税法乃至于民法等多个领域的基本原则。

按照当前通说认为,比例原则由三个子原则构成,即适当性原则、必要性原则和相称性原则,[3]其中适当性原则也称妥当性原则,它要求公权力机关因公共利益干预基本权利的行为必须符合其所欲实现的目的。必要性是指在多个可以实现目的的措施和手段中,必须选择对基本权利干预最小的方式。相称性原则也被称为狭义比例性原则,是指公权力机关对公民基本权利的干预措施要与其所欲实现的结果之间相称。这三个子原则既有独立的审查价值,也有缜密的逻辑阶层秩序,在对某一行为进行比例原则的审查时,三个原则将依次从手段与目的的相关性、手段与手段的选择以及手段结果与目的的实现的关系进行考量,而三个子原则所要共同实现的目标便是使公权力机关对基本权利的限制始终限定在一个合理的范围内,即合理限制基本权利,这正是比例原则的价值功能所在。

---

〔1〕 参见姜昕:《比例原则研究——一个宪政的视角》,法律出版社2008年版,第16页。

〔2〕 参见郑晓剑:《比例原则在民法上的适用及展开》,载《中国法学》2016年第2期。

〔3〕 参见[德]哈特穆特·毛雷尔:《行政法学总论》,高家伟译,法律出版社2000年版,第238~239页。

(二)反垄断法对经营者基本权利的限制

比例原则的价值功能在于合理限制基本权利,因此,就其在反垄断法领域的适用而言,反垄断法是否限制了基本权利应成为法理分析中首先要解决的问题。

规范市场竞争秩序、维护市场竞争机制是反垄断法最主要的功能所在,[1]其三大支柱制度——垄断协议、滥用市场支配地位以及经营者集中也都是围绕竞争秩序展开的。从另一个方面来看,契约自由、营业自由等私权自治和近代意义上的经济自由权[2]早已成为当今法学的理论基础之一,反垄断法在维护竞争秩序以及社会公共利益时,也面临着与这些基本权利的矛盾与冲突,这主要体现在以下几个方面。

1. 对契约自由的限制

垄断协议是市场竞争中存在历史最久、最隐蔽的限制竞争形式,[3]但无论是横向卡特尔还是纵向限制竞争协议,其本质上都是私法意义上的合同,反垄断法对不同经营者之间基于意思自治形成的合同予以禁止显然与民法契约自由这一基本原则相违背。

2. 对营业权的限制

包括我国在内的世界各主要反垄断执法机构,都将拒绝交易、垄断高价等滥用市场支配地位行为予以明确禁止。但自主选择交易对象、确定交易内容本身便是经营者营业权的主要内容,后者是指法律意义上的平等市场主体可以自由、独立地从事以营利为目的的营业活动。[4] 尽管当前我国法律并没有对经营者的营业权作出明确规定,但从四次宪法修正案的基本精神以及经济发展过程中对营业权制度的呼吁,我国竞争法乃至于整个经济法体系,都应更好地兼顾竞争秩序的规制和营业权利的救济。[5]

3. 对私人所有权的限制

所有权制度是市场经济国家的基础性制度,保障私人合法的所有权可以激励人们参与生产经营活动,实现技术创新、效率提升,从而创造更多的社会财富,它也因此成为市场经济的支柱之一。但反垄断法对因所有权不当行使而导致的长期垄断性经营活动不予保护,[6]这不仅体现在前述的垄断协议和滥用市场支配地位中,也突出反映在经营者集中制度中,例如,剥离经营者业务、资产或者要求其转让股权等方式都属于

---

〔1〕 参见孙晋、李胜利:《竞争法原论》,武汉大学出版社2011年版,第9页。

〔2〕 参见潘昀:《作为宪法权利的营业自由》,载《浙江社会科学》2016年第7期。

〔3〕 参见孙晋:《反垄断法——制度与原理》,武汉大学出版社2014年版,第152页。

〔4〕 参见肖海军:《论营业权入宪——比较宪法视野下的营业权》,载《法律科学》2005年第2期。

〔5〕 参见樊涛:《我国营业权制度的评析与重构》,载《甘肃社会科学》2008年第4期。

〔6〕 参见王晓晔:《反垄断法》,法律出版社2011年版,第41页。

经营者集中法定的救济方式,而从物权法的角度来看,所有权作为一种绝对权,包含占有、使用、收益和处分等四项积极权能,[1]此种强迫企业放弃资产、改变财产使用方式的行为无疑是对私人所有权的限制。

因此,当反垄断法对具有排除、限制竞争效果的垄断行为进行规制的同时,其对经营者基本权利的限制也不应为我们所忽视。

二、比例原则适用于反垄断法的必要性考量

反垄断法在适用的过程中会限制经营者多项权利,而比例原则的价值功能在于合理限制基本权利,这为该原则适用反垄断执法提供了可能,也成为适用的法理基础所在。但存在法理基础只是解决了“可以”适用的问题,并没有说明其为什么“应该”适用,后者主要涉及必要性的考量。而必要性则意味着:(1)反垄断法在适用的过程中面临某些问题;(2)引入比例原则能解决这些问题;(3)引入比例原则是唯一或者是最适宜的解决方式。本文有关必要性的考量也主要围绕这三个方面展开。

(一)反垄断规则的模糊性与宽泛的自由裁量权

反垄断规则具有模糊性的特点,[2]反垄断法中的部分法律概念、法条规定并不像其他法律法规一样清晰明确,例如,我们很难将垄断、竞争等名词清楚地界定为经济学概念还是法学概念,抑或者是其他日常生活概念。[3] 也正是由于反垄断规则的模糊性,在反垄断法的适用过程中有很大的弹性,以致相关机构的自由裁量权过于宽泛。

1. 反垄断规则的模糊性

反垄断规则的模糊性是其实质理性的表现之一,[4]事实上,世界各国反垄断规则均或多或少存在该特点,例如,美国《谢尔曼法》便只有短短 8 条,单纯依靠该法进行反垄断实践显然不具备较强的操作性,我国反垄断法也体现出了该特点,例如,《中华人民共和国反垄断法》(以下简称《反垄断法》)第 15 条规定的垄断协议豁免制度便只是规定了实体性规则,但具体的程序问题却并不明确。

反垄断规则的模糊性由多方面原因造成。从理论角度来看,法学、经济学有关反垄断的分析范式、理论基础等问题均未能有定论,甚至是否应该制定反垄断法都存有

---

〔1〕 参见马俊驹、余延满:《民法原论》(第 4 版),法律出版社 2010 年版,第 327 页。

〔2〕 参见李剑、廖红伟:《论反垄断法规则模糊性的原因》,载《当代法学》2010 年第 5 期。

〔3〕 参见叶明:《经济法实质化研究》,法律出版社 2005 年版,第 101 页。

〔4〕 参见李剑:《论反垄断法的实质理性》,载《学习与探索》2013 年第 12 期。

一定的争议。[1] 而反垄断法本身也确实承载了多元价值,并且随着经济社会的持续发展,仍处在变化之中。因此,反垄断法规则无法做到绝对的统一和明确,它必然要兼顾社会对市场竞争的不同需求。而在实践中,竞争政策与产业政策、金融政策等多种经济政策在反垄断法具体适用中也存在冲突和矛盾,僵硬的法律规范显然不利于反垄断领域复杂法律关系的调整。

因此,不可否认的是,较模糊、原则的规定为反垄断法具体适用留下了充分的空间,使其能更好地适应当今纷繁复杂的市场经济环境,但具体法律概念、规范制度过于模糊也会造成其适用的不确定性,同样不利于竞争法治的稳定以及竞争秩序的维护。

2. 反垄断执法中宽泛的自由裁量权

反垄断规则的模糊性直接导致其具体适用存在很大的弹性,反垄断执法机构的自由裁量权巨大。[2] 具体而言,某一法律行为是否被认定为垄断行为,是否应予以规制,以何种方式规制等各个实体判定和程序实行的环节中,反垄断机构都有十分宽泛的自由裁量空间,这也导致了执法中存在不同的反垄断认定模式、处罚结果,从而出现同案不同判的现象,违背了法治稳定、统一的基本要求。

(二)宽泛自由裁量权所带来的执法问题

1. 程序方面,执法程序不统一

自由裁量权过于宽泛,首先带来的问题便是执法程序的不统一,例如,垄断协议在反垄断认定模式上长期存在争议,集中体现为是否应统一将"排除、限制竞争"作为垄断协议认定的基本要件,围绕此矛盾产生了执法、司法反垄断认定模式的分野,横向垄断协议和纵向垄断协议判定要件不一等多个问题,而究其根源,正在于反垄断法规定存在模糊性,使得执法机构在宽泛的自由裁量体系中未能以明确的标准达成共识。

在案件的行政处罚过程中,规则模糊性导致自由裁量权过于宽泛的问题同样明显,处罚方式规定在《反垄断法》第七章"法律责任"的相关条款中,从法律文本来看,反垄断行政处罚方式相对来说较为明确,即停止违法行为、没收违法所得与罚款的并科适用,罚款数额以销售额为计算标准,罚款比例根据案件具体情况从1%~10%不等。但回归到执法现状的实然层面,由于条文过于简单,缺乏实操性,导致实务部门在实践中对罚款基数、罚款裁量都存在不同认识,使得反垄断罚款具有很大的不确定性。[3]

---

[1] 目前以张维迎、薛兆丰等为代表的著名经济学家对反垄断法持否定态度,认为无论是其赖以建立的经济学基础,还是产生的实际影响均存在问题。

[2] 参见游钰:《论反垄断执法的司法审查》,载《中国法学》2013年第6期。

[3] 参见王健:《追寻反垄断罚款的确定性——基于我国反垄断典型罚款案例的分析》,载《法学》2016年第12期。

同时,实践中也有部分案件没有将没收违法所得与罚款并行适用,因此,二者关系也在现实中出现失调。[1]

2. 实体方面,执法权力的滥用

正如孟德斯鸠所言,"一切有权力的人都容易滥用权力",反垄断执法由于自由裁量权巨大,同样存在滥用的可能。尽管在当前的执法实践中并没有出现这样的案例,但主观因素过度影响案件执法的问题却已经初现端倪。以滥用市场配地位案件为例,我国规制滥用市场地位行为一般会遵循固定的四步分析框架,[2]即界定相关市场,判定经营者是否具有市场支配地位,认定具有市场支配地位的经营者是否构成了滥用行为,评估滥用行为是否具有排除、限制竞争的效果。其中相关市场的界定是前提条件。但原本只是作为手段和工具的相关市场界定环节,却由于人为的主观性产生了以结果为导向的现象,即执法机关会首先决定结果,再根据结果来决定相关市场的范围。[3]不仅在我国,欧盟委员会在滥用市场支配地位的大多数执法案件中,也没有就界定相关产品市场和相关地域市场进行任何详细的实证分析。[4]同样的问题也出现在以司法为主导的美国反托拉斯案件中,有学者就曾对著名的道格拉斯法官进行过质疑,认为他所裁决的一系列涉及相关市场界定的案件只有一个一致的地方,那就是他一定支持界定最小的合理市场,并最好是能够证明经营者具有他事前预设的市场力量,从而可以直接认定该经营者违背了反托拉斯法。[5]

(三)比例原则与自由裁量权的控制

1. 三大子原则的分析框架与执法程序的确定

比例原则通过三个子原则的不同适用,能够为反垄断执法确定一个较为明晰的程序框架,其中,适当性原则要求反垄断执法机关所采取的规制措施必须适合维护竞争秩序的主要目标;必要性原则要求在多种规制措施中选择对经营者损害最小的方式;相称性原则要求反垄断机构为维护公共利益所要采取的措施需与其所追求的目标相

---

[1] 参见袁嘉、郝俊淇:《国际反垄断行政罚款制度评析及其对我国的启示》,载《价格理论与实践》2015 年第 5 期。

[2] 参见孟雁北:《论禁止滥用市场支配地位行为的分析框架——以利乐反垄断案为例》,载《竞争政策研究》2017 年第 3 期。

[3] 参见郑鹏程:《反垄断相关市场界定的结果导向及其法律规制》,载《政治与法律》2016 年第 4 期。

[4] 参见[英]Daniel Gore、Stephen Lewi:《经济学分析方法在欧盟企业并购反垄断审查中的适用》,黄晋、韩伟等译,法律出版社 2017 年版,第 39 页。

[5] See C. Pall Rogers Ⅲ, "The Antitrust Legacy of Justice William O. Douglas", *Cleveland State Law Review* 56, 2008, p. 945.

称。通过三种子原则的具体适用,可以在承认相关机构自由裁量权的基础上,将反垄断法对经营者基本权利的限制始终限定在合理的程序规范中。当然,比例原则的"三步走"框架不能简单、机械地套用到反垄断执法,需要结合反垄断法的特殊性进行程序的调整,这将在后文详细阐述。

2."禁止过度"与防止权力滥用

"禁止过度"是整个比例原则的精髓所在,[1]其通过特有的"手段—目的"关联性考察来平衡公共利益与私人利益,以实现二者从对峙走向双赢。[2] 具体到反垄断法领域,由于反垄断执法的自由裁量权过于宽泛,其规制和处罚的力度有可能"过度",在缺乏明确的操作规范或者指南的情况下,反垄断执法可能出现由人为主观因素决定案件走向的不公正现象,导致反垄断法无法实现其价值目标,权威度下降。

而如前文所述,一方面,反垄断规制的实质是对经营者私人所有权、合同自由以及营业权等权利予以限制,这些都是市场经济的支柱体系,也是现代社会经济发展所赖以维持的制度基础。另一方面,通过技术创新、效率提升获得更多市场份额,受到更多消费者青睐,本身便是竞争的本质所在,甚至可以说追求某一市场和行业内的垄断地位正是企业不断前进的重要动力之一,而反垄断法也并非是绝对要打击具有垄断力的企业,其规制的是垄断行为,因为如果任由经营者滥用自身优势地位,只会使原本平等的市场主体、自由开放的准入门槛以及公平竞争的市场环境得到破坏。但如果处罚结果不公正,同样会打击相关行业和领域的发展,原因在于拥有垄断地位的经营者通常也具有更为雄厚的物力、财力和技术条件,这使他们既是该行业的领导者,也是技术创新、效率提升的重要保障。因此,反垄断执法尤其要注重对执法权力的控制,避免滥用,也正是在此意义上,比例原则"禁止过度"的核心内涵与反垄断自由裁量权的控制具有高度契合性。

(四)比例原则与其他审查方式

比例原则"禁止过度"的核心内涵以及三大子原则的审查标准,能够有效控制反垄断执法巨大的自由裁量权。但禁止公权力机关过度行使权力的审查方式并不止比例原则一种,以上论述仍然没有解决为什么比例原则会是解决反垄断领域问题的最优选择的问题,本文也将从以下两个方面就该问题展开探讨。

---

〔1〕 参见范剑虹:《欧盟与德国的比例原则——内涵、渊源、适用与在中国的借鉴》,载《浙江大学学报》(人文社会科学版)2000年第5期。

〔2〕 参见许玉镇:《比例原则的法理研究》,中国社会科学出版社2009年版,第145页。

1. 比例原则与行政合理性原则的比较

公法领域规范和制约行政权力的实体性法律原则,主要是比例原则和行政合理性原则。后者作为行政法基本原则之一,也经常被学界拿来与比例原则一起讨论。二者尽管有着相同的目的,但就反垄断法的适用而言,合理原则相较于比例原则存在不足。这主要体现在比例原则对控制自由裁量权的考量因素更为全面、具体。

行政合理性原则作为实质法治主义孕育的法律原则,[1]更为关注的是某一行政行为是否符合法的目的。虽然合理原则在理论和实践的发展过程中,也开始注重考虑其他应当考虑的因素并排除不相关因素,但这些要求与其最初的合目的性要求基本相同。[2] 比例原则则除了考量行政措施是否符合法的目的之外(适当性原则),还要求该行政措施是诸多符合目的的措施中对相对人基本权利侵害最小的(必要性原则),并且该行为的实施效果必须与所要实现的结果合比例(相称性原则)。为配合比例原则的审查标准,实践中也有根据不同的案件性质而采取不同的审查强度的做法。[3] 而行政合理性原则的合目的性也可为比例原则所包含,例如德国的行政法原则长期以来便只有行政合法性原则和比例原则,[4]这些使近年来不少学者提出比例原则替代合理性原则的主张。

因此,一个行政行为可能符合法的目的,从而符合行政合理性原则,但仍然有可能因为损害个人基本权利大于其所要维护的公共利益而违背比例原则,后者对于保护基本权利所考量的因素更为全面。

2. 反垄断法中体现的比例原则

比例原则与行政合理原则在公法领域的比较更多地具有工具性的意义,它从普遍意义上解释了比例原则作为一种审查工具更适合于基本权利的保护,但反垄断法兼具公法与私法的特点,[5]因此,比例原则的适用还取决于其能否与反垄断法相衔接。

事实上,当前反垄断法的部分制度和实践也体现了比例原则的基本精神,这为比例原则的具体适用创造了条件。如合理原则在反垄断法中的贯彻运用,合理原则的宗旨在于垄断并不必然违法,在判定某一行为是否应为反垄断法所规制时,应综合评估其反竞争效果和促进竞争效果,只有两相权衡后,该行为促进竞争效果不足以弥补其

---

〔1〕 参见汪燕:《行政合理性原则与失当行政行为》,载《法学评论》2014 年第 5 期。

〔2〕 参见杨登峰:《从合理原则走向统一的比例原则》,载《中国法学》2016 年第 3 期。

〔3〕 参见蒋红珍、王茜:《比例原则审查强度的类型化操作——以欧盟法判决为解读文本》,载《政法论坛》2009 年第 1 期。

〔4〕 参见叶必丰:《行政合理性原则的比较与实证研究》,载《江海学刊》2002 年第 6 期。

〔5〕 参见孙晋:《现代经济法学》,武汉大学出版社 2014 年版,第 137 页。

排除、限制竞争效果时才应受到处罚。对垄断行为根据个案具体考察,而不是"一刀切"地对形式上符合垄断要件的行为都予以规制,这本身体现出了比例原则必要性的基本思想。此外,欧美等竞争法治较为发达的国家也在其反垄断法的理论和实践中体现了比例原则的基本精神,如欧盟《欧共体条约》第82条规定的以正当理由进行竞争效果的抗辩必须满足比例原则的条件,美国《反托拉斯法专论》中对垄断化行为的判断标准也与比例原则高度契合。[1]

三、比例原则适用于反垄断法的具体路径

比例原则"可以"也"应当"适用于反垄断执法,按照周延的逻辑思路,本文接下来应该探讨其"如何"适用的问题。需要强调的是,尽管比例原则与解决当前反垄断执法的问题具有高度契合性,其本身也有十分成熟的理论体系和应用方法,但在具体适用时仍应该充分考虑到反垄断法的特殊性,从而避免简单、机械的套用。

当然,比例原则也并非万能,其最主要的缺陷便在于缺乏明确的判定标准,因此,尽管它对基本权利的保护有更为全面的考量因素,并提供了一个"三步走"的分析范式,但在具体适用时仍然不够明晰,甚至有学者曾认为,比例原则的成功正是因为它的空洞使法院可以借助该原则作任何想做的裁决。[2] 因此,本文认为,在执法机构对某一涉嫌垄断的行为进行认定和规制的过程中,应依照比例原则的基本分析框架,同时结合反垄断法的相关原则和制度补充适用,具体路径应为以下五个步骤的逐一审核。

(一)行为是否具有排除、限制竞争效果

依照比例原则分析框架,适当性审查应是该原则适用的第一步,其实质是对行政措施及其所欲达到的目的之间进行必要的逻辑考察,即手段与目的之间应具有正当性。其中,目的正当是公权力行为正当的前提,因此,目的正当性也应纳入比例原则的考量之中。[3]

具体到反垄断执法中来,反垄断法有关垄断行为的规制为强制性规范,它的目的是法定的,执法机构所拥有的一系列权力也是被立法机关所明确授权的,而对于某种行为是否应该被反垄断法所规制、对它的规制是否能够维护反垄断法的基本价值等问题更多地应由立法机关在立法阶段予以考察,执法机构的职责则是在法定权限内实

---

〔1〕 参见兰磊:《比例原则视角下的〈反不正当竞争法〉一般条款解释——以视频网站上广告拦截和快进是否构成不正当竞争为例》,载《东方法学》2015年第3期。

〔2〕 参见[以色列]摩西·科恩-埃利亚、易多波·拉特:《比例原则与正当理由文化》,刘权译,载张仁善主编:《南京大学法律评论》(2012年秋季卷),法律出版社2012年版。

〔3〕 参见刘权:《目的正当性与比例原则的重构》,载《中国法学》2014年第4期。

施、适用法律。[1] 所以反垄断执法中目的正当性的确定相对来说比较明确，而适当性审查也正是在目的合法、正当的基础上展开的。

在强制性规范的比例原则适用中，行政机关所采取的手段与行政行为的事实前提相符，则其所采取的手段就满足适当性的要求，如偷窃自行车应该处以罚款200元或者行政拘留5天，只要行政机关有证据证明其行为确属于偷窃自行车，那么其罚款或者行政拘留的行政行为就符合适当性的要求。[2] 在目的法定、正当的前提下，反垄断执法对于垄断行为的规制从规范意义的角度来讲，当然是符合手段和目的正当性要求的。但这以一个逻辑前提为基础，即对垄断行为的认定是正确的，因为反垄断法的目的及其所要维护的利益是以垄断行为为载体的，所以一个行为是否构成垄断行为成为反垄断执法的逻辑前提，其适当性审查也就从手段—目的的正当性转化为垄断行为认定是否正确这样一个事实判断上来了。

尽管垄断行为的表现形式不同，排除、限制竞争效果却是共同的本质。围绕排除、限制竞争效果的判定早已有成熟理论和经验，由于我国反垄断法对判定方法和分析模式并没有作明文规定，反垄断执法更多的是借鉴和吸收美国反托拉斯法合理原则、本身违法原则以及欧盟竞争法基于形式的方法、基于效果的方法。[3] 其中，合理原则或者是基于效果的方法通过引入经济学分析方法，结合法律对举证责任分配的制度规定，对竞争效果进行促进竞争和破坏竞争两方面的全面评估，经济定量分析和法律定性分析的融合使该方式对排除、限制竞争效果的分析更为准确，因此，该原则受到了更多专家、学者的青睐。但客观来看，反垄断执法作为我国反垄断实施最重要的手段无疑应注重“效率”，合理原则所带来的程序负担应该纳入考虑范畴，因此不能一味对本身违法原则予以排斥，针对不同类型的案件建立适合我国国情的类型化处理模式才是完善当前执法分析的可行手段，[4] 也是保证反垄断执法符合适当性审查标准的合理路径。

（二）该行为破坏竞争的同时是否维护了其他利益

在确定某一行为具有排除、限制竞争效果后，应进一步审查该行为是否维护了其他合法利益，这既是比例原则的适用，也是反垄断法自身特点所要求的。

反垄断法并非对垄断行为“一刀切”地予以禁止，相反，其中存在多种经济、社会政策目标的博弈，当今世界范围内的反垄断法以及竞争政策大多抛弃了一元价值观，建

---

〔1〕 参见李龙主编：《法理学》，武汉大学出版社2011年版，第218页。

〔2〕 参见许玉镇：《比例原则的法理研究》，中国社会科学出版社2009年版，第55页。

〔3〕 参见叶卫平：《反垄断法分析模式的中国选择》，载《中国社会科学》2017年第3期。

〔4〕 同上。

立起多元价值目标体系。[1] 所以当一种行为因为排除、限制竞争而被定性为垄断行为时,如果它维护了其他某种特定的利益,也存在被豁免的可能。这在反垄断法具体制度中有明显体现,垄断协议存在研发卡特尔、公共利益卡特尔等多种豁免类型,滥用市场支配地位的行为将"正当理由"的有无作为规制的前提所在,经营者集中则准许当事人基于竞争效果或者公共利益进行抗辩,同时设计了附加合理限制条件的救济制度。

因此,当某种行为被定性为垄断行为的同时而维护了某种特定利益,一律予以处罚可能会违反比例原则手段必要性的要求,因为该原则要求行政措施应在多种手段之间选择对当事人侵害最小的,而根据反垄断法的多元价值目标和豁免制度的基本精神,即使一种行为排除、限制了竞争,违反了反垄断法规定,但如果它能够维护某种特定的价值利益或者满足社会公共利益的需求,则对其可以不予禁止,实现反垄断法意义上的免责,而这也正是反垄断豁免制度的应有之义。[2]

所以总体而言,根据必要性审查和反垄断法自身特点,当执法过程中对某一行为进行排除、限制竞争效果判定后,不应直接跳转至处罚或者其他规制程序,而应就其维护了哪些其他合法利益进行进一步判定。

(三)该行为对特定利益的维护是否具有手段上的必要性

反垄断原则上禁止一切排除、限制竞争的行为,但对某些维护了特定利益的可能不予处罚,而最终是否予以处罚还应做深入判断。根据必要性原则的基本宗旨,如果存在其他维护特定利益且对竞争秩序的破坏比当前垄断行为更小的方式,则仍然应该予以处罚。事实上,手段的不可或缺性(indispensible)正是欧盟竞争法中豁免制度的基本构成要件之一,而我国豁免制度对该要件的缺失,犹如抽掉了欧盟反垄断豁免规定的元神。[3] 在具体执法中该问题也同样不可回避。

权利的冲突实质上是利益和价值的冲突,[4]反垄断法中存在多种经济、社会利益冲突,[5]豁免制度从本质上而言是不同利益矛盾的协调机制,其中矛盾最突出、最尖锐的便是竞争政策与产业政策的冲突。从宏观背景来看,随着公平竞争审查等一系列制

---

〔1〕 参见徐士英:《竞争政策研究——国际比较与中国选择》,法律出版社2013年版,第81页。

〔2〕 参见许光耀:《欧共体竞争法通论》,武汉大学出版社2006年版,第163~164页。

〔3〕 参见彭岳:《反垄断豁免中的规制性冲突及其解决——以证券市场为例》,载《当代法学》2012年第4期。

〔4〕 参见刘作翔:《权利冲突的几个理论问题》,载《中国法学》2002年第2期。

〔5〕 参见焦海涛:《社会政策目标的反垄断法豁免标准》,载《法学评论》2017年第4期。

度的出台,竞争政策基础性地位迈出了关键一步,[1]而竞争政策作为所有经济政策的统领在我国也已呈不可逆的趋势。[2] 但只是抽象的竞争政策具有基础性地位,或者竞争政策优先产业政策适用并不能解决现实执法中的问题。一个具体的疑问是,反垄断执法在运用豁免制度平衡政策冲突时,应采用何种标准判定?

回到《反垄断法》的文本中,第15条第1款分为7项,其中第1~6项有明确的政策目标,同时,前5项还要求不能严重限制竞争且消费者应能从中获益。第28条也规定了经营者集中可以以促进竞争为由进行抗辩。法律尽管没有就滥用市场支配地位的"正当理由"作明确界定,但其中必须包括"不或者不严重限制竞争"早已为多数国家及地区反垄断立法和理论研究所认可。[3] 因此,从法律规范解释的角度解读,反垄断法豁免仍然以尊重一定的竞争秩序为前提,此规定也成为执法当中豁免制度适用的具体标准之一,即当对排除、限制竞争的效果过于严重时,任何垄断行为都不能免责。但就具体执法而言,同样还有一个问题没有明晰,即何为严重限制竞争?

比例原则的必要性审查为该问题提供了一个可行的分析框架,即在维护特定政策目标或者利益的前提下,通过比较不同手段之间的反竞争效果来得出结论,当特定垄断行为是多种不同方式中对竞争秩序限制最小的手段时,则该行为是不可替代或者不可或缺的,具有手段上的必要性。而执法机构对该要件的考察既保证了其后采取的行政措施能符合比例原则必要性审查的标准,也实现了反垄断法豁免制度的价值预设和基本要求。

(四)是否存在替代反垄断处罚的其他规制方式

行政处罚一直是反垄断规制最重要的手段之一,也是反垄断执法威慑力的体现。但不可否认,反垄断处罚将对经营者造成较大影响。在经过上述三个步骤的考量之后,如果反垄断执法机构判定某一垄断行为确有规制的必要,则应在保证执法目的的前提下探寻反垄断处罚之外的规制手段,这是比例原则必要性和相称性的体现。

反垄断法作为规制法,其重点不在于保护个体经营者的私人利益,而是通过竞争秩序的维护满足公共利益的需求,[4]因此,处罚经营者并非其最终目的,而只是手段,执法机构的职责在于通过处罚来实现救济,从而最终实现反垄断法所要维护的价值。

---

〔1〕 参见吴敬琏:《确立竞争政策基础性地位的关键一步》,载《中国价格监督与反垄断》2016年第7期。

〔2〕 参见孙晋、钟原:《竞争政策视角下我国公平竞争审查豁免制度的应然建构》,载《吉首大学学报》(社会科学版)2017年第4期。

〔3〕 参见肖江平:《滥用市场支配地位行为认定中的"正当理由"》,载《法商研究》2009年第5期。

〔4〕 参见刘水林:《规制视域下的反垄断协商执法研究》,载《政法论丛》2017年第4期。

因此,在有效保障竞争秩序的前提下,可以采用处罚之外的手段来对经营者的行为予以矫正。

另外,反垄断处罚也可能存在执法机关权力的滥用。执法必然追求效率,在我国反垄断司法尚未成熟之际,作为主要实施机构的行政机关要肩负起更多反垄断职责,其对效率中心主义也将更加重视。在此情形下,尤其应该防止执法机关盲目追求效率而忽略案件的公正处理,因此,很有必要保障经营者以及其他利害关系人能够充分参与到执法过程中,而这正是反垄断协商程序的基本要求之一。由此可见,反垄断协商制度的适用有其理论价值,也有其现实必要。

事实上,世界各国及地区在反垄断执法过程中都存在协商制度设计,如美国司法部查处的许多案件都在反托拉斯诉讼中以合意判决的形式结案,[1]我国《反垄断法》也在第45条创立了经营者承诺制度。但需要注意的是,协商制度也可能存在不公正的现象,因为反垄断机关与经营者的地位并不对等,仍然可能出现经营者被迫接受执法机关承诺条件的情形。[2] 而协商程序的运行,也需要通过制度构建来保证其透明度、程序参与充分性以及纠纷有效处置等基本要求,[3]这在我国日后的反垄断执法中应当予以完善。

(五)对垄断行为应该怎样处罚

反垄断处罚方式有多种,主要包括停止违法行为、罚款或者没收违法所得等方式,当确定某种垄断行为应该予以处罚时,执法机关还应考虑采用何种方式是最合适的。依据比例原则相称性的一般要求,最合适的处罚方式应与该行为所造成的利益损害合比例。

1.利益衡量存在的问题

通常而言,相称性原则在具体适用的过程中以利益衡量为其基本审查模式。但在具体的执法过程中,该标准面临难以执行的困境。因为:一方面,利益衡量缺乏明晰的方式,比例原则运用较为成熟的国家和地区,如德国也只是通过"越如何,则越如何"这样一个并不精确的比较性公式来进行。[4] 另一方面,反垄断法不同于一般的行政法规范,它很难就其要维护的多种利益划分出位阶秩序。因为反垄断法所涉及的问题大多

---

〔1〕 参见[美]赫伯特·霍温坎普:《联邦反托拉斯政策:竞争法律及其实践》,许光耀、江山、王晨译,法律出版社2009年版,第649页。

〔2〕 参见孙晋:《论反垄断法承诺制度运行中三方利益的冲突——从中国电信、中国联通垄断案谈起》,载《法商研究》2015年第6期。

〔3〕 参见游钰:《论反垄断执法协商的程序约束》,载《法学评论》2013年第4期。

〔4〕 参见蒋红珍:《论比例原则——政府规制工具选择的司法评价》,法律出版社2010年版,第298页。

与经济自由相关,而比例原则中的利益衡量最明确的权利位阶便是生命权、健康权、精神自由等高于经济自由,前者属于普适意义上的核心权利。但就如何划分经济权利中的位阶,比例原则却没有给出一个明确的判定标准。事实上,对于作为反垄断法核心理念的公共利益[1]如何界定,理论界及实务界也始终存在以经济效率为主还是以消费者利益为主的争论。可见,无论从比例原则着眼还是从反垄断法自身来看,一般意义上的利益衡量模式并不能有效解决反垄断处罚合比例的问题。

2. 分析方法和当前制度的完善

如前所述,对如何处罚的问题不能机械地套用比例原则利益衡量的模式,而应结合反垄断处罚的特殊性着眼。本文认为,引入经济分析中的"成本—收益分析法"是一个可行的路径。首先,相称性原则在法学方法上强调的是利益衡量,但从经济学的角度来看,其实质与成本、收益的比较相同,这也是为何有学者用"成本—收益分析"的说法来代替该原则。[2] 其次,成本—收益方法有一个明确的指向,它能通过货币化的方法来缓解不同价值规范的不可化约性。[3] 最后,成本—收益分析在当前反垄断有关没收违法所得、罚款的改进中也有明显体现。具体来说,成本—收益分析以经济学定量分析手段为基础,它必然要求将处罚所要考虑的各种要素予以量化,进而综合各项因素进行经济学上的模型建构和数据计算。而在当前国务院反垄断委员会《关于认定经营者垄断行为违法所得和确定罚款的指南(征求意见稿)》中就对罚款基础比例、从轻从重情节所要考虑的要素以及相应对罚款百分比的影响作出了详细规定。同时,依照比例原则与反垄断法制度相互补充适用的基本思路,在处罚方式以及处罚内容的确定上,相称性审查应和当前反垄断处罚指导思想——威慑理念相适应,而适用标准的不明确将会使威慑力大打折扣,[4]因此,在以上标准逐渐明晰的基础上,再通过成本收益分析方法进行相称性审查,既保证了威慑效果,也符合比例原则"禁止过度"的核心内涵。

---

〔1〕 参见李国海:《反垄断法公共利益理念研究——兼论〈中华人民共和国反垄断法(草案)〉中的相关条款》,载《法商研究》2007 年第 5 期。

〔2〕 See Jeremy Kirk, "Constitutional Guarantees, Characterisation and the Concept of Proportionality", *Melbourne University Law Review* 21, 1997, p. 8.

〔3〕 See Matthew Adler, "Law and Incommensurability: Introduction", *University of Pennsylvania Law Review* 146, 1998, p. 1169.

〔4〕 参见王健、张靖:《威慑理论与我国反垄断罚款制度的完善——法经济学的研究进路》,载《法律科学》2016 年第 4 期。

综上所述,结合反垄断执法的特殊性,比例原则的具体适用如图1所示,遵循以下五个步骤考量:(1)行为是否具有排除、限制竞争效果?(2)该行为破坏竞争的同时是否维护了其他利益?(3)对特定利益的维护是否具有手段上的必要性?(4)是否存在替代处罚的其他规制方式?(5)对垄断行为应该怎样处罚?

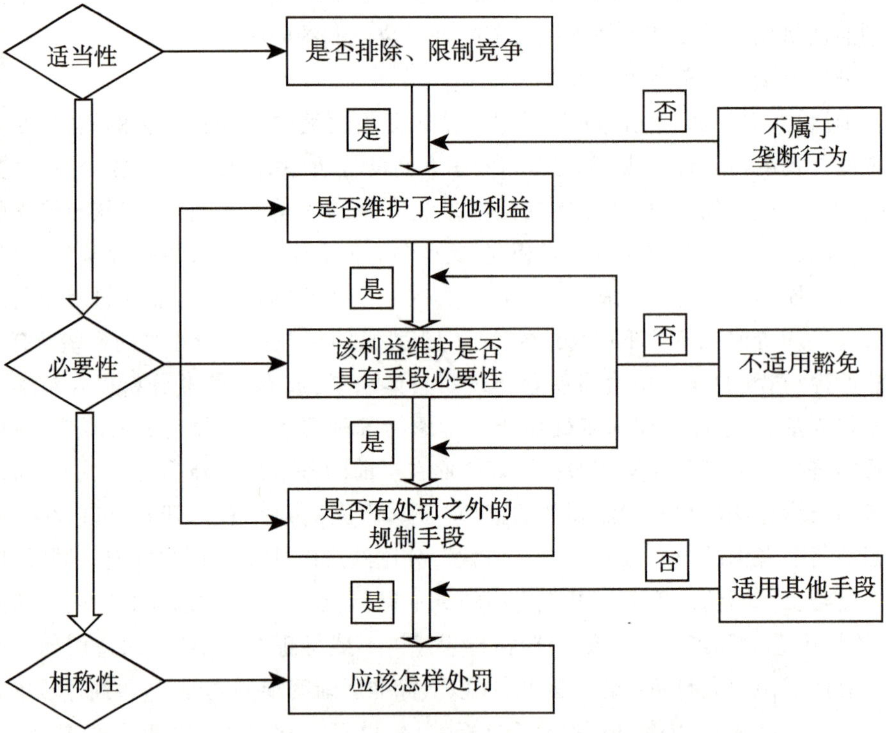

图1　比例原则适用于反垄断执法的具体路径

四、结语

行文至此,本文已将比例原则适用于反垄断执法的可行性、必要性以及具体路径等三大基本问题,进行了学理上的初探。尽管对该问题的思考缘起于其他文献资料的零星提及,但本文还是依照法学研究的基本范式对该问题进行了系统梳理和分析。毫无疑问,比例原则对于反垄断法的意义一定不止局限于执法,反垄断立法、司法都可以对其中的基本精神和核心要旨有不同程度的借鉴,并且本文的初步探讨更多的是从宏观层面出发,中观、微观层面的具体制度适用和程序动态运行也仍然有十分宽广的研究空间。总体而言,我国反垄断执法中可以也应当引入比例原则,这是因为宽泛的自由裁量权对于初行反垄断法的我国来说有利于短期内树立执法权威,但就长远发展而言,更准确、合理的执法程序和权力行使才是反垄断法有效实施的法治保障。因此,对比例原则和反垄断法的相关研究还可进一步深化,笔者也希望本文能为这些方向的研讨提供可资借鉴的参考,并贡献绵薄之力。

证券法“慢走规则”之完善

——基于立法目的解释的考察

邓　纲[*]　吴英霞[**]

目　次

“慢走规则”是指《中华人民共和国证券法》(以下简称《证券法》)第86条第2款所规定的,投资者单独或者与他人共同持有某一公司股份比例达到5%以后,持股比例每增加或者减少5%,都要在规定期限内进行报告和公告,在报告和公告后两日内不得再行买卖该公司股票的投资规则。“慢走规则”与大额持股权益披露规则,共同构成我国证券市场投资规范。但在实践中,“慢走规则”约束投资行为的作用并不明显。据不完全统计,自2014年下半年到2016年7月,A股市场违规举牌行为达20余起,[1]严重冲击了“慢走规则”。“慢走规则”之所以屡被违反,根本原因在于其制度缺陷,而制度缺陷的根源又在于对“慢走规则”立法目的的认识偏差,从而使“慢走规则”在实施中迷失了方向,无论是相应的规制对象还是责任划分,都难以体现该规则的核心价值追

---

* 西南政法大学金融创新与法制研究中心研究员,教授,法学博士。

** 西南政法大学经济法学院博士研究生。

〔1〕 该统计来自《证券时报》记者,离奇的是部分举牌违规案例在时点选择上十分精准,上市公司在其增持期间或刚完成增持时披露了重大利好消息,增持股权过大的还引发了公司控制权之争。参见黄豪、张骞爻:《谁能挡住野蛮人? A股违规举牌乱象调查,个个步步惊心》,载证券时报网:http://www.stcn.com/2016/0628/12773485.shtml,最后访问日期:2018年3月25日。

求。所以，要完善“慢走规则”，就必须先明确其立法目的。本文运用文义、体系和历史解释方法，剖析“慢走规则”的立法目的，并在此基础上提出完善“慢走规则”的法律建议。

一、“慢走规则”问题梳理

（一）调整对象冲突

“慢走规则”在我国《证券法》和《上市公司收购管理办法》（以下简称《收购办法》）中都有规定，但两部法律对其调整对象的规定存在一定冲突，这使“慢走规则”的调整对象在投资者和收购者之间难以明确。“慢走规则”在《证券法》中出现在第四章“上市公司收购”的第86条，此章法律条文除第86条之外，全部以收购行为为规制对象。依此观之，“慢走规则”也应以收购行为或者收购者为规制对象。因此，有学者将“慢走规则”视为规制收购行为的规则，将已持有某一上市公司股份达5%时，继续增持股份的行为视为一般收购行为。[1] 但根据《收购办法》第1条的规定，该办法旨在规范上市公司收购活动和相关股份权益变动活动。相关股份权益变动活动除收购外，还包括财产投资、股权转让等行为。所以，依照《收购办法》，“慢走规则”不仅适用于收购行为，还适用于财产投资行为等。两部法律确立了两类调整对象，这就产生了实质认知与执行上的混淆。[2]

（二）法律责任类型与内容欠缺

对于违反“慢走规则”进行的股票交易行为是否有效，这一点学界已经达成共识，即认可违反“慢走规则”交易行为的效力。一方面，因为证券法的交易行为属于商事交易活动，应尊重商事规则，保护交易的便捷和交易的安全。[3] 另一方面，是由于《证券法》第120条关于交易结果的恒定规则，要求只要交易行为是符合证券法交易规则的，如在证券市场上以公开竞价的方式买卖的股票，或者以协议方式达成的股权转移，其交易结果就应当有效，但对其违规交易的法律责任仍要追究。然而，《证券法》对如何追究违反“慢走规则”的责任规定得不够明确。

首先，违反“慢走规则”的民事责任阙如。对于“慢走规则”是否应当规定民事责任，目前学界意见不一，主要形成了三种观点：一是应当制定相应民事责任规范。例如，学者根据《证券法》第120条“对交易中违规交易者应负的民事责任不得免除”的规

---

〔1〕 参见叶林：《证券法》，中国人民大学出版社2006年版，第333页。

〔2〕 参见孙秀振：《股市“举牌”披露机制应进一步完善》，载《中国证券报》2016年7月13日，A04版。

〔3〕 参见姚蔚薇：《违反证券交易大额持股披露及慢走规则的民事责任探析》，载黄红元、卢文道主编：《证券法苑》（第20卷），法律出版社2017年版，第67页。

定,指出违反"慢走规则"买卖股票,给交易对手方造成损害的应当承担民事责任。另有学者从侵权责任的角度,将违规增持行为视为对股东知情权、交易机会权等权利的侵犯,因此提出违反"慢走规则"应当承担侵权责任。二是主张不规定相关民事责任。有学者主张违规举牌行为属于"诱空型虚假陈述",[1]目前相应司法实践不足,不应贸然制定相应的民事责任。[2] 三是认为"慢走规则"适用内幕交易的民事责任体系,不再单独对民事责任作出规定。[3] 对于"慢走规则"民事责任的具体意见,笔者将在后文加以论述。

其次,行政责任中"责令改正"指代不明。我国《证券法》第193条被视为对违反大额持股披露原则的行政责任,因为"慢走规则"与大额持股披露规则之间具有依附性,所以该条也被视为"慢走规则"的行政责任。但遗憾的是,该法律条文未能为违反"慢走规则"的投资行为提供明确的责任指引,反而因其"责令改正"的含糊性引起了一定的争议。有学者提出恢复到慢走期限前的状态为改正,即慢走期限内买入股票的,应当卖出;卖出股票的,则应当买入。但是证券市场股票价格变化速度极快,股价波动大,违规增持股票的投资者在接受改正的惩罚要求,卖出股票时,或许股价已经攀升,而立法对股价攀升带来的盈利归属没有规定,部分学者基于"任何人不得从其违法行为中获利"的政策底线,提出盈利应作为违法所得予以没收,但这一烦琐的改正程序大大增加了规制成本。事实上,在司法实践中,法院并不会强制被告作出卖出或买入股份的改正行为,[4]即使证券监督管理部门也未以股票的买卖作为改正的内容。[5] 因此,在实践中,"责令改正"常以口号的形式存在,至于如何具体改正,甚至连监管机关也未必清楚。

(三)独立性缺失

证券信息公开,是"证券立法的基本哲学和指导思想,是证券法的灵魂所在"。[6]大额持股披露规则符合证券信息公开的要求,所以该规则在证券法领域有着不可撼动

---

[1] 诱空型虚假陈述,是指行为人披露虚假的利空消息,或者隐瞒、推迟披露真实的利多消息,使股价处于低位状态。

[2] 参见吴飞飞:《违规举牌相关争点回应与规制路径探寻》,载《证券市场导报》2017年第9期。

[3] 参见陈洁:《违规大规模增减持股票行为的定性及惩处机制的完善》,载《法学》2016年第9期。

[4] "西藏旅游股权纠纷案"中,法官未要求被告卖出股票,而是将该购股行为视为效力待定行为,限制其股票权利。

[5] "上海新梅案"的判决书中,法官指出,证券监督管理部门只要求被告作出详式权益变动报告的补充披露,但未要求被告出售其违规增持的股份。

[6] 朱锦清:《证券法学》,北京大学出版社2016年版,第80页。

的地位。违反"慢走规则"的认定,常常以未遵守大额持股权益披露规则为前提,因此,"慢走规则"逐渐成为大额持股权益披露规则的附庸。在违规举牌案例的处理中,"慢走规则"也因为其处罚规定不明确而被有意越过。例如,2015 年内蒙古证监局对牛某、蒋某某违规增持行为作出行政处罚,责令改正,给予警告并处以 30 万元以下的罚款,但责令改正的内容也只是进行信息的补充披露,而没有涉及违反"慢走规则"的具体处罚要求。"上海新梅案"也是如此,证券监督管理部门只要求王某某等人补充权益变动的报告,没有对其禁止期增持股份的行为作出明确的处罚,"上海新梅案"的法官指出证券监督管理部门未对禁买期增持的行为作出处罚,遂驳回原告提出的限制禁买期买入股票的股东权利的诉讼请求。可见,"慢走规则"近乎成为一种事前规则,而在事后的处罚上使用率极低。为此,我国已经有学者主张取消"慢走规则"。但笔者认为,要判断"慢走规则"是否可以取消,首先要判断其立法价值,其次判断其是否可完善、可修正。而对两个问题的探究,都必须以对"慢走规则"问题根源的发掘为前提。

二、"慢走规则"问题根源

我国《证券法》规定了多项立法目的,分别在《证券法》和《收购办法》的第 1 条有所体现:第一,规范目的——规范证券发行和交易行为;第二,秩序维护目的——维护证券市场秩序;第三,权益保护目的——如保护上市公司、投资者等;第四,社会利益目的——维护社会公共利益;第五,经济发展目的——如促进社会主义市场经济发展等。其中,规范目的是一切法律的价值目标,法律本身就是通过立法规范为公众提供指引,其不属于某一条文的直接目的;经济发展目的是对整个证券法实施结果的期待,并没有对应的法律条文;社会公共利益的实现具有依附性,只有证券市场交易者遵守交易规则和交易秩序,才能实现社会公共利益。规范目的、证券市场秩序维护目的是保护社会公共利益的前提,社会公共利益目的则是其他目的实施的效果。所以规范目的、社会公共利益保护目的和经济发展目的是宏观层面的价值追求,而非某一条文的直接目的,本文不再对其进行分析。"慢走规则"究竟以权益保护目的还是以秩序维护目的为核心价值,证券法没有明确,学术界也尚无定论。

(一)"慢走规则"立法目的不明之表现

"慢走规则"立法目的不明,一方面是因为立法规定的模糊,如既将"慢走规则"规定在收购行为规范中,又以投资者为规范对象,会造成客观上立法目的不明朗;另一方面是主观的理解不明,即认知偏差。"慢走规则"的核心价值追求尚未引起过多关注,即便学术界鲜有的关于"慢走规则"立法目的的探讨,也仅是基于"慢走规则"在《证券法》和《收购办法》中细微的差异性规定,[1]分析“慢走规则”究竟旨在保护被收购者还是保护所有被投资者,或者保护两者的哪种具体权利。两部法律对“慢走规则”的规定,使学者的注意力更多地集中在“慢走规则”保护被收购者还是被投资者的论辩上,却忽视了在权益保护之外,还有其他立法目的的存在,由此产生了对“慢走规则”目的认知的偏差,形成如下几种观点。

1. 保护被投资公司股东的知情权和交易机会权

我国最早在1993年《股票发行与交易管理暂行条例》中,就已确立了大额持股变动的“慢走规则”。由于当时通信手段落后,投资者权益披露的消息传达到被投资公司股东需要一定的时间,股东会因为沟通不畅而错过股权变动的信息。为了保证被投资公司股东充分知晓权益变动情况,避免收购行为导致目标公司股东措手不及,立法规定了“慢走规则”。因此,有学者认为“慢走规则”保障了被投资公司股东的知情权,使投资者有充分的时间接受和消化信息,[2]判断公司面临的形势和股票价格可能的涨跌情况,[3]继而可以在出售还是增持股票上做出理性的选择。

依照上述观点,目前已经无须通过放慢速度来保证股东知晓信息,自然也就无须依靠“慢走规则”来保护股东的知情权。此外,《中华人民共和国公司法》对股东知情权的规定主要在第33条和第97条,其内容涉及公司基本情况和会议记录、财务会计报告、会计账簿等公司经营情况,[4]并且是以股东主动要求查阅为前提,而没有规定以强制性信息披露的内容作为股东知情权范围。[5] 因此,保障证券市场权益披露充分告知的“慢走规则”,也就没有保护公司股东知情权的使命。就交易机会权而言,其本质上是避免股东因为错过与投资者的交易,而被迫接受不公平的交易价格。证券市场的交易本来就是在不能完全掌握公司信息的情况下进行的,而投资者只要是合格的,就享有公平的交易权。对于那些不知晓投资者的大额持股信息或者收购信息,而未能及时将股票高价转让给投资者的股东,立法通过强制要约收购已经予以保障。[6] 因此,通

[1] “慢走规则”规定在《证券法》第四章“上市公司收购”中,而规定在《收购办法》中的“慢走规则”则因该法对相关股份权益变动活动的规范,在范围上有所不同。

[2] 参见李东方:《上市公司收购监管制度完善研究——兼评〈证券法〉修订草案第五章》,载《政法论坛》2015年第6期。

[3] 参见徐聪:《违反慢走规则买卖股票若干争议法律问题研究》,载《法律适用》2015年第12期。

[4] 参见邓磊:《论股份知情权的行使》,载《贵州社会科学》2013年第5期。

[5] 参见李建伟:《论英国公司股东知情权制度》,载《社会科学》2009年第12期。

[6] 虽然我国的强制要约收购并未要求投资者收购目标公司所有剩余股份,但《证券法》第88条规定了投资者进行强制要约收购的,可以向所有股东发出全面要约或者部分要约,目标公司股东承诺出售的股份数额超过预定收购的股份数额时,收购人按比例进行收购。

过“慢走规则”保障股东的交易机会权的逻辑也不成立。

2. 保护被收购公司及股东的“反收购权”与“控制权”

有学者认为,“慢走规则”限定投资者增减股份的速度,实质上是给股东“考虑期”,体现了对股东经营管理权的保护。而股东参与经营管理的集中表现就是对公司管理人员和重大决策的表决参与权,由此可见,股东的经营管理权包括了反收购权和控制权。[1] 所谓反收购权,是指目标公司管理层为防止公司控制权转移而采取一定措施,挫败收购者的收购意图和计划的权利。在“慢走规则”期间,公司股东可以作出相应的应对举措,决定是否增持、减持股份,还是进行反收购的防御。而对于控制权问题,部分有收购意图的投资者在持股达到一定比例之后,其心直指目标公司控制权,企图更换公司的董事。“慢走规则”限制了投资者取得控制权的速度,并为目标公司提供了充足的应对时间,因此,其制度设计并不鼓励二级市场增持收购,而是属于对股东(或公司)反收购权与控制权的保护措施。

“慢走规则”看似给予被投资公司一定的准备时间,以应对投资者或者收购者,但其本质并非保护公司的反收购权。因为纵览我国《证券法》和《收购办法》,立法并没有赋予上市公司“反收购”这一权利,反收购权甚至都不能作为一种法律概念。[2] 《收购办法》第 8 条更是通过强调董事、监事、高级管理人员的忠实义务和勤勉义务,加强对管理层的约束,从而限制目标公司不正当的反收购行为。因此,任何公司或主体都不具有反收购的权利,只是在面临收购时能够采取合理的防御措施。对于公司控制权,对其保护主要体现在公司法上。公司法通过股份有限公司股东大会中的一股一表决权,重大事项的表决权比例等规定,保障公司控制权的静态稳定。但在证券法上,投资者可以自由买卖公司股票,公司控制权也就面临着被稀释甚至被取代的威胁。可见证券法的制定是为了保障资本市场交易的流动性与安全性,而不是为了保护公司控制权,证券法中的“慢走规则”自然也就不具有保护公司控制权的意图。

综上可见,学者普遍将“慢走规则”的立法意图界定为“权益保护”。但无论是保护被投资公司股东的知情权和交易机会权还是反收购权和控制权,其观点却都难以自圆其说。当然,我国部分学者突破了权益保护观点,在被投资公司或者被收购公司之外,加入了“市场”这一“主体”,然而,遗憾的是其未对“慢走规则”的市场价值作出充分的

---

〔1〕 参见刘沛佩、赵航:《慢走规则下大额持股变动的法律性质与规则适用》,载黄红元、卢文道主编:《证券法苑》(第 20 卷),法律出版社 2017 年版,第 81 页。

〔2〕 “上海新梅案”法律判决书中,法官指出反收购既非法律概念,亦非上市公司控股股东的一项法定权利。参见上海市第一中级人民法院民事判决书(2015)沪一中民六(商)初字第 66 号。

论述,也未形成系统的市场价值观点。[1] 正因为"慢走规则"目的的不明确,形成了其立法与实践中的诸多障碍。

(二)目的不明与制度障碍之间的因果关系证成

法律目的是法律的正当性基础,耶林在《法律中的目的》中指出,"目的是全部法的创造者,每条法律规则的产生都源于一种目的,即一种事实上的动机"。[2] 基于正当目的制定的法律,在不考虑其他情况时也是正当的;但根据不具正当性的法律,或者如"慢走规则"一样不完善的法律规则,并不能当然得出法律目的的非正当性或者非完善性。要将"慢走规则"的障碍归因于其立法目的的不明晰或者立法目的认知上的偏差,还需对"慢走规则"的障碍与立法目的不明的关系逐条论证。

首先,"慢走规则"目的不明直接决定了其调整对象的不同。按照证券法的立法目的,如果"慢走规则"意在维护秩序,则其调整对象为所有的投资者。如果其目的在于保护部分主体,如保护被收购者的权益,则其调整对象为收购者。所以,"慢走规则"调整对象的冲突直接根源于其立法目的的模糊。

其次,责令改正的具体事项以"慢走规则"立法目的为前提。如上文所述,以恢复到慢走期限之前的状态为责令改正的内容,这一观点暗含了"慢走规则"的权益保护目的。因为恢复到原始状态类似于我国侵权责任法中的恢复原状,旨在对损害后果进行补救。但如果换个角度分析,将"慢走规则"视为维护证券市场秩序的规则,因为市场秩序与主体权利不同,主体权利受到侵害可以弥补,但秩序具有不可弥补性,一旦造成损害,则无法恢复到原始状态,尤其是在证券市场领域更是如此。所以,再以恢复到之前的状态作为责令改正的内容,不仅无济于事,还增加了证券市场交易成本。可见,立法目的的不同选择,对"慢走规则"行政责任的内容具有直接影响。

最后,民事责任以权利为前提,"慢走规则"民事责任阙如,原因就在于立法未对"慢走规则"需保护的权利作出判断。如果"慢走规则"旨在保护部分主体的权利,违反"慢走规则"就意味着侵犯了该主体的利益,则其自然应当承担独立的民事责任。如果"慢走规则"目的在于维护证券市场交易的稳定性和秩序性,违反"慢走规则"就表明投资者存在违反秩序的行为,而对于秩序的破坏,欠缺直接的受害人,无法要求违法者承担民事责任,所以需要上升到公法范畴,以行政责任规制。可见,民事责任规定与否以及如何规定,都必须以"慢走规则"的立法目的为前提和出发点。

"慢走规则"的立法目的直接影响"慢走规则"制度完善的方向与措施,因此,对其

---

〔1〕 参见吴英霞:《投资者违反慢走规则法律责任体系的构建》,载《南方金融》2018年第2期。

〔2〕 Jhering, Der Zweck im Recht. I. Vorrede., Leipzig: Breitkopf & Härtel, 1893, S. Ⅷ.

立法目的的定位决定了我国"慢走规则"的制度走向。而"慢走规则"立法目的不明,并非法律的漏洞,而是解释的不足,无论证券法本身还是其后颁布的诸多行政法规及规章,都没有对此条做出准确合理的解读。所以要完善"慢走规则",就必须运用法律解释方法,发现该规则真正的立法目的。

三、"慢走规则"立法目的之法律解释

(一)文义解释——排除"慢走规则"权益保护说

"法学之终极目的,故在穷究法律目的,唯终不能离开法文的字句,一旦离开法文的字句,即无以维持法律之尊严及适用之安定性,故法律解释之第一步系文义解释。"[1]对于"慢走规则"立法目的的解释,应当以法律文本为出发点。

首先,"慢走规则"不以保护被收购者为目的。我国现行《证券法》第四章第86条规定了"投资者"所负的权益披露义务、慢走义务以及履行义务的方式和条件,而非"收购者"的相关义务。如果"慢走规则"旨在保护被收购公司及股东利益,则《证券法》第86条将"投资者"改为"收购者",则更直接,也更能与本章其他法律条文保持一致。[2]根据《收购办法》第13条及第14条之规定,立法将"慢走规则"的节点设置为5%,即大额持股的"底线",却没有要求投资者在达到5%时,作出以投资意图为核心的权益披露报告,以应对收购行为(美国采取此类做法),而是要求投资者作出简式权益披露报告,即无论投资目的是否为收购,都要做出同样内容的信息披露。如果"慢走规则"旨在保护目标公司,则以持股比例而非投资目的为区分的信息披露规则,显然无法与保护目的相匹配。

其次,"慢走规则"不以保护所有被投资者为目的。《证券法》第86条没有区分投资者是通过证券交易所的证券交易取得股份还是通过协议增持股份,这意味着"慢走规则"没有对被投资公司及股东知情与否加以区分。即使在被收购公司及股东知晓收购行为的协议收购中,当收购触及"慢走规则"的标准时,收购者仍然需要遵守"慢走规则"。据此,"慢走规则"的立法目的不在于或者不只在于使被投资公司及股东知晓,还在于对外部的公示,即让"资本市场"知晓。由此可见,"慢走规则"并不以保护被投资公司利益为目的。

---

〔1〕 杨仁寿:《法学方法论》,中国政法大学出版社2016年版,第138页。

〔2〕 我国《证券法》第四章除第86条之外,其他条文皆以收购为规范事项,如果"慢走规则"旨在保护被收购公司,何不直接将投资者改为收购者,如此与本章条文更一致。

(二)体系解释——明确"慢走规则"秩序维护目的

立法的每一个用语都必须考虑到整个法律体系,[1]所以将"慢走规则"的立法条文置于整个证券法体系之下,借助法律用语之间的一致性以及法条的前后关联关系,可以阐明其立法目的。《收购办法》第13条、第14条规定了投资者的慢走义务,而未区分投资者是否有收购意图,有学者将其视为立法的疏漏。但根据《收购办法》第75条之规定,上市公司收购者及相关股东权益变动活动的披露义务人,违反信息披露、"慢走规则"等义务的行为,都要受到行政处罚,而不是只处罚违规的收购者。基于立法的一致性表明《收购办法》第13条及第14条未对投资者进行区分,并非出于法律疏漏,而是立法者将两者等同视之。这意味着在立法者看来,普通投资者与收购者在该义务的履行上会对证券市场产生同样效果。再结合《收购办法》第1条之目的性规定,除了保护上市公司和投资者利益之外,其还有维护证券市场秩序目的。上文通过文义解释,已经排除了保护上市公司和投资者利益这一目标,因此,唯一能解释"慢走规则"立法目的的就是维护证券市场秩序。可见,"慢走规则"并不以规制收购或者投资行为本身为目的,而是预防由此引发的股价暴跌暴涨,即为了稳定证券市场交易秩序。

(三)历史解释——秩序维护目的之佐证

要寻找一项规则的目的,就不可避免地要回溯到规则产生的历史背景中去,以发掘其制定的最初目的及其发展过程。当然,历史解释的结果未必是正确、合时代性的,但其至少是一种发现立法目的的补充和辅助手段。[2] "慢走规则"的产生有其历史根源,在股权分置改革前,股票分为流通股和以国家股、国有法人股、社会法人股为代表的非流通股。而流通股只占到上市公司已发行股份的25%,在流通股供不应求的格局下,大比例的交易足以影响被投资公司的流通股价,并对股市造成巨大震荡。为了维护证券市场交易秩序,"限制因买方'突然袭击'或卖方'大量抛售',而给股价带来的暴涨和暴跌",[3]立法上将5%的持股比例设置为关键点,并确立了与之对应的权益披露规则和"慢走规则",以此防止证券市场的"失控"。所以,从"慢走规则"产生的历史背景来看,"慢走规则"也是以证券市场秩序的稳定与维护为目的的,这为其体系解释提供了佐证。

综上,维护证券市场秩序才是"慢走规则"的核心意图和首要价值目标,无论投资者是否以收购为目标,其持股超过5%的行为都会对股市、股价产生一定影响,基于稳

---

[1] 参见黄茂荣:《法学方法与现代民法》,法律出版社2007年版,第320页。

[2] 参见蒋惠岭:《历史解释法》,载《法律适用》2002年第11期。

[3] 郑彧:《上市公司收购法律制度的商法解读》,载《环球法律评论》2013年第5期。

定证券市场价格秩序的考虑,证券法才规定了“慢走规则”。因此,“慢走规则”的制度完善也应当以证券市场秩序维护为基本方向。

四、基于秩序维护意图的制度完善路径

“慢走规则”旨在稳定证券市场交易秩序,避免集中性的投资行为引发市场震荡,基于此立法目的,“慢走规则”的诸多理论与适用难题也就迎刃而解了。首先,“慢走规则”的调整对象得以清晰。既然“慢走规则”旨在维护证券市场秩序,那么就不用区分投资者有无收购意图了,自然也就不以收购者为唯一调整对象,而是应包含以收购为目的和单纯财产投资的全部投资者。其次,“慢走规则”立法目的的明确,将为“慢走规则”的地位正名。“慢走规则”不是大额持股披露规则的附庸,而是与之共同发挥着证券市场秩序稳定功能的重要规则。目的明确能够提高“慢走规则”在证券法中的独立地位,但要彻底改变“慢走规则”的《附庸》地位,仍需完善相应的法律责任规则。

(一)明确责令改正的具体内容

要建立违反“慢走规则”的事后惩罚机制,就必须建立完善的违规增持责任体系,而这其中最紧要的就是要完善“慢走规则”的行政责任规定。行政责任的完善应以明确“责令改正”的内容为先。对此,学界主要有限期抛售和限制股东表决权两种做法,但笔者认为二者皆不妥,原因在于限期抛售虽然承认了禁买期增持行为的有效性,尊重了交易效率的商事交易规则,但抛售行为的结果却与自始无效一样,都将交易恢复到原始状态(只是交易主体一方不同),其后果都是不效率的。而限制股东表决权,仍是将“慢走规则”视为对被收购者权益的保护,对单纯的投资者而言,其不以取得公司控制权为目的,限制其表决权也就无法达到惩罚效果。责令改正的内容应当以“慢走规则”的立法目的为基调,对违规增持行为对证券市场交易秩序造成的实质或形式损害进行纠正。

“慢走规则”的秩序维护性,意味着违反“慢走规则”的行为需要对其秩序破坏作出某种补救。但秩序一旦破坏,损害事实就已经发生,所以“责令改正”更多的是对未来行为的规范或对未来秩序遵守的承诺。对此,实践中证券监管机构常常以缴纳罚款为解决途径,这就借罚款承认了其违规行为的合法性,因此,有学者指出,罚款成为“漂白”违规增持行为的凭据。而在规制大额持股权益披露的违规行为上,我国证券监管机构以要求投资者作出补充披露为改正内容,实际上,补充披露对因未披露持股信息而遭受损害的被投资公司或者投资者已经无济于事,但补充披露对被投资公司及其他投资者在此后的交易行为却具有一定的保护作用。据此,笔者认为,违反“慢走规则”的投资者也应遵循“补充慢走”的思路,以为此后被投资公司及其他投资者的交易起到

提示作用。所谓的“补充慢走”,是指限定违规增持后的一段时间内,投资者不得与被投资公司再次进行股票交易。对限制交易的期限,应当比“慢走规则”的禁止期限稍长,以起到惩罚作用。当然,“慢走规则”的顺延不能抵销罚款,反而应当建立以违规增减持股票比例为依据的罚款标准。我国《证券法》第204条规定,对违反法律规定,在限制转让期内买卖股票的行为,处以3万元以上30万元以下的罚款。因为对罚款缺乏比例化的设置,所以罚款数额过于折中,伸缩空间小,上限不足。对此,笔者建议,在对违反“慢走规则”行为的处罚方面,应当根据投资者违规买入股票的价款总额,或者卖出股票赚取的收入作为参照,设置相应的处罚额度。

(二)完善“慢走规则”民事责任

所谓“无权利,无救济”,民事责任的前提是某种立法保障的权利受到侵犯。从学者对“慢走规则”立法意图的界定中可以发现,股东知情权、公平交易权、被投资公司反收购权以及股东控制权等,被视为“慢走规则”旨在保护的权利,因此,众多学者支持确立“慢走规则”的民事责任。但我国“慢走规则”旨在维护证券市场秩序的稳定,其本质上是衡平性或者秩序性的,而非保护性的,《证券法》第86条和《收购办法》第13条、第14条也没有赋予被投资者某项权利。所以对于违反“慢走规则”增持股份行为的处置,并不是对侵权行为的救济,也就不应当设置相应的民事责任。因此,违反“慢走规则”只是违反了证券交易规则与交易秩序,但不代表其侵犯了被投资者的利益,所以违反“慢走规则”不必然产生民事责任。因此无须针对“慢走规则”规定独立的民事责任。当然,违反“慢走规则”并不以其行为切实造成了证券市场交易秩序的混乱或者动荡为依据,而是只要违反了“慢走规则”的规定,就默认为破坏了证券市场交易秩序,即形式上的损害。

不对违反“慢走规则”的增持行为规定民事责任,并不意味着违规增持行为就一定不涉及民事责任的承担。当违反“慢走规则”的违规增持行为对被投资公司及股东造成损害时,被投资公司及股东可以依照内幕交易相关规定提起民事责任。我国现行《证券法》规定持股达到5%的股东属于内幕信息知情人,而持股达5%的股东的持股情况发生较大变化的,构成内幕信息。行为人在内幕信息的价格“敏感期”内买卖证券或者建议他人买卖该证券,或者泄露内幕信息的,构成内幕交易。所以当投资者持股超过5%时,或者应选择不再继续增持,或者应在公开信息解除其“内幕性”之后再继续购买股份。而未公开内幕信息却继续增持股份的,只要其在“敏感期”内,就构成内幕交易。所以“敏感期”的判断是责任认定的重点。对此,可以依照我国最高人民法院、最高人民检察院《关于办理内幕交易、泄露内幕信息刑事案件具体应用法律若干问题的解释》第5条第1款之规定,“内幕信息敏感期”是指内幕信息自形成至公开的期间。

违反“慢走规则”增持股份的行为若发生在内幕信息形成至公开的时间段内,则该行为契合了内幕交易的构成条件,应当适用内幕交易的民事责任进行赔偿。需要注意的是,在违规增持同时触犯内幕交易规则的情况下,违规者相应的行政责任可以在前述行政责任和法律法规规定的内幕交易行为人的行政责任之间,选择较重的规定进行处罚。

通过金融的国家治理：模式选择与法治进阶

秦梅玉[*]　李安安[**]

目　次

党的十九大报告提出了到2035年基本实现国家治理体系和治理能力现代化的宏伟蓝图。在眺望国家治理现代化远景的同时，我们需要清醒地认识到，我国的国家治理面临着前所未有的挑战，其现代化的实现可谓知易行难。鉴于改革开放以来的制度变迁依循着渐进式变革的路径，国家治理体系和治理能力的现代化建设不可能在所有领域齐头并进、同步展开，而应区分轻重缓急，作出优先顺序的理性选择。本文拟论证的一个核心观点是，金融是国家治理的基础和关键，金融治理对于国家治理而言具有示范意义和引领作用，金融领域是推进国家治理体系和治理能力现代化制度建设的优先选项。在具体写作思路上，本文从金融治理的微观视角切入，通过辨明国家治理现代化的金融法治指向，求证"通过金融的国家治理"之必要性与可能性，从而为国家治理体系和治理能力现代化的生成与推进夯实一个重要的观念基础，并尝试提供一条事

* 文华学院法学系讲师。

** 武汉大学法学院副教授，法学博士。

基金项目：司法部国家法治与法学理论研究项目"金融治理中的信息工具及其法律配置研究"(15SFB3031)；教育部人文社会科学研究青年基金项目"地方财政风险金融化的法律控制"(16YJC820014)；文华学院本科教学质量与教学改革工程项目之精品课程"行政法与行政诉讼法"(J0900740721)。

半功倍的制度建设进路。

一、选择的难题:国家治理的制度竞争与优劣之辩

人类文明的发展史也是一部国家治理的进化史,治国理政一直是政权存在合法性与国家维系正当性的终极命题。在中国,国家治理历经了五帝治理、诸子治国理政、汉朝"修齐治平"、唐朝"制瀍成治"、宋朝"资治"之鉴、元代"治乱警监"、明朝重修吏治和清朝治权之辩,并在经历了"全能主义国家治理模式"的失败和社会管理创新的"内生性演进"之后,方才确立了以国家治理体系与治理能力现代化为目标的国家治理方略。[1] 在国家治理的大浪淘沙中,只有少数国家经受住了历史考验,以其良法善治著称于世,而多数国家则进入了"失败国家"的行列,反映出治国理政的现代性难题。当前,经过不断的试错和调适,不少国家和地区确立了具有自身特色的治理模式,典型者如美国模式、德国模式、北欧模式、拉美模式、新加坡模式、中国模式等。其中,美国模式与中国模式的影响力最大。

全球化时代的国家竞争,是围绕土地与自然资源、技术与知识产权、劳动力与人才、资本与金融市场等要素展开的综合较量。要素竞争固然重要,但制度竞争才具有根本性的决定意义。国家之间的制度竞争主要围绕法律和政策等正式制度展开,其实质上是国家之间在制度供给能力上的竞争。[2] 美国作为当今世界上唯一的超级大国,在国家间的制度竞争中保持着明显优势。为了维系优势地位,美国不仅热衷于通过经济、科技、军备等"硬实力"打压竞争对手,而且乐此不疲地通过文化、价值观、道德准则等"软实力"进行意识形态输出。在此背景下,以鼓吹市场原教旨主义为基调的"华盛顿共识"风靡全球,很多国家和地区如获至宝,将其视为摆脱贫穷落后和实现跨越式发展的灵丹妙药。与此同时,"历史终结论"甚嚣尘上,认为自由民主制度是人类意识形态发展的终点和最后一种统治形式,人类社会没有别的进化可能。但吊诡的是,那些搬用美国模式和追随"华盛顿共识"的国家和地区中,成功者寥寥,基本上都陷入了经济衰退、政治动荡、社会停滞的陷阱,付出了极惨重的代价。庆幸的是,中国在40年改革开放的实践中,成功探索出了一条符合自身国情的改革发展道路,既实现了经济的快速增长,又确保了社会与政治的稳定,被誉为"中国模式"。其实,无论是"中国模式"还是"北京共识",都是西方学术话语体系的一个组成部分,并不存在统一的界说。其

---

〔1〕 参见李龙、任颖:《"治理"一词的沿革考略——以语义分析与语用分析为方法》,载《法制与社会发展》2014 年第 4 期。

〔2〕 参见冯辉:《制度、制度竞争与中国经济法的发展——纪念中国经济法三十年》,载《华东政法大学学报》2008 年第 6 期。

中,“中国模式”的要点主要包括以下各项:强有力的政党以及富有权威的中央政府;制度变迁与渐进式改革;坚持市场化改革方向,但反对市场原教旨主义。[1] “北京共识”的要点主要包括增量改革、创新与实验、出口导向的增长。[2] 不难发现,“中国模式”迥然有别于“美国模式”,“北京共识”替代甚至超越了“华盛顿共识”,与之形成了有力的制度竞争。诚如党的十九大报告所指出的,中国模式“给世界上那些既希望加快发展又希望保持自身独立性的国家和民族提供了全新选择,为解决人类问题贡献了中国智慧和中国方案”。

古人云:“以史为鉴,可以知兴替。”如果我们“放宽历史的视界”,回望近代以来民族国家的兴衰嬗变,特别是中国国家治理命运的跌宕起伏,则很难不为历史大变革的滚滚洪流所震颤。众所周知,当人类进入16世纪后,地理大发现、文艺复兴、宗教改革、资产阶级革命、海外殖民运动、工业及商业革命相继发生,西方世界开始崛起,而中国则在闭关锁国中走向衰落,更是在1840年鸦片战争之后沦为半殖民地半封建社会。百余年来,中国人民历经战乱频仍、山河破碎、民不聊生的深重苦难,进行了艰苦卓绝、可歌可泣的斗争,终于在20世纪的末期成功开创了一条走向复兴和现代化的国家治理之路。毫无疑问,“中国模式”为现代意义上的国家治理提供了可资借鉴的经验共识,其成功实践极大激发了国人前所未有的制度自信。只有经济、政治、社会三大领域的改革相互驰援,形成良性互动,实现均衡发展,并通过法治化、制度化的方式加以确认,才能保障和彰显“中国模式”的生命力,也才能在国家治理的制度竞争中立于不败之地。面对走向深化的国家治理制度竞争,我们应聚焦于改革和发展,不断提升国家治理体系和治理能力的现代化水准。

二、中国国家治理的进路:金融治理及其模式转换

国家治理是一个极其复杂的制度系统工程,涉及经济、政治、文化、社会、生态等方面千头万绪的事项,如果没有优先顺序的安排,不分主次和重点,“眉毛胡子一把抓”,必然导致国家治理的低效和失败。中国国家治理“路线图”的设定,需要选择若干具有辐射和引领功能的领域进行先行先试,积累经验,凝聚共识,形成可复制、可推广的制度模式。本文认为,金融领域是国家治理的“探路石”“通过金融的国家治理”是一种必要且可行的制度范式,这一论断可以从金融在国家治理制度变迁中的作用以及金融治

---

[1] 参见邹东涛:《“华盛顿共识”“北京共识”与中国独特的发展道路》,载《宏观经济研究》2006年第5期。

[2] See John Williamson, “Is the Beijing Consensus Now Dominant?”, *Asia Policy* 13, January 2012, pp. 1 – 16.

理对于国家治理的引领功能中获得自足性解释。

(一)国家治理制度变迁背后的金融博弈

将金融置于国家治理的优先顺位加以筹划和考量,有着充分的理论、历史和现实依据。邓小平同志曾经指出:“金融很重要,金融是现代经济的核心。金融搞好了,一招棋活,全盘皆活。”这句话看似简单朴素,却深刻地反映出金融在现代经济中的辐射与引领功能。金融是现代经济的核心,这不仅是理论共识,更是经验常识。这是因为市场经济本质上是信用经济,而金融作为以货币为对象的信用交易活动,构成了市场经济的根基。通过资金融通、资源配置、风险管理、宏观调控等功能的发挥,金融巧妙地将居民、企业、政府等经济部门连通起来,成为贯穿整个经济社会生活的关键命脉。其实,金融不但是经济的核心,还深刻影响和塑造着一个国家的政治走向、公共安全甚至国防与外交格局。近年来,随着金融危机对国际政治的冲击力以及金融在大国博弈中的威力与日俱增,金融与政治权力的关系备受关注,金融政治学的研究不断升温。例如,美国的诺兰·麦卡蒂等学者认为,每次金融危机的背后都潜伏着一个政治泡沫,金融泡沫是非理性繁荣和贪婪的共同产物,而政治泡沫则是一系列政策偏差,包括僵化的意识形态、反应迟钝且低效的制度和特殊利益的产物,政治泡沫是金融泡沫的催化剂。[1] 鉴于金融发展与国家政治的关联越来越密切,将金融纳入国家治理的视野和制度框架加以统筹推进,现实意义不言而喻。

如果我们考察近代以来国家治理制度变迁特别是大国治理兴衰的历史,可以清晰地发现,其背后隐藏着一条金融博弈的主线。恰如有学者所言,金融强大是大国崛起的标志和标配,金融系统是大国运筹的协调枢纽,金融方略是大国战略的关键手段,金融国策是现代化国家治理的核心内容。[2] 大国与小国、强国与弱国并存是国际社会结构的常态,但大国始终是影响国际关系的决定性力量。[3] 按照“修昔底德陷阱”的逻辑,一个新崛起的大国必然要挑战现存大国,而现存大国也必然会回应这种挑战,这样战争变得有可能不可避免。近代历史事实也的确如此。一部世界近代史,基本上就是大国之间争霸夺权的历史,先后有葡萄牙、西班牙、荷兰、英国、法国、德国、日本、沙俄、美国等国家加入这一行列。“兵马未动,粮草先行”,战争意味着巨额的资金投入,缺乏金融支持的战争往往难以为继。在战争期间,国家不仅需要更多的钱,而且需要立即将钱筹集起来。因此,一国的财力和筹集资金的能力,成为决定一国战时成败的关键

---

〔1〕 [美]诺兰·麦卡娣、基斯·普尔、霍华德·罗森塔尔:《政治泡沫——金融危机与美国民主制度的挫败》,贾拥民译,华夏出版社2014年版,第14~21页。

〔2〕 参见时吴华:《金融国策论》,社会科学文献出版社2015年版,第1页。

〔3〕 参见蔡从燕:《国际法上的大国问题》,载《法学研究》2012年第6期。

因素。[1] 众所周知,英国与法国为了争夺欧洲霸权,先后进行了长达百年的战争。英国之所以取得最终胜利的重要因素,需要归功于英国成熟的公债发行制度、稳健的中央银行以及发达的伦敦金融市场,这已经为学界反复证实。进入21世纪后,资本力量日渐成为控制世界的“隐性国家”(Deep State),资本扩张成为现代战争的最大驱动力,金融资本主导的世界更不太平,金融体系同战争与和平的密切关系表现得越发突出。[2] 可以说,金融全球化时代的战争,是币缘政治的继续,其争夺焦点是对币权的控制,国家利益金融化改变了世界的财富结构和生存状态,也改变了国际政治和战争的经济基础。[3] 洞悉金融对于国家治理的重要作用及其制度原理,有助于我们在推进国家治理的过程中作出前瞻性安排,补强国家治理体系的时代适应性,不断提升应对金融风险和挑战的国家治理能力。

(二)金融治理对于国家治理的引领功能

既然金融是国家治理制度变迁的重要动力,通过完善金融治理来改进国家治理便是理所当然之举。事实上,在现代国家的生成过程中,金融一直发挥着引领性的作用。现代国家需要具备的要素包括民主、法治、权力制约、权利保障等,这些要素在很大程度上是金融催生的产物。这些有益的学术研究,充分揭示出金融是一个国家的基本性战略力量,金融在国家治理兴衰中发挥着关键性作用,也彰显了金融治理对于国家治理具有的引领性功能。

2008年金融危机之后,金融治理开始超越国家疆域范围,在全球治理新视野下承担起维护货币及金融稳定、防范系统性金融风险、推动贸易和投资健康发展的历史使命。积极参与全球金融治理游戏规则的制定,提升国际金融话语权,成为国家间竞争的重要表现形式。然而,由于以美国为主导的西方发达国家掌控着世界金融秩序的主流话语权,发展中国家在参与国际金融治理时显得举步维艰。一个典型例证是,2010年通过的国际货币基金组织(International Moretary Fund,IMF)投票权改革方案,由于美国国会的多次推迟表决和两次否决而难以落地,直到2016年才尘埃落定。面对全球金融治理的困境,中国不得不寻求新的多边治理框架,并倡导建立了亚洲基础设施投资银行和金砖国家开发银行。这些多边金融开发机构,不是为了取代世界银行和国际货币基金组织主导下的国际金融秩序,而是对全球金融治理体系的有益补充,如亚洲基础设施投资银行在资本份额与决策机制、组织形式与治理结构、章程解释与修订程

[1] 参见聂庆平、蔡笑:《金融创新、金融力量与大国崛起——基于荷兰、英国和美国的分析》,载《财贸经济》2008年第5期。

[2] 参见林海虹、田文林:《金融资本时代的战争与和平》,载《当代世界与社会主义》2017年第3期。

[3] 参见王湘穗:《币缘论——货币政治的演化》,中信出版集团2017年版,第357~363页。

序等方面进行了制度创新,颇有镜鉴意义。[1] 亚洲基础设施投资银行、金砖国家开发银行的设立与“一带一路”倡议的提出遥相呼应,相得益彰,一道开创了中国参与全球治理的新境界,也使金融治理超越了经济层面的狭隘范畴,被赋予了更多的政治与社会意义。

(三)金融治理模式转换的方向与着力点

在国家治理的制度变迁中,尽管金融治理的引领功能被反复证实,但回归到我国的本土语境下,我们不得不承认理想与现实之间存在一条巨大的鸿沟。

金融资本与政治权力的关系本属于政治经济学的一个边缘学术话题,近年来开始受到广泛的关注。资本与权力具有天然的结合倾向,如果不对资本的贪婪和权力的恣意进行必要的规训,则势必引发事端,荷兰金融的兴衰荣辱为此提供了生动的镜鉴。众所周知,荷兰曾经创造了诸多金融奇迹:发行全世界第一个政府年金、创立全球第一家证券交易所、制定第一部公司法案……借助于这些金融创新,阿姆斯特丹迅速成为全球的金融中心,其开创性探索奠定了现代金融市场的基础。[2] 然而,崛起为世界强国之后,荷兰政府急剧蜕变成为大债主,全民蜕变成为食利者阶层,并在金融监管缺失背景下因热衷于投机而陷入了“郁金香泡沫”的深渊,导致的后果是金融创新能力的衰退和国家治理能力的式微。与荷兰不同的是,美国在处理金融资本与政治权力的关系上,总是试图在自由与管制之间寻求平衡,尽力实现金融创新与金融监管之间的互动。早在建国之初,由时任美国财政部长汉密尔顿领导的“金融革命”就确立了现代金融体系的基本框架,即可靠的公共财政、公共债务管理、中央银行和稳定的货币,以政治力量推动金融市场发展,以金融力量推动国家治理改良,形成了一种前所未有的“金融—政治”生态格局。根据1913年《美国联邦储备法案》成立的美联储以“超级监管者”的姿态介入到金融市场运行,对于维持金融稳定发挥着中流砥柱的作用,成为中央银行制度史上的一大创举。第二次世界大战后,美国又通过布雷顿森林体系确立了美元的霸权地位,时至今日,依然可以通过货币政策的调整转嫁金融危机成本甚至左右其他国家的经济与政治发展。[3] 最新的例证是,在2008年的全球金融危机中,始作俑者美国利用其货币与金融体系优势,率先走出阴影,迅速恢复了正常状态,而被转嫁危机的欧洲却在很长一段时间内深陷泥潭无法自拔。[4] 这种以邻为壑的国家治理策略显然

---

〔1〕 参见顾宾:《亚投行法律解读:从章程到标准》,载《金融法苑》2015年第2期。

〔2〕 参见[美]威廉·N.戈兹曼、K.哥特·罗文霍斯特:《价值起源》,王宇、王文玉译,北方联合出版传媒(集团)股份有限公司、万卷出版公司2010年版,第213页。

〔3〕 参见梁亚滨:《称霸密码——美国霸权的金融逻辑》,新华出版社2012年版,第223~224页。

〔4〕 参见王文:《巨变中的世界呼唤政治金融学》,载《中国社会科学报》2017年7月11日,第1版。

不是我国学习的对象,其"以政治力量推动金融市场发展,以金融力量推动国家治理改良"的制度模式才是可资借鉴之处。可行的方案是允许政治权力适度介入金融市场运行,但需要于法有据,而适用的情形则应限定在系统性金融风险的处置、金融稳定和投资者保护等方面。政府有义务通过强制、参与或引导等方式使金融资本服务于实体经济,防止金融泡沫化以及"金融主义"的出现。[1] 在政府介入的过程中,要把自上而下的制度设计和自下而上的博弈均衡结合起来,尊重市场机制和法律秩序,注重公权力的自我约束和私权利的倾斜保护。唯有如此,金融治理的政治功能方能发轫,国家治理现代化也才能勃兴。

三、以金融法治推进国家治理现代化的孕育与成长

在依法治国的现实语境下,无论是金融治理还是整体意义上的国家治理,最终都需要回归到法治的轨道。金融对法治存在强烈的依赖性,"法治金融"是金融发展孜孜以求的目标。金融治理对于国家治理引领功能的有效发挥,需要立足于金融法治这一制度前提。

(一)金融法治的价值重申及其示范效应

法治的实质在于"法律主治",这意味着在一个政治社会中,法律具有至高无上的权威,不论普通民众还是政府官员,都必须在正义法律所提供的框架内活动。[2] 作为国家治理的基本方式,法治对于国家治理体系和治理能力的现代化发挥着决定性作用。正如张文显教授所言,国家治理法治化是国家治理现代化的必由之路,国家治理现代化的实质与重心,是在治理体系和治理能力两方面充分体现良法善治的要求。[3] 在金融领域,强调法治有着特别的意义。这是因为良好的法治环境对于金融发展和金融深化起着至关重要的作用,这已经为第三代金融发展理论和实践所反复证实。金融法治通过对公民财产权的保护激励了社会财富创造,通过科学规范地配置金融资源奠定了经济繁荣根基,通过金融调控与金融监管维护了金融稳定,通过再分配功能的行使确保了社会的公平正义。金融法治内含着金融公平、金融民主和金融包容的价值旨趣以及善法之治、法律至上、权力制约、正当程序的精神诉求,正是这些"制度性格"决定了金融法治在金融业发展中的基础性地位。从更深层次上来说,金融法治能够有效

---

[1] 当传统的金融服务功能脱离了实体经济而独立运行,便产生了一种新的经济制度,这就是"金融主义"。参见[美]劳伦斯·E.米切尔:《反思金融主义:一个历史的视角》,施天涛、袁田译,载《清华法学》2012年第4期。

[2] 参见张凤阳:《现代性的谱系》,江苏人民出版社2012年版,第82页。

[3] 参见张文显:《法治与国家治理现代化》,载《中国法学》2014年第4期。

制约政治权力对金融市场的不当干预,保护私人产权与交易自由,促进民间投资和市场繁荣,进而通过国家治理奠定良好的制度基础。以金融保护公民权利和促进权利成长为例,作为金融概念的核心范畴,"货币"的本质是国家与持有者之间的契约,持有者的财产权利是一种债权权利,其权利价值取决于国家信用的承诺和保证而不是货币本身"物"的价值,货币的法律属性也实现了从动产到契约的嬗变。[1] 货币信用交易的背后,事实上是权利(包括物权、债权、股权、期权等权利形态)的交易,货币资源的配置直接影响着信贷权、融资权、财产权等公民权利的实现。既然金融是沟通政治权力主体和公民权利主体之间的桥梁,那么通过金融的国家治理便会彰显出理念前瞻与制度优越的双重意义。

按照孙笑侠教授的观点,法治具有"三维"面向,第一方面是纵向的法治,即国家自上而下的法治;第二方面是横向的法治,即地方区域性法治;第三方面是各行业的法治,即在行业领域建立法治。[2] 由于各行业的发育程度、发展状况与治理水平千差万别,法治的实现不可能同步完成。那么,是否有可能借鉴实践中地方法治竞争的有益经验,开展行业法治竞争,进而使那些规则健全、秩序良好、运行规范、自治能力高的行业先行实现法治化?笔者认为这是完全可能的,而且相信金融业是最有可能率先实现法治的行业之一,具体理由在于以下几点:首先,金融业是最为注重信用意识、契约意识和规则意识的行业,市场化的信用交易、非人格化的金融契约、公平透明的金融规则将倒逼金融法治的生成。其次,金融业是以投资者利益为导向的行业,随着机构投资者的兴起以及投资者权利意识的觉醒,金融市场公共参与的民主机制必然走向成熟,进而助推金融法治的深化。最后,金融业是与财富创造和工商文明关联最为紧密的行业,财富的公平合理分配推动着私人权利的成长,工商文明的系统累积内生出"能供计算的法治系统"。[3] 综合这些因素,金融业具备实现"先行法治化"的资源禀赋和比较优势,能够在国家治理法治化的过程中发挥示范作用。当然,该论断是基于应然层面的逻辑推演,在实然层面上,我国的金融法治依然任重道远,这可以从金融治理与金融法治的现实背离中得到揭示。

(二)金融治理与金融法治的现实背离

近年来,"钱荒""股灾"、债券市场"黑天鹅"等事件接连上演,商业银行不良资产持续攀升,"影子银行"与互联网金融乱象从生,金融资本"脱实向虚"趋势明显,金融治

---

[1] 参见王振栋:《纸币契约中公民权利与政府权力之间的内在冲突与博弈》,载《上海金融》2012年第7期。

[2] 参见孙笑侠:《论行业法》,载《中国法学》2013年第1期。

[3] 参见谈李荣:《现代法治与民主宪政的金融解释》,载《法学家》2010年第6期。

理遭遇了前所未有的挑战。2017年7月召开的第五次全国金融工作会议明确提出了金融工作的三大任务，即服务实体经济、防控金融风险、深化金融改革，作出了一系列重大决策部署，标志着新一轮的金融治理全面开启。但本轮金融治理能否走出治乱循环的周期性危机，能否对接国家治理现代化的“良法善治”依然存在诸多不确定性。

所谓“政策式治理”，是指金融治理的依据多体现为各种政策文件，而不是具有严格规范效力的法律与行政法规。众所周知，我国金融领域存在法律制度供给不足的问题，如在金融控股公司、金融理财产品、民间金融、互联网金融、金融科技等方面均缺乏基本的法律规范。尽管中国人民银行法、商业银行法、证券法、保险法、信托法、证券投资基金法陆续制定出台，但受到“宜粗不宜细”传统立法指导思想的影响，这些法律不够具体明确，缺乏可操作性，往往难以适应变动不居的社会生活。例如，中国人民银行法无法解决“部门货币”问题，商业银行法无法解决“影子银行”问题，证券法无法解决“大资管”问题，信托法无法解决“明股实债”问题。由于法律没有规定或语焉不详，这些问题的解决不得不依托“通知”“意见”“决定”等具有应急性色彩的政策文件，其提供者涵盖中国人民银行、中国银行保险监督管理委员会、证监会等监管机构。作为一种常态化的金融治理机制，政策式治理填补了法律制度供给不足留下的真空地带，构成了法律治理的替代机制，具有一定的积极意义。但从长远看来，政策式治理的滥觞所导致的弊端日益凸显，无助于金融治理规范秩序的生成，甚至会贻误金融法治的进程。这是因为政策的随机选择性将导致政府自由裁量权的滥用，难以为金融治理提供稳定的心理预期；政策的短期行为性导致其缺乏实践理性，难以为金融治理作出长远的制度安排；政策的精英决策性使其民意基础较差，难以为金融治理提供合法性的民主基础。总之，政策式治理是一种比较容易变迁、具有较大主观性的治理模式，其最大弊端是减损了法律的权威，背离了金融法治的基本方向。

所谓“运动式治理”，是指金融治理往往以层层加码、不计成本的目标为主要导向，以全体动员、全民动员为基本的执行方式，以检查评比、奖励惩罚为主要的激励手段。运动式治理在金融领域的运用由来已久，深刻影响着金融的环境塑造与制度变迁。特别是近年来随着“防风险”成为金融工作的主旋律，运动式治理的适用范围进一步扩张，从金融交易场所的清理到场外配资的整顿，从信托通道业务的全面整治到互联网金融业态的系统规范，无不体现出运动式治理的轨迹。与政策式治理一样，运动式治理同样是利弊共存的矛盾共同体，其能够在某种程度上实现对突出问题的有效治理，弥补了国家能力的相对不足，但无法实现长效治理，从而损害国家的制度化调控体系和法律权威,且容易侵犯公民权利。[1] 例如,在国务院办公厅《关于清理整顿各类交易所切实防范金融风险的决定》(国发〔2011〕38 号)发布后进行的交易所清理整顿中,不少贵金融交易所、文物交易所在有的地方政府的包庇下通过地方政府控股、整改业务方向等方式得以复活。再如,在金融理财产品的"监管风暴"中,由于没有从解决监管缝隙、监管滞后这一根本问题入手,再加上投资者权益保护的严重不足,导致理财产品信用功能的错配,进一步放大了风险。[2] 鉴于运动式治理对程序正义、人权保障、执法公正等法治精神的背离,金融治理中应当尽量减少其适用的频率,实现运动式治理到制度性治理的转变。

(三)金融法治助推国家治理现代化生成的路径选择

1. 推进金融规范性文件"立、改、废、释",夯实金融领域制度性治理的根基

我国金融领域的规范性文件除了法律与行政法规,还包括极其繁杂的部门规章与地方性规章,以及不计其数的"通知""意见""决定"等政策文件。受到部门立法的影响,这些规范性文件之间时常发生法条抵触或效力冲突,让人无所适从。更为吊诡的是,在金融治理的过程中,发挥主导作用的往往不是效力较高的法律与行政法规,反而是那些应急性的政策文件,与法治国家所追求的"制度治国"背道而驰。金融治理若要实现从政策式治理、运动式治理到制度性治理的转变,就必须全面协调推进金融规范性文件的"立、改、废、释"工作,具体思路如下:

首先,以国务院金融稳定发展委员会的成立为契机,打破部门立法的传统痼疾,改进立法技术,实行统合式金融立法。例如,可以制定一部银行业法,将企业集团财务公司、消费金融公司、汽车金融公司、金融租赁公司等"类商业银行"纳入该法调整范围,这样既可以促进公平竞争,避免监管套利,最终实现存款市场和贷款市场的统一规范,还可以为全社会提供更多存款吸收和债权融资的"正门"渠道,通过这种阳光化市场化机制,倒逼非法集资这样的"偏门"渠道自动关闭。[3] 这种统合式立法思路对于信托业也是适用的,因为现行的信托法调整范围过窄,无法对大资管背景下保险公司、期货公司、证券公司、资产管理公司、基金子公司等机构从事的信托业务进行有效调整,而通过制定信托业法对专营和兼营信托业务的金融机构一并调整,将实践中出现的新型信托类型囊括其中加以规范调整,有望终结信托乱象。正如有论者指出的,不应将信

〔1〕 参见曹龙虎:《国家治理中的"路径依赖"与"范式转换":运动式治理再认识》,载《学海》2014 年第 3 期。

〔2〕 参见朱慈蕴:《中国影子银行:兴起、本质、治理与监管创新》,载《清华法学》2017 年第 6 期。

〔3〕 参见《商业银行法》修法研究课题组:《商业银行法修改在即 四类金融公司应纳入》,载《第一财经日报》2016 年 7 月 4 日,A10 版。

托视为一种可以栅栏化的金融牌照业务被某些机构垄断经营,而应建立一个开放的信托制度,将信托法从金融牌照的束缚中释放出来。[1] 统合式金融立法遵循着“实质重于形式”的务实态度,具有典型的功能主义导向,是克服现行监管机构林立、金融市场分割等问题的有效手段。

其次,根据金融改革与发展的现实需要,及时修改相关法律与行政法规,确保金融基本法律制度的时代适应性。随着金融创新的普及和金融改革的深化,金融法律制度的滞后性不断显现,如中央银行独立性制度、商业银行信贷制度、证券发行及信息披露制度、信托业刚性兑付制度、民间金融管制制度等皆为其例,这便要求金融法制与时俱进地作出回应性变革。我们深知,任何一部法律的修改都是知易行难的过程,但金融法治的大厦正是在这些法律的渐进式修订完善中累积而成的。

再次,引入金融规范性文件合法性审查机制,全面清理规范金融政策性文件,将不合时宜者予以废止或宣布失效。考虑到我国金融体制复杂的“条块关系”,清理规范金融政策性文件将是一项极其繁重的任务,笔者建议在国务院金融稳定发展委员会的统筹协调下,现阶段先在“一行两会”展开,然后再循序渐进往地方推进。金融规范性文件合法性审查机制的引入旨在控制“文件治国”风气的潜滋暗长,推动制度性治理的生根落地。在此过程中,政府需要重视制度程序在金融市场主体权利保障中的基础性作用,并通过相关领域内的长效机制建设,减少组织失败的发生。

最后,加强金融法律的立法解释与司法解释工作。金融法横跨公法与私法,属于典型的二元规范结构。如果从“金融刑法”或“金融商法”的维度来看,金融法是存在立法及司法解释的,但这些解释多依附于刑法或民商法,无法满足金融法制度实践的需要。例如,《中华人民共和国信托法》第2条规定:“本法所称信托,是指委托人基于对受托人的信任,将其财产权委托给受托人,由受托人按委托人的意愿以自己的名义,为受益人的利益或者特定目的,进行管理或者处分的行为。”本条中“委托给”这一模糊性语词引发了学界关于信托财产独立性与信托财产归属的长期争论,对信托业的正常发展造成了诸多困扰。再如,《中华人民共和国信托法》第11条第2项规定,信托财产无法确定时信托无效。但何为信托财产的“确定性”?“确定性”的判断标准又是什么?由于没有司法解释,实践中出现的新型信托业务是否有效便成了棘手问题,“昆山纯高案”中受益权信托所引发的广泛争议即为典型例证。诸如此类的问题在金融法中是广泛存在的,这也反映出加强金融法律的立法及司法解释工作的紧迫性与必要性。

---

[1] 参见沈朝晖:《企业资产证券化法律结构的脆弱性》,载《清华法学》2017年第6期。

2. 强化金融权利的法律保护,为金融领域国家治理现代化的生成奠定观念基础

公民权利意识的觉醒是现代法治得以确立的前提条件,金融权利的勃兴则是金融领域国家治理现代化的观念基础。从权利形态来看,金融权利既包括个体层面上的权利(如居民对储蓄存款的债权、对投资证券的股权等),也包括组织层面上的权利(如企业获得公平融资的权利)。由于金融抑制的深刻影响,金融权利的法律保障在我国显得困难重重。例如,"负利率"使居民通过储蓄存款获取利息收入的可能性微乎其微,内幕交易、操纵市场与欺诈客户盛行使普通投资者通过证券市场获取投资收益的空间不大。学术研究与金融实践反复证明,一个国家的经济发展水平、居民的富裕程度以及金融市场的发达程度取决于该国对私有财产权的保护程度以及为了保护私有财产权而对国家权力的限制程度。[1] 因而,改变金融权利不彰的现实困境,需要从强化私有财产权的法律保护入手,金融法制为此应作出相应的变革:首先,完善中国人民银行法,增强央行稳定物价和控制通货膨胀的法律职责,遏制货币超发对私人财产权的隐性侵害。我国近年来的货币超发已经非常严重,以房地产为代表的生活物价指数飞速上涨,通货膨胀已经成为剥夺人民财富的重大威胁。中国人民银行法修改的核心思路是强化央行的独立性、透明性和问责制,将货币政策制定和执行的权限赋予中国人民银行行使,通过听证、质询、公众参与等程序机制的引入提高央行货币政策制定和执行的透明度,明确货币政策委员会的法律地位、决议效力及其问责机制。其次,修改《贷款通则》,赋予公民个人公平信贷权以及企业公平融资权。经过诺贝尔奖获得者尤努斯教授提倡,"贷款是一项基本人权"的观念日益深入人心。对于企业而言,获取公平信贷的重要性更紧迫,这是因为"企业融资问题集合了经济紧缩和分配不公的双重困境,企业有权以各种正当、合法的方式融资,融资是否公平不仅影响微观经济的盛衰及存亡,更事关整个社会资源分配体制改革之全局"。[2] 鉴于此,笔者建议修改《贷款通则》关于信贷的诸多不合理限制,在征信的基础上赋予公民个人公平信贷权以及企业公平融资权,并通过构建贷款申诉制度督促融资权利的实现。

3. 改进金融监管机构的治理,为金融领域国家治理现代化的实现提供组织保障

在传统的金融治理中,金融监管机构毫无疑问居于主导地位,但随着"金融监管治理"理念与制度的兴起,情况正在发生根本性的变化。金融监管治理强调的是金融监管机构的独立性、问责性、透明性及监管操守,解决的核心问题是"如何监管监管者"。

---

〔1〕 See Miriam Bruhm, Francisco and A. Gallego, "Good and Ugly Colonial Activities: Do They Matter for Economic Development?", *The Review of Economics and Statistics*, Vol. XCIV, May 2012, pp. 433 – 452.

〔2〕 冯辉:《普惠金融视野下企业公平融资权的法律构造研究》,载《现代法学》2015 年第 1 期。

如果以独立性、问责性、透明性及监管操守这四个标准来检视我国金融监管机构,则很容易发现其存在诸多不足之处:政治依附性强,缺乏预算、人事等方面的独立性;权力行使缺乏监督问责;监管政策的制定不透明,缺乏公众参与;权力与资本的合谋突出,监管腐败频发。这些问题事实上也为金融监管治理的进一步改进指明了方向,改革措施包括重新定性金融监管机构的法律地位,优化行政监管与自律监管之间的权力配置,建立金融监管机构与被监管机构利益输送的隔绝制度,引入金融监管重大事项决策的公众参与机制与终身问责机制,构建金融服务督察机制等。这些针对金融监管治理的改革举措如果能够推进,将从根本上改变金融治理的制度面貌,为金融领域的国家治理现代化提供有力保障。

四、结语

国家治理现代化是一个宏大的制度性系统工程,“绝不是轻轻松松,敲锣打鼓就能实现的”。本文尝试以金融法治为突破口,论证“通过金融的国家治理”这一制度范式的法理基础、历史依据、现实困境以及未来的变革之路,旨在为国家治理现代化的生成提供一种制度变迁的可能选项。将金融融入国家治理的视野,推动政策式治理、运动式治理向制度性治理的转型,意味着金融法的观念更新与规则嬗变,更意味着金融法将实现从形式法治走向实质法治的进阶。

论我国自贸区离岸金融的法律监管

刘　辉*

目　　次

自由贸易试验区(以下简称自贸区)是我国新一轮经济金融体制改革和对外开放的重要内容之一,也是我国探索新的经济发展方式和金融监管创新的重要试验田。从2013年9月上海自贸区挂牌运行以来,我国自贸区从无到有、由点及面迎来了雨后春笋般的蓬勃发展。[1] 无疑,金融领域的开放和创新是我国自贸区建设试点的桥头堡和核心内容之一。而处于金融业开放的最前沿和金融创新最活跃的离岸金融的发展始终与自贸区建设相辅相成、互相促进,[2]并顺势成为我国自贸区建设的核心范畴之一。目前,我国自贸区离岸金融的规范发展面临法律制度供给不足的问题。本文拟在梳理

---

* 厦门大学法学院2011计划·两岸关系和平发展协同创新中心博士研究生。

基金项目:2017年国家社会科学基金重大项目“网络金融犯罪的综合治理研究”(17ZDA148);2017年国家社会科学基金一般项目“新发展理念下中国金融机构社会责任立法问题研究”(17BFX009);中央高校基本科研业务费专项资金资助项目“财税金融法”(20720151038);福建省社会科学基金青年项目“自贸协定视角下知识产权交易税制研究”(JF2017C005)。

〔1〕 继2013年9月批准设立上海自贸区以来,国务院又于2015年4月批准了广东、天津和福建自贸区,2016年8月决定在辽宁省、浙江省、河南省、湖北省、重庆市、四川省、陕西省等地增设7个新的试验区。至此,我国自贸试验区建设步入全面试点的新阶段。

〔2〕 参见张慧颖:《天津自贸区离岸金融市场研究》,载《对外贸易》2015年第5期。

自贸区离岸金融监管基本问题的基础上,以英、美、日等发达国家离岸金融法律监管经验为镜鉴,结合我国自贸区离岸金融创新的特殊背景,提出完善我国自贸区离岸金融立法监管的相关建议。

一、自贸区离岸金融及其法律监管的基本问题

(一)离岸金融的概念、特征以及我国自贸区发展离岸金融的意义

所谓离岸金融(offshore finance),是指被一国法律所允许、在其境内进行的与其在岸金融体系和金融市场相区别的金融活动。也可以理解为,金融机构吸收非居民的资金,服务于非居民的金融活动。〔1〕从业务类别来看,离岸金融主要是非居民〔2〕之间开展的以外币存款、外币贷款、金融机构同业外汇拆借、国际结算、发行大额可转让存款证、外汇担保、咨询与见证业务、外汇黄金买卖、证券交易、保险、期货等为代表的金融业务。

离岸金融是真正意义的国际金融,具有不同于在岸金融的一系列特征。〔3〕其不仅具有资产、负债"两端离岸"的特点,而且其交易货币也主要通过往来行电子资金划转的方式为之,〔4〕具有显著的离岸性。在监管方面,由于离岸金融本身的起源和发展始终与金融自由化浪潮相伴相生,对其监管必须体现适度的包容并鼓励金融创新,坚持适度监管的基本原则。离岸金融市场所在国家通常都会制定专门的法律制度予以监管。不仅如此,离岸金融市场所在国往往还制定税法对离岸金融业务给予特定的税收优惠,鼓励离岸金融的发展。〔5〕

繁荣的自贸区经济必然以发达的金融市场和金融业作为基础,我国各大自贸区在出台总体方案时,即认准要建设国际金融中心或者区域性金融中心的目标。在我国自贸区发展离岸金融,首先可以为区内企业实现低成本和便捷的金融服务,这对自贸区

---

〔1〕 参见龚柏华:《国际金融法新论》,上海人民出版社2002年版,第412页。

〔2〕 根据《离岸银行业务管理办法》的规定,"非居民"是指在境外(含港、澳、台地区)的自然人、法人(含在境外注册的中国境外投资企业)、政府机构、国际组织及其他经济组织,包括中资金融机构的海外分支机构,但不包括境内机构的境外代表机构和办事机构。

〔3〕 参见韩龙:《论离岸金融法律问题的特殊性》,载《河北法学》2010年第3期。

〔4〕 See Kwaw, E. M., *The law &practice of offshore banking &finance*, New York, Greenwood Publishing Group, 1996, p. 17.

〔5〕 比如,有美国学者认为,通常情况下,资金存放于美国的银行并在美国经济体内进行循环,适用美国国内的税收政策和计划。但据美国联合税务委员会估计,受制于离岸账户,美国政府每年损失500亿美元税收收入。See Kent, Margaret, and Robert Feinschreiber, "Offshore Banking Centers and US Banks Lead to Trapped Offshore Profits Scams", *Corporate Business Taxation Monthly* 15, 2013, p. 42.

大型跨国公司拓展海外市场而言无疑是巨大的福音。[1] 其次,发展离岸金融可以深化自贸区金融市场,提高金融市场化水平和金融服务效率。最后,我国自贸区离岸金融的创新及其监管还能为我国金融监管体制的改革提供有益的经验,为我国金融监管体制改革提供最好的试验田。

(二)我国自贸区离岸金融的风险与监管逻辑

离岸金融本身就是出于对监管体制的套利而生成的。[2] 因此,充分认知我国自贸区离岸金融的各种风险,并进行相应监管制度的设计,是我国自贸区发展离岸金融监管的必由之路。

首先,自贸区离岸金融会给中央银行金融宏观调控带来压力和挑战。现代中央银行一般履行着发行的银行、政府的银行、银行的银行等基本职能。[3] 我国中央银行根据本国经济发展的客观需要,通过宏观审慎评估体系(Macro Prudential Assessment, MPA)的控制调节国家货币供应量。随着离岸金融市场的发展,尤其是在以英国和中国香港特别行政区为代表的内外一体型离岸金融市场模式下,金融市场本身并不严格区分离岸资金账户和在岸资金账户,中央银行对流向实体经济的货币调控将面临极大的挑战。

其次,自贸区离岸金融将在一定程度上影响中央银行货币政策的传导效率,降低中央银行货币政策的灵活性和有效性。在我国自贸区发展离岸金融的过程中,如果大量的短期资金即“热钱”涌入在岸金融体系,则会对中央银行货币政策的操作带来缓释效应:当出现物价暴涨、资产价格泡沫加剧时,中央银行倾向于通过货币政策操作来消减金融热度并最终平稳本国经济。但离岸资金的介入无疑会对中央银行的操作带来抵减效应,造成中央银行货币政策效率低下和一定程度的失灵。此外,离岸金融机构借由离岸负债加码在岸资产业务的模式也会造成对外负债规模的扩张,对货币政策操作造成影响。

再次,自贸区离岸金融将不可避免带来更多的汇率风险。随着离岸金融市场的快速膨胀和离岸货币套利空间的上升,国际上主要的外汇投机者必将投入大量的热钱对离岸货币进行投机和炒作。“离岸金融风险之所以能够引发系统性的危机,是因为离

---

〔1〕 离岸金融业务最初的服务对象仅限于中华人民共和国境外(含港、澳、台地区)的自然人、法人、政府机构、国际组织等非居民类客户。但近年来,离岸金融的服务对象已逐步扩展到经批准可开立离岸账户的国内企业。参见姜亚玲:《招行打造“离岸金融十大产品体系”》,载和讯网:http://bank.hexun.com/2015-09-28/179515395.html?from=rss,最后访问日期:2018年3月18日。

〔2〕 参见J.奥林·戈莱比:《国际金融市场》,中国人民大学出版社1998年版,第52页。

〔3〕 参见朱崇实主编:《金融法教程》(第3版),法律出版社2011年版,第21页。

岸风险往往表现为向在岸银行的延伸和向整个金融体系的蔓延。"[1]国际投机者在离岸金融市场上的炒作往往会通过极强的传导机制,迅速对离岸金融市场东道国的货币及其金融市场产生风险外溢。

最后,自贸区离岸金融还面临信用风险治理难题。信用风险是离岸金融市场最主要的风险。[2] 离岸金融市场和金融机构的信用风险主要受非居民贷款者的违约概率和贷款抵押品价值两部分的影响。非居民贷款者的违约概率对信用风险有正向作用,而贷款抵押品价值则对信用风险具有反向作用。[3] 在离岸金融市场中,作为最主要的市场交易方,无论是机构投资者还是个人投资者,均属于"非居民"性质。这些复杂的"非居民"交易者所在国的经济金融形势迥然不同,很难开展详尽而深入的尽职调查,并且受制于离岸金融业务所涉抵(质)押品所在地宏观经济形势和市场行情把握的难度,其信用风险控制殊为困难。

此外,自贸区离岸金融市场的发展还将加大国际金融犯罪的法律风险。由于各国(地区)政府对离岸金融市场发展的鼓励和支持,在监管方面往往体现出相对自由和包容的监管态度。宽松的监管政策则使离岸金融市场往往成为犯罪分子觊觎的重要犯罪通道。近年来,离岸金融中心产业的崛起引发了全世界的关注,一个重要的原因便是其与洗钱、犯罪以及其他商业交易的非法之财密切相关。[4] 在国际反腐败领域,如英属维尔京群岛、开曼群岛、萨摩亚、百慕大等加勒比海和太平洋所属的众多全球著名的离岸中心,由于其监管制度极其宽松和不透明,以致其早已成为腐败分子资金外逃的重要途径之一。[5]

由此可见,发展离岸金融市场需要来自离岸金融市场所在国、离岸货币主权国、离岸金融机构母国以及投资者东道国等多个主体的合力监管。在这些监管范畴中,离岸金融市场东道国,即本文研究的我国自贸区对其离岸金融市场的监管始终处于核心地位。无疑,以离岸金融为代表的金融创新是我国自贸区金融深化的重要环节,但金融创新绝不是对金融市场活动放任不管,相反,金融创新所带来的金融风险对完善金融

---

[1] 巴曙松:《离岸金融市场的风险与监管》,载百家号网:http://bashusong. baijia. baidu. com/article/14438,最后访问日期:2018年3月18日。

[2] 参见李万金:《香港离岸金融市场的风险控制》,载《经济研究导刊》2015年第7期。

[3] 参见唐鑫:《我国离岸金融市场风险分析》,载《武汉金融》2015年第11期。

[4] See Wong K S Y. ,"Offshore Financial Centres and Offshore Business Structures",*Australian Journal of Taxation Policy,Law and Reform* 28,2013,p. 788.

[5] 参见田享华:《央行报告揭示8000亿腐败资金外逃路线图》,载腾讯财经网:http://finance. qq. com/a/20110616/000225_1. htm,最后访问日期:2018年3月18日。

监管提出了更高要求。对我国自贸区而言,制度要素是离岸金融中心形成的首要条件。[1] 理论上来讲,我国自贸区的金融改革应当实现金融创新与金融监管之间的互动。[2] 就离岸金融法的角度而言,要实现我国离岸金融市场金融创新与金融监管的互动,我们认为需要对我国自贸区离岸金融法律制度存在的问题进行梳理,同时研究域外离岸金融市场国家的经验,最后结合我国自贸区的特殊实际,从法律体系的构建、市场准入主体和业务形态、监管主体及其权限以及市场监管模式等方面进行制度设计。

二、我国自贸区离岸金融法律制度存在的主要问题

离岸金融在我国从起源到发展壮大,经历了1989~1998年的试点、1999~2002年的全面停办和清理整顿、2002~2007年的复办以及2007年至今的扩张等四个阶段,综观我国离岸金融的发展及其立法和监管的过程,两者之间事实上并没有真正实现互动,相关立法也一直处于滞后和供不应求的状态。目前,我国自贸区离岸金融法律制度主要存在以下几个方面的问题。

(一)缺乏统一的离岸金融法律体系,政出多门并且彼此协调性差

我国目前在离岸金融领域并不存在统一的"离岸金融法",1997年中国人民银行《离岸银行业务管理办法》(以下简称《管理办法》)和1998年国家外汇管理局《离岸银行业务管理办法实施细则》(以下简称《实施细则》),是我国离岸金融领域的主要监管依据,法律层级较低。其他的监管立法主要是由监管部门根据实际监管需求出台相应规范性文件的形式为之,造成不同的监管制度之间以及离岸金融的监管制度与我国现行法律之间存在不统一和不协调的情况。

比如,为了鼓励中资金融机构发展离岸金融业务,《管理办法》第23条明确规定:"银行吸收离岸存款免交存款准备金。"但出于对存款人的保护和系统性金融风险的防范,《中华人民共和国商业银行法》第32条则要求"商业银行应当按照中国人民银行的规定,向中国人民银行交存存款准备金,留足备付金"。当然,由于离岸金融法属于商业银行法的特别法,并且制定在后,根据特别法优于普通法、后法优于前法之适用原则,应当优先适用前者。但该原则的适用前提是制定出离岸金融的基本法律,而不是部门规章或者规范性文件,否则只能适用具有较高层级法律效力的商业银行法而排除前者的适用空间。

---

〔1〕 参见杨维新:《上海自由贸易区离岸金融发展:国际比较与路径设计》,载《亚太经济》2014年第4期。

〔2〕 参见阳建勋:《论自贸区金融创新与金融监管的互动及其法治保障——以福建自贸区为例》,载《经济体制改革》2017年第1期。

再如,在2002年人民银行对深圳发展银行开办离岸银行业务的批复中,禁止境内居民为离岸银行业务提供担保。但制定在先的《管理办法》并不禁止该类担保,并且2005年中国银行业监督管理委员会《关于深圳发展银行开办离岸担保业务的批复》(银监复〔2005〕104号)也明确该行"可以接受符合《境内机构对外担保管理规定》〔1〕条件的境内居民提供的离岸业务项下的担保",该行"也可以作为担保人向境内外受益人提供担保"。可以看出,不同部门以及同一部门先后出台的管理监管制度存在极大的不协调性,我国统一的离岸金融法律体系尚未真正形成。

(二)市场准入的主体和业务类型比较单一,不利于离岸金融市场的发展和深化

根据《管理办法》第2条和《实施细则》第2条之规定,我国离岸金融业务的经营主体是指经国家外汇管理局批准经营离岸银行业务的中资银行及其分支机构。外资银行以及中资商业银行在海外设立的分支机构参与离岸金融业务则游离于《管理办法》和《实施细则》之外,目前仍处于我国法律的真空地带。从我国目前各大自贸区的总体方案和相关的金融改革措施来看,一般也仅仅是允许自贸区内的符合条件的中资商业银行开展离岸金融业务。事实上,尽管我国法律并未明确授权,实践中不仅大量的外资银行经营着离岸金融业务,而且该做法也得到了国家相关部门的认可,且国家也出台了相应的税收管理政策。〔2〕值得注意的是,内外资银行开展同样的离岸金融业务可能面对不同的法律监管和政策优惠措施,这是违背法律的公平原则的。这在各大外资银行纷纷抢滩自贸区,发展离岸金融业务的背景下,〔3〕完善相关立法迫在眉睫。

在我国自贸区离岸金融市场准入的业务类型方面,根据《管理办法》,我国目前的离岸金融业务仅限于离岸银行业务(并且以离岸货币业务为核心)。〔4〕这样的业务类型结构对离岸金融市场功能的发挥和我国自贸区离岸金融中心的建设需求来说,是存

---

〔1〕《境内机构对外担保管理规定》由中国人民银行制定,于1996年10月1日起施行。

〔2〕比如,国家税务总局《关于外贸金融机构若干营业税政策问题的通知》(国税发〔2000〕135号)明确规定:"我国境内外资金融机构从事离岸银行业务,属于在我国境内提供营业税应税劳务,其利息收入应照章征收营业税。对于外资金融机构取得的利息收入以外的离岸业务收入,为便于管理,暂比照利息收入的处理办法,以其机构所在地确定其营业税应税劳务发生地。"此规定事实上默认了外资金融机构从事离岸银行业务的合法性。

〔3〕资料显示,汇丰银行、东亚银行、渣打银行、大华银行、恒生银行、华侨银行、南洋商业银行、瑞士银行等已经或者准备在上海自贸区筹建分行,布局离岸金融业务。参见钱芸莱:《外资行排队入驻自贸区布局离岸金融》,载新浪财经网:http://finance.sina.com.cn/money/bank/bank_hydt/20131019/004617041712.shtml,最后访问日期:2018年3月18日。

〔4〕参见《管理办法》第16条,具体包括:(1)外汇存款;(2)外汇贷款;(3)同业外汇拆借;(4)国际结算;(5)发行大额可转让存款证;(6)外汇担保;(7)咨询、见证业务;(8)国家外汇管理局批准的其他业务。

在严重市场结构缺陷的。一方面,尽管我国利率和汇率市场化水平在不断提升,但市场上依旧缺乏成熟的利率期货、利率掉期、外汇期权以及外汇期货等风险管理工具,现有的离岸货币市场很容易暴露于风险敞口之内。另一方面,由于离岸证券、离岸信托、离岸期货、离岸保险以及新兴离岸互联网众筹、理财等业务尚未纳入现有的市场准入范畴,不仅不能有效控制相关离岸金融业务的开展和离岸金融市场结构的优化以及市场功能的完善,而且也不利于我国自贸区系统性金融风险的预防、控制和治理。

(三)监管主体及其职权配置不能适应离岸金融市场发展所需

根据《管理办法》的相关规定,国家外汇管理局是我国离岸金融业务的审查和批准单位,全面履行对我国离岸金融市场的准入、管理、监督、检查等各项权利。但根据《中华人民共和国外汇管理条例》(以下简称《外汇管理条例》)的规定,国家外汇管理局是依法履行外汇管理职责的职能机关。但从对离岸金融的审批和监管实践来看,中国人民银行一直是离岸金融的监管部门,并且银监会(根据 2018 年《国务院机构改革方案》,原中国银行业监督管理委员会和原中国保险监督管理委员会已合并为中国银行保险监督管理委员会,以下简称银保监会)也从具体业务层面对离岸金融进行着监管。因此,监管实践已经远远突破了监管法律的授权规定。

事实上,国家外汇管理局的监管权限是相当有限的。如前所述,离岸金融市场绝不仅仅局限于离岸银行或者离岸货币市场,在其他的诸如离岸证券、离岸保险、离岸信托等领域,国家外汇管理局的监管权限将受到很大限制。同时,离岸金融市场各金融业态之间的紧密联系和复杂结构金融产品的涌现客观上要求我国自贸区必须建构宏观审慎监管框架,设立宏观审慎监管部门,以应对自贸区离岸金融市场发展和规范之需,而受制于立法权等多种因素的制约,目前我国各大自贸区均未在该领域做出探索和尝试。从长远来看,这显然不利于离岸金融市场的全面健康发展和系统性金融风险的控制以及自贸区金融稳定的维护。

(四)市场监管模式存在风险管理不足的风险

根据《管理办法》的规定,我国现有离岸金融的监管模式属于"内—外"("in-out")单方面渗透型模式,[1]即允许在岸资金账户向离岸资金账户进行抵补,在法定额度范围内,利用在岸资金余额补充离岸资金账户头寸。这种模式设计的初衷是增强离岸账户的支付能力和风险抵御能力,防范离岸金融市场风险,但其起到的效果却恰恰相反。实践中,离岸银行为了做大离岸资产业务,完全可以将在岸资金向离岸账户自由转移。这样做的极端后果是很可能引起离岸资产业务和离岸负债业务的双向失衡,在离岸资

〔1〕 参见《管理办法》第 26 条、第 27 条及《实施细则》第 15 条之规定。

产业务增长过快而离岸负债业务不能取得平衡的情况下,大规模的在岸资金注入如果遭遇离岸金融市场客户所在国宏观经济环境突变或者客户信用风险陡增的情况,则很容易引发离岸金融市场东道国发生系统性金融风险。

此外,当离岸金融业务打通了资金从在岸金融账户向离岸金融账户流通的渠道后,一旦外汇市场上目标外汇价格上升,则极易引发担保机构故意串通离岸金融业务的客户骗取外汇出境谋取利益的道德风险。比如,当目标外汇在境外汇价上升,境内机构为境外企业提供担保开展离岸金融业务的情况下,境内机构完全有可能与境外企业串通,恶意制造境外企业不能履行交易合同的假象,将境内企业资金转移到境外并参与汇市炒作。如此不仅实现了成功逃汇,而且可能直接造成离岸金融业务资产质量下降。这种教训对我国自贸区离岸金融市场监管模式的选择具有警示性意义,故对待这类风险必须审慎。

三、其他国家离岸金融监管的法律制度及其启示

离岸金融市场发展至今,经历了从自然法、民间法到国家立法的重大进步。随着国际金融市场的发展进步和各国在离岸金融监管方面积累经验的日益丰富,制定适合各国具体情况,具备统一、完备、内外部协调一致的离岸金融法律体系成为各国在离岸金融市场立法和治理方面普遍的共识。本部分对英国、美国和日本等主要国家离岸金融市场立法和监管进行总结和梳理,以期对我国自贸区离岸金融市场的监管提供可资借鉴的经验。

(一)英国离岸金融监管的法律制度及其启示

在金融监管方面,尽管英国属于典型的自律监管国家,但制定成文法对金融市场进行规制也是其一贯的传统。作为全球离岸金融市场的发源地,英国伦敦离岸金融市场凭借其良好的金融市场基础环境和金融法制化水平,通过自律监管架构起了内外一体型的离岸金融模式。在该种模式下,离岸金融市场与在岸金融市场不做严格区分,离岸金融与国内金融相互融为一体。在离岸金融法律体系方面,离岸金融与在岸金融平等适用《银行法》(最早为1979年《银行法》,最近的修改版本是2009年《银行法》)、《金融服务业法》(1986年)、《金融服务市场法案》(2000年)、《通货与银行钞票法》(1928年)等法律,这些法律互相配合,构筑起英国离岸金融的基本法律体系。

在监管主体及其职权配置方面,在英国离岸金融市场诞生之后的相当一段时间

内,离岸金融市场完全是通过自律管理,并不受任何金融监管当局的监管。[1] 1979年《银行法》的颁布实施使英格兰银行正式成为法定的唯一的金融监管部门。离岸金融市场也毫不例外纳入英格兰银行的管辖范围。1986年《金融服务业法》继续确认英格兰银行负责对离岸金融的监管,而将证券业等其他金融服务行业划归证券和投资委员会(Securities and Investments Board,SIB)监管。1997年英国实施金融改革,决定自次年起,合并原来的金融监管部门成立金融服务局(Financial Service Authority,FSA),至此,离岸金融业务由FSA进行独立监管。2000年《金融服务与市场法》(Financial Services and Markets Act 2000,FSMA)确立了英格兰银行、财政部、金融服务局三方协作的金融监管框架,离岸金融的宏观审慎监管由英格兰银行负责,微观层面的风险由金融服务局进行监管,财政部则提供与离岸金融监管相关的政策信息。在2009年《银行法》、2010年《金融服务法》、2012年《金融服务市场法》三大监管法律的最终确认下,[2] 确立了金融政策委员会(Financial Policy Committee, FPC)、审慎监管局(Prudential Regulation Authority, PRA)和金融行为局(Financial Conduct Authority, FCA)三大机构对离岸金融进行合作监管的框架。其中,FPC是PRA和FCA两大机构在金融稳定职能方面的共同领导和总体协调者,是离岸金融的宏观审慎监管机构。

离岸金融市场准入的主体和业务类型方面,英国伦敦离岸金融市场跟我国香港特别行政区离岸金融市场类似,准许外国金融机构及其分支行自由参与离岸金融市场,在岸金融与离岸金融公平竞争。伦敦离岸金融市场并不局限于离岸银行业务,金融机构可以根据意思自治的原则开展证券等其他离岸金融业务。在市场监管模式方面,内外一体是伦敦离岸金融市场的最大特点,在金融市场上并未设置专门的在岸账户和离岸账户,对于离岸金融的监管相对宽松和自由,这也是成就伦敦市场成为著名的国际金融中心的重要因素之一。尽管英国对外国金融机构进驻并开展离岸金融业务实施审批管理,但整体而言,监管当局依然侧重于事中和事后监管而并非事前准入的监管。同时,出于金融稳定和金融消费者权益保护的考虑,开展离岸金融业务的外资金融机

---

[1] See Friesen, Connie M, "The regulation and supervision of international lending: part I", *The International Lawyer* 19, 1985, p. 1085.

[2] 根据法律,英格兰银行设立FPC——负责系统性的宏观经济风险的控制和管理;设立PRA——接受FPC的领导,负责对具体金融机构的微观监督和管理;FSA被撤销的同时,设立FCA负责对所有金融机构的经营行为进行监管,确保其经营不会对整体金融稳定造成冲击。

构与本地金融机构一样需要交纳存款准备金,并加入英国的存款保险计划。[1]

总体来说,英国的离岸金融监管虽然以自律而著称,但其相当重视制定成文法对离岸金融进行监管和规制。英国制定了相对成熟和完善的离岸金融市场监管的法律体系,在监管主体及其职权配置方面,其不仅明确了对具体离岸金融业务的监管机构,而且特别设置了位于这些微观审慎监管机构之上的宏观审慎管理部门,加强对离岸金融的日常业务监管以及强制纳入存款保险计划的做法对于控制离岸金融市场风险也至关重要。但我们必须清醒地认识到,伦敦内外一体的离岸金融市场监管模式尽管在我国香港特别行政区的实践中取得了成功,但这并不意味着其一定适合我国内地的离岸金融监管。因为我国内地的金融市场基础环境、法制化水平以及人民币的国际化程度等均未达到完全开放离岸金融市场的高度。

(二)美国离岸金融监管的法律制度及其启示

1981年美国成立了其离岸金融发展和规制的专属账户系统——国际银行业设施(International Banking Facility,IBF)。国际银行业设施并不是专属的地域概念,而是指经美联储批准,包括在美国注册的存款机构、外国银行驻美分支行以及代理机构、爱治法(Edge Act)公司[2]在内的,为美国非居民提供存贷款金融服务的账户系统。也就是说,只要加入该账户系统,无论是美国本土的金融机构,还是海外银行在美国设立的分行以及代理机构均可开展离岸金融业务。[3] 离岸金融监管的法律体系包括《联邦储备法》《信贷控制法》《银行法》《证券法》和《证券交易法》等。

在监管主体及其职权配置方面,作为中央银行的美国联邦储备委员会一方面履行制定货币政策的职责,另一方面对IBF业务行使宏观审慎监管职能。在2008年全球金融危机之后,美国还特别设立了金融稳定监督委员会(Financial Stability Oversight Council,FSOC),主要负责对各具体的金融监管部门开展协调,提升金融监管的一致性并防范监管套利,这对于控制美国混业经营的离岸金融市场的风险控制来说具有重要的意义。此外,为了解决系统重要性金融机构的"大而不倒"难题,FSOC有权对其离岸

〔1〕 但如果是其他欧盟国家的银行的分支机构,已经加入其本国的存款保险计划的,可自愿决定是否加入英国的存款保险计划。参见刘澄、王大鹏、郑浩:《英国存款保险制度研究》,载《宁波职业技术学院学报》2006年第6期。

〔2〕 爱治法(Edge Act)公司是为了促进美国商品与劳务出口而设立的一种联邦注册公司,经营国际银行与金融业务。这类公司有权接受与国际银行业务有关的存款。参见左连村、王洪良:《国际离岸金融市场理论与实践》,中山大学出版社2002年版,第174页。

〔3〕 See Kwaw, Edmund MA, *The law & practice of offshore banking & finance*, New York, Greenwood Publishing Group, 1996, p. 9.

金融业务执行更加严格的金融监管政策和措施。

在离岸金融市场准入方面，美国的离岸金融市场保持高度的开放，不仅银行业金融机构可以从事离岸金融业务，非银行金融机构如信用合作社、储蓄和贷款协会、互助储蓄银行、金融公司以及“爱治法”公司等也均可参与离岸金融业务。[1] 离岸金融的业务类型包括但不限于银行业务和部分证券业务。[2]

在市场监管模式方面，美国属于严格的内外分离性的离岸金融监管模式。在岸金融账户与 IBF 业务账户完全分离，后者如果吸收存款，必须是非居民的存款，而对于发放的贷款，其对象也必须在国外，即严格遵守离岸金融“两头在外”的基本要求。无论是美联储还是 FSOC 或者其他监管部门，都侧重于对离岸金融实施事中及事后监管，比如在离岸金融市场准入方面，美联储并不直接对金融机构进行行政许可管理，而是由金融机构主动在法定期限内向美联储备案。同时，监管部门对金融机构的离岸金融业务采用非现场监管和现场检查等方式，紧密监督其日常业务行为。在市场退出机制方面，离岸金融与在岸金融一样，需遵守美国的联邦储备法以及破产法的相关规定，由联邦存款保险公司进行接管。

综上所述，与英国和我国香港特别行政区不同，美国是典型的内外分离型的离岸金融市场国家。离岸金融受到以联邦储备法为基础的，包含银行和证券等金融业务领域的完善的法律体系的规制，并受到美联储和 FSOC 以及其他监管部门的法律监管。广泛的市场准入主体和丰富的离岸金融市场业务类别彰显了美国离岸金融市场的开放性和包容度，[3] 而区分离岸账户和在岸账户，进行分离化管理和科学的行为监管以及健全的存保制度设计则为离岸金融市场的风险控制提供了有效的保障。显然，相比英国内外一体的离岸金融模式，美国的内外分离模式更加契合我国自贸区金融市场不够成熟、外汇市场并未完全开放的实情，既有利于鼓励和规范离岸金融市场的发展，又能相对有效地防范因离岸金融市场的扩张对国内金融市场可能带来的强力冲击。

（三）日本离岸金融监管的法律制度及其启示

在美国设立 IBF 之后，日本借鉴其经验于 1986 年设立了日本离岸金融市场（Japan Offshore Market，JOM）。日本与美国同属严格的内外分离型离岸金融市场国家。日本离岸金融市场法律体系主要由银行法、证券交易法及金融商品法等法律组成。

---

〔1〕 See DE Kelly, “Edge Act Corporations After the International Banking Act and New Regulation K: Implications for Foreign and Regional or Smaller Banks”, *Virginia Journal of International Law* 20, 1979, p. 37.

〔2〕 美国金融市场对过度创新的证券业务进行限制，离岸证券业务主要是向第三方购买本票、证券以及回购协议、借约和借款的认可证等。

〔3〕 See Francis A. Lees, *International banking and finance*, New York, Springer, 1974, p. 238.

在监管主体及其职权配置方面,在日本离岸金融市场成立之初,相关外汇银行要参与其交易,必须获得大藏省的许可,因此,大藏省是日本离岸金融的法定监管部门。对于日常的离岸金融交易,大藏省要求交易主体必须向其进行交易账户的备案,以行使监管职责。[1] 由于在2001年1月6日的中央省厅重新编制活动中,大藏省被改制为财务省和金融厅,因此,根据新的机构职能安排,日本的离岸金融监管权限移交给了主要负责银行监管的金融厅。

在离岸金融市场准入方面,为了有效控制市场风险,日本对离岸金融市场做出了非常严苛的限制。根据1986年大藏省《部分修改外汇及外贸管理法之法案》,离岸金融准入的市场主体必须是外汇银行和海外银行的日本分行。并且与美国不同的是,所有的非银行业金融机构一律不允许参与离岸金融市场交易。业务范围方面,日本离岸金融市场同样做出了严格限制,使其只能从事从非居民、其他离岸账户以及母行吸收非结算性质的存款与贷款,严格限制离岸债券业务、离岸股票业务、离岸期货业务、离岸外汇交易和离岸票据交易业务。

在市场监管模式方面,JOM与IBF同属严格的内外分离型模式。获得许可的外汇银行进行离岸金融交易的,必须设立离岸金融专户,离岸金融专户与在岸金融账户严格分开,离岸金融市场的交易必须是离岸金融专户之间的交易,即“外—外”(“out-out”)交易模式。[2] 日本离岸金融市场限制离岸金融业务的交易对象,被允许的交易对象只有外国政府、国际机构、外国法人和经批准经营离岸账户银行的海外分行,本国企业的海外分支机构不能成为交易对象。被许可的离岸金融交易无法定准备金的要求和存款保险计划的强制要求。在税收方面,不征收利息预扣税,但地方税和印花税仍需缴纳。

某种程度上而言,日本离岸金融市场是全世界管制最严格的离岸金融市场之一。特别是在市场主体的准入方面,只有特定的外汇银行才能参与交易,这在相当大的程度上限制了日本离岸金融市场的发展。但不得不看到,在2008年全球金融危机中,处于日本金融厅监管下的离岸金融市场对其国内金融体系的冲击是最小的。因此,这种稳健的市场发展模式也并非全无可取之处。需要特别注意的是,由于我国自贸区离岸金融的一个重要职能是帮助自贸区企业走出去,利用国际市场和国际资本发展我国的自贸区金融和经济,所以从促进我国自贸区离岸金融市场发展的角度来说,日本离岸

---

〔1〕 See Friesen, Connie M, “The regulation and supervision of international lending: part I”, *The International Lawyer*19 ,1985 ,p. 1110.

〔2〕 为了促进JOM市场发展,日本政府在1989年适度放松了离岸金融账户和在岸金融账户的资金转移限制,规定两大账户系统每日交换数额不得高于上月非居民资产平均余额之10%。

金融市场限制本国企业的海外分支机构(即便满足非居民的条件)成为离岸金融的交易对象的做法是不可取的。

四、我国自贸区离岸金融法律监管的完善路径

我国在制定自贸区离岸金融监管的法律制度的过程中,可以借鉴发达离岸金融市场国家的相关经验和立法。但我们必须清醒地意识到,在法律移植的过程中,必然充满普适知识与本土资源的对抗。[1] 为此,完善我国自贸区离岸金融的法律监管制度,除了总结和借鉴其他离岸金融市场国家的经验和做法,还必须紧密结合我国自贸区本身的特点及其离岸金融市场建设与发展的基本要求和战略定位进行有针对性的设计。笔者建议从基本法制供给、监管主体及其权力配置、市场准入以及业务类型、监管模式等角度来进一步完善我国自贸区离岸金融法律监管制度。

(一)制定离岸金融法,完善我国自贸区离岸金融法律体系

从上述关于英、美、日等国离岸金融市场监管法律体系的介绍可以知道,这些金融市场国家并未针对离岸金融进行专门立法,而是在现有单行金融法律中,对离岸金融作出专门的制度设计。那么,这种模式是否也适合于我国自贸区离岸金融法制建设的实践呢?实际上,对该问题的争论,即是否需要制定专门的离岸金融法来统一我国的离岸金融法制,始终贯穿于离岸金融市场的监管和立法过程之中。

从立法的成本问题来看,在单行金融法律之外制定离岸金融法似乎有增加立法成本、浪费立法资源之虞。但反过来,从我国现有关于离岸金融立法的立法实践来说,如果不制定离岸金融监管的基本法,则国务院各部委以及各大自贸区继续以低层次法规规章或者规范性文件进行分头立法的做法必将浪费更高的立法成本并损害法制的统一性、规范性、协调性和权威性。

出于节约立法资源以及提高我国自贸区离岸金融法制化水平之需,并结合我国现阶段离岸金融市场基础环境尚不成熟,市场基础设施并不完善的现实,笔者建议制定离岸金融法。[2] 从利用本土资源进行法治建设的角度来说,本国的历史传统以及现实社会实践中已经形成或者正在萌芽发展的各种非正式制度皆为重要的法治的本土化资源。[3] 无疑,我国前期积累的离岸金融方面的立法和监管实践经验,将为我国离岸

---

〔1〕 参见何勤华等:《法律移植论》,北京大学出版社2008年版,第241页。

〔2〕 实践中,金融市场基础相对较差的发展中国家,譬如马来西亚等就选择了制定《马来西亚离岸银行法令》(1990年)等离岸银行基本法。具体内容可参见连平:《离岸金融研究》,中国金融出版社2002年版,第234~254页。

〔3〕 参见苏力:《法治及其本土资源》,中国政法大学出版社1996年版,第14页。

金融法的制定提供重要的本土资源。

从具体操作的层面来说,笔者建议在离岸金融法中明确我国离岸金融市场及其监管的基本目标和价值取向,离岸金融监管的基本原则,离岸金融的宏微观监管主体及其权力配置,离岸金融市场准入以及业务类型,离岸金融市场监管模式等基本问题。同时,该法可对我国离岸金融市场的相关监管部门和各大自贸区政府部门结合其自身的战略定位以及发展目标对发展离岸金融市场可实施的相关优惠政策予以授权,增强立法的针对性、灵活性、完备性和协调性。

(二)制定符合我国国情的自贸区离岸金融市场准入制度

市场准入的主体和业务类型,是影响一国离岸金融市场的广度、深度、市场服务能力和国际影响力的重要因素,并成为离岸金融监管的重要内容之一。从英、美、日三国的离岸金融市场准入主体来看,内外一体型的英国离岸金融市场上,居民与非居民平等参与本国和海外的各类金融活动,其主体范围最广;仅允许外汇银行和海外银行的日本分行为准入主体的日本范围最窄;而美国的银行业金融机构和非银行金融机构并行的主体则处于中间状态。

理论上,离岸金融市场主体范围越广,市场就越有深度,市场功能也更加健全。这无疑是英美等发达国家普遍开放离岸金融市场,培育离岸金融市场的广度和深度的重要原因。当然,这些离岸金融市场开放措施对于推动伦敦和纽约等国际金融中心的形成和壮大,是大有裨益的。同时,这些国家的金融市场基础优良,法制化水平较高,能够较好地应对市场开放可能面临的金融风险。相反,日本和中国将离岸金融准入主体范围限制得十分狭窄,则主要是基于本国金融市场基础环境较差的现实,为了有效控制离岸金融市场系统性金融风险的发生和蔓延而作出的应然选择。但显然,在我国自贸区建设大力推进、国际和区域性金融中心建设如火如荼的当下,这样的市场准入范围已经远远不能满足离岸金融市场发展的需求以及自贸区经济金融发展的要求。

为了确保我国自贸区离岸金融市场的活力,笔者建议适度扩充市场准入主体的范围。一方面,要通过立法承认已经在事实上从事离岸交易的外资银行及其分支行的主体资格。〔1〕 而给予外资银行国民待遇,不仅有助于深化我国自贸区的离岸金融市场,更是符合(General Agreement on Trade in Services,GATS)规则的要求,并且切实履行了我国"入世"金融业对外开放的承诺。另一方面,可适度扩大我国自贸区离岸金融市场准入的主体范围,考虑准入一部分资质较好的非银行业金融机构等。

---

〔1〕 值得注意的是,在放开外资银行及其分支行的离岸金融市场准入资格之后,应特别加强对其业务经营的监管,其离岸业务必须严格做到"两头在外",禁止借"离岸"之名为"在岸"之实。

从离岸金融市场的业务类别来说,我国目前仅限于银行业务,尤其是外汇类业务。这样的结果是,我国的离岸金融市场完全被限缩在离岸货币市场的范畴。正如前文分析,这种模式如果继续在我国自贸区进行推广,则不仅会影响离岸金融市场本身应有功能的发挥,而且受制于衍生金融工具的欠缺以及风险管理手段的不足,不利于调节和控制离岸金融市场的系统性金融风险。为此,从我国自贸区建设的战略考虑,未来我国自贸区离岸金融市场当中需进一步放开一些离岸证券和离岸保险等不同的金融业态准入。[1] 此外,在离岸金融的服务对象方面,应允许我国企业的海外分支机构享受离岸金融服务。这不仅可助益我国自贸区企业的成长,更有利于我国离岸金融市场的发展。

(三)科学配置我国自贸区离岸金融的监管主体及其权限

尽管根据《管理办法》和《实施细则》,我国离岸金融的监管主体只有一个,即国家外汇管理局,但中国人民银行、国家税务总局等诸多国务院部委,仍然在事实上对离岸金融行使着特定领域的监管权。我们并不是反对多头监管,相反,对于未来我国自贸区业态越来越丰富、功能越来越强大、参与主体越来越广泛的离岸金融市场来说,单一的监管主体是不可能履行好全方位的金融监管职责的。

但从控制系统性金融风险和维护自贸区金融稳定的视角出发,笔者认为,我国自贸区离岸金融的监管主体和监管权设计应当包括三个方面:

一是明确离岸金融微观审慎监管主体。这方面的争议相对较小,主要是针对具体的离岸金融业态,通过立法规定与其对应的监管部门。比如,离岸银行和保险业务与在岸业务相同,由银保监会进行微观审慎监管,涉及外汇管理的,国家外汇管理局进行监管。离岸证券业务由证监会进行监管。

二是确立离岸金融宏观审慎监管机构。对于我国自贸区金融宏观审慎监管机构的确立问题,学界和实务界存在不同的观点。美国著名供应学派经济学之父马丁·费尔德斯坦(Feldstein),即主张建立一个独立的金融监管当局负责宏观审慎监管。[2] 中国学者也提出,既有的传统的分业监管体系和分业监管机构无法胜任自贸区宏观审慎

---

[1] 事实上,在离岸证券和离岸保险业务领域,我国自贸区已经开始先行先试,小试牛刀。2016 年 12 月 8 日,上海自贸区发行了 3 年期“2016 年上海市政府一般债券(九期)”,规模为 30 亿元,这是我国自贸区首单离岸债券,标志着我国自贸区离岸证券业务的正式启航。参见黄斌:《中国境内离岸债市开启:首只自贸区债落地》,载网易财经网:http://money.163.com/16/1209/05/C7QQ8J3Q002580S6.html,最后访问日期:2018 年 3 月 18 日。

[2] See Feldstein, Martin, “What Powers for the federal Reserve?”, *Journal of Economic Literature* 48, 2010, pp. 134 – 145.

监管的职责,我国自贸区应当设立专门的履行金融宏观审慎监管的监管机构。[1] 但反对者如国际清算银行总经理海梅·卡鲁阿纳(Jaime Caruana)认为中央银行基于宏观经济分析、参与金融市场以及监管支付清算体系等优势,应被确定为宏观审慎监管机构。[2] 国内持同样观点的学者认为,不必单设新的宏观审慎监管机构,应确立中央银行的宏观审慎监管机关地位,银行、证券、保险各专业监管机构在微观审慎监管方面与之相配合。[3] 笔者不支持新设我国自贸区离岸金融的宏观审慎监管机构,因为其设立不仅需要法律层面的授权,徒增立法成本,而且宏观审慎监管本身是一种与微观审慎监管相并列的监管理念和方式,[4]不能完全包办微观审慎监管,那么,新设立的宏观审慎监管机构如何与原有的微观审慎监管机构实现对接就将成为必须面对的新的难题。正如有的学者所言,宏观审慎不是空中楼阁,需要在现有制度基础上逐步发展和完善。[5]《中国人民银行法》已经赋予了中国人民银行的系统性金融风险的监管职责,将中国人民银行确立为我国的宏观审慎监管机关,那么中国人民银行应当也完全能够胜任我国自贸区的金融宏观审慎监管机关。

三是我国自贸区离岸金融监管协调机制问题。协调可被描述为一种过程概念,即不同元素之间相互联合或适应,进而既保留各自的特性,又形成整体的一致性。[6] 我国自贸区离岸金融系统性风险的控制高度依赖于宏观和微观审慎监管机关的协调机制。对于这种涉及跨市场的离岸金融市场而言,跨金融行业领域的监管套利往往是风险的链接点。我们主张建立一种基于信息交换基础的宏观和微观审慎监管机关之间的监管协调机制。比如,可由中国人民银行拟定离岸金融业务的统计标准,建立与微观审慎监管机关相互联网的统计系统,加强对离岸金融业务的统计信息共享。同时,中国人民银行作为离岸金融的宏观审慎管理机关,应组织国家外汇管理局、银保监会、证监会制定离岸金融业务的监管标准。由国家外汇管理局、银保监会、证监会实施对离岸金融业务的市场准入管理和业务监管,维护离岸金融市场的健康发展和平稳运行。这样的设计也与近期监管当局出台的关于资产管理业务的规范要求完全相符,保

---

[1] 参见夏小雄:《上海自贸区需要怎样的金融监管》,载《经济参考报》2018年3月14日,第8版。

[2] See Jaime Caruana, "The Challenge of Taking Macroprudential Decisions Who Will Press Which Button(s)?", accessed March 20, 2018, http://www.bis.org/speeches/sp100928.pdf.

[3] 参见宋晓燕:《上海自贸区金融改革对宏观审慎监管的挑战》,载《东方法学》2014年第1期。

[4] 参见叶文庆:《金融业宏观审慎监管法律问题研究》,法律出版社2015年版,第6页。

[5] 参见宿营:《论上海自贸区金融宏观审慎监管政策》,载《政法论丛》2014年第4期。

[6] See Boodman M., "The myth of harmonization of laws", *The American Journal of Comparative Law* 39, 1991, p. 702.

持了金融法框架下金融监管制度的一致性。[1] 此外,在后危机时代,将"太大而不能倒"类机构纳入严格监管的范畴,确保金融体系的安全可期已成为宏观审慎监管中一个不可或缺的节点。[2] 就离岸金融的监管而言,法律应当赋予中国人民银行针对系统重要性金融机构采取更加严格监管措施的权力。

(四)设立符合我国自贸区需求的离岸金融市场监管模式

总体而言,内外一体型模式由于离岸业务和在岸业务混合经营,对金融市场基础环境要求较高。内外分离模式实行分账户管理,可以有效隔离离岸业务和在岸业务之间的风险,防止离岸业务失控对国内金融体系的冲击。英国的离岸金融属于市场自发形成的市场模式,加之本身具有良好的金融环境和市场基础,进而采用了内外一体型的市场监管模式。美国和日本则选取了内外分离的市场监管模式。从我国自贸区离岸金融的基本背景和基础环境来看,笔者认为宜采用内外分离模式,以控制自贸区离岸金融的总体风险,保持金融稳定。

为了进一步增强内外分离模式对于东道国离岸金融市场的服务功能,一些发展中国家[3]将严格的内外分离模式做了一些适当的变通,衍生出了适度渗透型的内外分离模式。这样,内外分离模式就包含两种不同的子类型,有严格的内外分离模式,如美国,其离岸账户和在岸账户彼此分开,不允许账户之间进行往来渗透,也有适度渗透型的内外分离模式,具体又包括三种类型,即由内向外渗透、由外向内渗透和双向渗透模式。

笔者认为,在我国自贸区离岸金融宜根据不同的建设阶段,可设计初阶和高阶两种不同的渗透模式。在自贸区发展离岸金融的初始阶段,由于金融市场基础尚不完善,金融市场法制化水平不足以支撑双向渗透可能带来的系统性金融风险,因而建议相应采取"外—内"("out-in")的单方面渗透型模式。这种渗透模式对于利用外汇资金发展我国自贸区金融市场是大有裨益的。同时,吸取我国前期离岸金融发展中的教训,严禁资金从在岸账户向离岸账户进行渗透,控制离岸金融市场泡沫的发酵。我国

---

〔1〕 2017年3月2日,中国人民银行会同中央编办、法制办、银监会、原证监会、原保监会外汇局成立"统一资产管理产品标准规制"工作小组,起草了《关于规范金融机构资产管理业务的指导意见(内审稿)》。本文对离岸金融监管制度的设计参考和借鉴了其中第23条"资产管理产品的统计制度"、第24条"监管分工"等部分的内容。

〔2〕 参见黎四奇:《后危机时代"太大而不能倒"金融机构监管法律问题研究》,载《中国法学》2012年第5期。

〔3〕 甚至像日本这样的国家,在后期也采用了有限额度内内外账户之间渗透的模式,这无疑对发展其离岸金融市场和建设东京国际金融中心受益匪浅。因前文已作介绍,此处不赘。

自贸区离岸金融的高阶渗透模式当属内外账户的双向渗透,其运行基础应当是成熟和完善的离岸金融市场、发达的法制化水平以及相对平稳、健康的国际金融市场背景。不论何种渗透模式,都必须在宏微观审慎监管框架下做好渗透资金的实时监测,并可根据金融市场变化情况作渗透额度调控。同时,也要强化监管执法,防范系统性金融风险的发生。

此外,自贸区金融监管当局应当将离岸金融与在岸金融一道,纳入整体金融风险的监测和监管范围之内。对于离岸金融,可以给予存款准备金和相关的金融税收优惠措施,但被监管金融机构必须接受严格的流动性压力测试。为了防止金融机构破产对离岸金融业务以及离岸金融市场造成的冲击,应将离岸金融纳入我国的存款保险计划,以保护金融消费者的合法权益,维护金融市场稳定。

五、结语

我国自贸区离岸金融的立法与监管问题艰难而复杂。无论是离岸金融监管法律体系的构建,市场主体和业务类型的准入,还是监管模式的重塑,均不能一蹴而就,急于求成。在制定统一的离岸金融法,确立基本的宏微观审慎监管主体,并构筑自贸区离岸金融基础法制环境的基础上,循序渐进完善相关法制和监管,审时度势开放市场参与主体和离岸金融业态,强化基础数据监测和跟踪,完善监管协调,以此控制系统性金融风险,尤其是离岸金融市场对我国自贸区金融体系的冲击,亦不失为一种审慎稳妥的金融法治之路。

论自贸区金融创新软法治理的困境与出路

史欣媛*

目　次

一、引言

2017 年 3 月 15 日，国务院分别印发了辽宁、浙江、河南、湖北、重庆、四川、陕西等 7 个自由贸易试验区总体方案，至此，包含先前成立的上海、天津、广东、福建四大自贸试验区在内的 11 个自贸区，共同形成了东中西协调、陆海统筹的全方位、高水平对外开放新格局。其中，“自贸区试验成败的关键是金融制度创新”。〔1〕自贸区金融创新日新月异，传统硬法因其僵化、程序烦琐等局限而难以适应自贸区金融创新的发展需求以及改革经验的复制推广要求。结合自贸区金融创新的兴起背景和功能定位，软法治理乃规范与促进自贸区金融创新的现实选择和重要制度方案。所谓软法治理，即基于

---

* 厦门大学经济法专业博士研究生。

基金项目：2017 年度国家社科基金项目“新发展理念下中国金融机构社会责任立法问题研究”（17BFX009）。

〔1〕 季卫东：《金融改革与“法律特区”——关于上海自贸区研究的一点刍议》，载《东方法学》2014 年第 1 期。

软法[1]而进行的公共治理,强调多元主体对公共事务的共同参与、民主协商以及对社会治理需要的回应,是一种广为现代开放社会和多元社会所采用的治理模式。[2] 软法和公共治理模式在很多方面是同构同质的,公共治理的形式主要是软法治理,而软法是公共治理的主要规范手段。[3] 在实践中,各种层级和范围的"计划""纲要""方案""指导意见"等软法规范正积极发挥着规范与深化自贸区金融制度改革的重要功用。无疑,软法作为一种现象事实上一直在我国自贸区金融创新市场存在并发挥着不可替代的重要功用。在中国特色社会主义法律体系已经建成的"后立法时代",软法之治在弥补硬法治理的缺陷、丰富自贸区金融创新法治实践的内涵等方面具有重要的现实意义。与此同时,软法在自贸区金融创新治理中亦面临诸多诘问:软法治理是否与自贸区金融创新相契合,如何发挥作用,在运行中遭遇哪些梗阻,出路又在何方,等等。但遗憾的是,目前学界有关自贸区金融创新软法治理的著述尚付阙如,多数研究集中于硬法规制层面及其相应的具体制度建设。[4] 鉴于此,在我国大力推进自贸区金融创新改革这一时代机遇下,梳理有关自贸区金融创新的软法规范,检视与反思自贸区金融创新软法治理的不足进而探寻优化路径,无疑具有重要意义。

---

[1] 近些年来,著名公法学家罗豪才教授带领一批学者系统阐述了软法的一系列基本理论问题,创立了我国软法的理论体系,其提出的软法概念目前在学界引用较多。他认为软法是指"那些效力结构未必完整、无需依靠国家强制保障实施、但能够产生社会实效的法律规范"。有关软法的具体描述参见罗豪才、宋功德:《认真对待软法——公域软法的一般理论及其中国实践》,载《中国法学》2006 年第 2 期;Linda Senden, "Soft Law ,Self-Regulation and Co-Regulation in European Law:Where Do They Meet?", *Electronic Journal of Comparative law* 9,2005;Francis Snyder, *Soft Law and an Institutional Practice in the European Community*, Berlin,Springer Netherlands,1994 等。

[2] 参见罗豪才、宋功德:《认真对待软法——公域软法的一般理论及其中国实践》,载《中国法学》2006 年第 2 期。

[3] 参见翟小波:《"软法"及其概念之证成——以公共治理为背景》,载《法律科学》2007 年第 2 期。

[4] 综观学界研究现状,目前尚无以"自贸区金融创新软法治理"为标题或主题的已发表文献或著作,绝大多数文献或著述主要针对自贸区的硬法规制层面进行研究与分析。代表性成果包括王建文,张莉莉:《论中国(上海)自由贸易试验区金融创新的法律规制》,载《法商研究》2014 年第 4 期;阳建勋:《论自贸区金融创新与金融监管的互动及其法治保障——以福建自贸区为例》,载《经济体制改革》2017 年第 1 期;王勇:《泛珠三角区域自贸区离岸金融制度创新研究》,经济科学出版社 2017 年版等。

二、软法治理与自贸区金融创新的多维契合

(一)软法的柔性治理手段有助于实现自贸区金融创新的功能

我国自贸区金融创新,承载着推动整个金融体系从金融抑制迈向金融自由的先行先试的历史使命和重要功能。[1] 长期以来,我国金融创新置身于强烈的国家主导而非自发生成的现实背景中,呈现出"强外生性、弱内生性"的图景。[2] 这主要体现在政府对金融创新业务、产品、机构的准入设置严苛的条件,以及对存贷款利率上下限、外汇自由兑换实行严格的控制等。[3] 金融抑制(financial repression)理论可以说是对此现象的最佳诠释。金融抑制理论的内涵为,监管主体积极主动地介入金融市场的各个方面,以完成与实现特定的经济发展和监管目标。[4] 无疑,金融抑制理论下的金融市场生态环境将严重压缩金融创新的生存与发展空间,窒息创新活力。对此,尊重金融市场主体的创新自由,实现迈向金融自由(financial freedom)的金融创新乃走出金融抑制藩篱的必然出路。然而,真正使我国金融体系摆脱金融抑制的掣肘而迈向金融自由绝非易事,其将面临从理念到制度的深度洗礼。我国自贸区的成立则为整个金融体系的改革提供了良好的试验田,可充分发挥先行先试的优势,为推动整个金融体系从金融抑制迈向金融自由积累有益经验。

而软法推崇的是一种柔性治理手段。[5] 与硬法相比,软法柔性治理不是简单地将被治理主体视为治理对象,而是更尊重被治理主体的自由意志;不是强硬地运用控制和命令而是更注重激励、协商等柔性手段的使用;不是强调单方面主导而是更注重民众共同参与协商的过程。[6] 具言之,软法的柔性治理具有如下特征:其一,强调"以人为本"。柔性治理要求政府充分尊重被治理主体的意志与权利,注重治理的回应性和民主性。其二,强调治理的透明性。为了获得民众对治理的高度认可,柔性治理更强调法治,即运用法律手段平衡各主体之间的利益矛盾。其三,强调治理方式的柔软性

---

[1] 参见刘志云主编:《国际关系与国际法学刊》,厦门大学出版社2017年版,第214~229页。

[2] 参见李安安:《祛魅与重构:金融创新的法律困境及其突围》,载桂敏杰总编:《证券法苑》(第9卷),法律出版社2013年版。

[3] 参见王曙光:《金融自由化与经济发展》(第2版),北京大学出版社2004年版,第65~67页。

[4] See Ronald I. McKinnon, *The Order of Economic Liberalization: Financial Control in the Transaction to a Market Economy*, Baltimore, The John Hopkins University Press, 1993, p. 11.

[5] 参见罗豪才、宋功德:《认真对待软法——公域软法的一般理论及其中国实践》,载《中国法学》2006年第2期。

[6] 参见蒋建湘:《治理理念下的柔性监管论》,载《法学》2013年第10期。

(非强制性)。柔性治理主要运用激励、指导等方式来提升治理效用。上述特征昭示出软法柔性治理的理念——尊重市场理性,让市场在资源配置中发挥决定性作用。无疑,以市场为导向的软法柔性治理手段将赋予市场主体更多的金融创新自由与权利,从而有助于自贸区金融创新实现推动整个金融体系从金融抑制迈向金融自由的先行先试的重要功能。

(二)软法的协商民主机制有利于平衡自贸区金融创新与金融监管的关系

深化自贸区金融创新,须妥善平衡金融创新与金融监管的关系。博弈论认为,金融创新与金融监管一直处于"创新—监管—再创新—再监管"的动态博弈过程。[1] 一方面,自贸区金融发展以金融创新为基本诉求,旨在从局部切入,在自贸区内试行金融创新积累经验,从而推至全国实现整个金融系统的改革。另一方面,又需要不断强化金融监管,以防范因自贸区金融创新引致的流动性风险、系统性风险等诸多风险。尤其在当前时代背景下,全国金融工作会议明确指出"防控金融风险"是当前金融工作的重要任务之一,从而为今后政府金融工作指明了新的主旋律,即从严监管,防范金融风险。无疑,"金融创新与金融监管作为一对矛盾的统一体,共同深化金融改革"。[2] 从深层次上来看,以金融自由为价值依归的自贸区金融创新,核心要义为充分发挥金融市场机制的作用,激活金融市场活力,以提升金融效率。而自贸区金融监管意味着监管机构对金融市场干预,旨在维护金融稳定,实现金融安全。是故,自贸区金融创新与金融监管之间的互动事实上就是要实现政府干预与市场调节之间的动态平衡。那么,在自贸区金融创新进程中,如何平衡政府干预与市场调节之间的关系就是一个亟须解决的议题。对此,以协商民主为核心内容的软法治理可作出有力回应。

协商民主意味着开放、激励与自我约束,要求在软法制定与实施的过程中与相关主体充分沟通。[3] 硬法虽然也强调民意,但间接的协商民主机制使参与立法的公民代表难以超越自身利益制定出代表公共利益的法律,从而影响了法律的正当性。故而就此意义上而言,软法较硬法更能反映民意。协商民主机制以"互动"为其核心理念。奉行互动的软法治理理念强调在软法的创制与实施过程中加强公众参与的力度和深度,通过自主协商和沟通,在平等博弈、相互尊重彼此意志的过程中完成特定的目标。[4]

---

[1] 参见郑丽:《金融创新与金融监管的动态博弈——兼论对我国金融监管的启示》,载《财经论丛》2006年第4期。

[2] 李树生、祁敬宇:《从美国次贷危机看金融创新与金融监管之辩证关系》,载《经济与管理研究》2008年第7期。

[3] 参见方桂荣:《集体行动困境下的环境金融软法规制》,载《现代法学》2015年第4期。

[4] 参见罗豪才、苗志江:《社会管理创新中的软法之治》,载《法学杂志》2011年第12期。

由此可见,软法治理的协商民主机制,实质上提倡的是一种政府与市场之间的良性互动。通过自贸区软法制定机构与被治理主体之间的相互作用、交互影响,各方利益彼此渗透,有利于帮助政府厘定干预市场的边界,实现政府干预与市场调解的平衡,进而实现自贸区金融创新与金融监管的平衡。

(三)软法的回应性有助于实现自贸区的"复制推广"要求

根据2016年11月2日国务院发布的《关于做好自由贸易试验区新一批改革试点经验复制推广工作的通知》,复制、推广自贸区改革试点经验具有重大意义,各省(区、市)人民政府要将自贸区改革试点经验复制、推广工作列为本地区重点工作。应当注意的是,重点复制、推广其他自贸区改革试点经验并非等同于脱离本地实际的重复立法。尤其是在金融领域,包括科技金融等新型业态在内的金融创新纷繁复杂,有其生成的经济基础和社会基础,故而自贸区金融创新立法应紧紧围绕自身功能定位和发展特色,在复制而来的立法基础上进行适当创新。

由于自贸区金融创新市场瞬息万变,各自贸区借鉴与复制其他自贸区立法的有益经验更强调及时性。然而,传统硬法却存在天然的局限:一方面,硬法的相关规定过于刚性化,相对缺少灵活性与弹性,难以应对自贸区金融创新的迅速发展之局面。另一方面,硬法的制定与实施须历经严苛、复杂的程序,对其复制也将支付昂贵的成本。对此,"在充满不确定性的当代社会,当相关问题及其解决方案尚未被明白准确地发现、但又必须采取行动时,'软法'就是最佳的调整和应对之策"。[1] 软法这一治理机制以其"回应性"优势克服了硬法的严苛与死板的缺陷。所谓软法的回应性,即能够及时、灵活地应对现实情况的变化,迅速出台相应建议或标准来弥补制度空白。相较于硬法,软法的制度安排充满弹性、较为原则和灵活,可给公共主体之间的博弈留有回旋余地与调整空间。同时,软法的创制无须烦琐的程序,只要遵循民主协商机制,满足简单的形式规定即可成立。在此意义上,软法更有助于实现自贸区改革试点经验复制、推广的要求,更能够及时回应实践的需要,具有制度试错意义。

需要指出的是,强调软法治理在自贸区金融创新中的重要功用并不意味着硬法之治不再重要,硬法依然不可或缺。单一的硬法治理模式不可避免发生失灵,而仅靠软法亦无法全面满足自贸区金融创新对法律制度的需求。二者在自贸区金融创新治理中应当形成软硬兼济、合力而治的格局。[2] 诚如博登海默所言:"只有那些以某种具

---

[1] 翟小波:《"软法"及其概念之证成——以公共治理为背景》,载《法律科学》2007年第2期。

[2] 参见黄茂钦:《论基本公共服务均等化的软法之治——以"治理"维度为研究视角》,载《现代法学》2015年第6期。

体的和妥协的方式将刚性与灵活性完美结合在一起的法律制度,才是真正伟大的法律制度。”[1]

三、自贸区金融创新软法治理的样本梳理与现实困境

(一)自贸区金融创新软法治理的文本渊源

通过对自贸区金融创新的软法规范进行类型化研究,可以获得对自贸区金融创新软法规范类型的一般性认识。经梳理,目前正在实施的不同层级、不同内容的自贸区金融创新软法规范主要包括以下三种形式。

1. 政法性常规成例

此类软法规范,特指政治与法律领域一种事实上的惯例。其中,不具有强制性而具有宣示性、鼓励性、协商性等特征的法律规范亦可纳入软法的范畴。[2]

(1)立法性常规成例。如浙江省人大常委会表决通过的《中国(浙江)自由贸易试验区条例》(2018年1月1日)中关于支持自贸区推进跨境人民币业务创新发展的规定;天津市人大常委会表决通过的《中国(天津)自由贸易试验区条例》(2015年12月24日)中关于鼓励金融机构在自贸区进行金融产品、业务等创新的规定;上海市人大常委会表决通过的《中国(上海)自由贸易试验区条例》(2014年8月1日)中关于鼓励金融要素市场、金融机构根据国家规定,进行自贸区金融产品、业务、服务和风险管理等方面的创新的规定等。

(2)行政性常规成例。例如,在国务院层面,包括先后批准印发的各自贸区总体方案中关于金融创新的相关规定、《上海系统推进全面创新改革试验,加快建设具有全球影响力的科技创新中心方案》(2016年4月15日)中关于开展金融服务创新的规定等;在“一行两会”层面,包括中国人民银行发布的《关于金融支持中国(福建)自由贸易试验区建设的意见》(2015年12月9日)中关于鼓励与支持建立自贸区金融创新与厦门两岸区域性金融服务中心建设的联动机制的规定、原银监会(原中国银行业监督管理委员会现已改为中国银行保险监督管理委员会,以下简称原银监会)发布的《关于中国(上海)自由贸易试验区银行业监管有关问题的通知》(2013年9月28日)中关于鼓励自贸区内银行发展跨境融资业务的规定等;在地方层面,包括浙江省人民政府印发的《中国(浙江)自由贸易试验区建设实施方案》(2017年7月30日)中关于支持金融创

[1] [美]博登海默:《法理学法律哲学与法律方法》,邓正来译,中国政法大学出版社1999年版,第405~406页。

[2] 参见罗豪才主编:《软法的理论与实践》,北京大学出版社2010年版,第101页。

新、有效防范风险的金融监管机制的相关规定;湖北省人民政府办公厅印发的《湖北自贸区金融改革综合实施方案》(2017 年 7 月 20 日)中关于推进科技金融创新的相关规定等。

(3)司法性常规成例。如最高人民法院印发的《关于为自由贸易试验区建设提供司法保障的意见》(2016 年 12 月 30 日)中关于人民法院审理自贸区的融资租赁(第 6 条)和跨境电子商务(第 7 条)案件的指导性意见;宁波海事法院发布的《20 条支持浙江自贸试验区建设意见》(2017 年 7 月 19 日)中关于"依法保障航运金融市场有序发展和自贸试验区制度创新"的规定;上海市第一中级人民法院发布的《涉中国(上海)自由贸易试验区案件审判指引》(2014 年 4 月 29 日)中关于尊重金融机构金融创新的相关约定的规定;广东省高级人民法院发布的《关于充分发挥审判职能为中国(广东)自由贸易试验区建设提供司法保障的意见》(2015 年 6 月 3 日)中关于对与自贸区金融创新相关的法律问题,要积极进行前瞻性、预判性调研的规定等。

2. 公共政策

公共政策一般是指政府所为和所不为的所有内容,[1]其通常以计划、指南、纲要等形式展现。有关自贸区金融创新的公共政策包括河南省发展和改革委员会印发的《河南省发展和改革委员会支持中国(河南)自由实验贸易区的若干政策》(2017 年 4 月 14 日)中关于支持自贸区企业跨境投融资创新的规定;广州市人民政府印发的《广州市构建现代金融服务体系三年行动计划(2016~2018 年)》(2016 年 4 月 2 日)中关于支持商圈融资等金融创新产品或服务的规定;天津市金融局印发的《天津市金融改革创新三年行动计划(2016~2018 年)》(2015 年 11 月 13 日)中关于建立金融创新激励机制,鼓励产品创新、服务创新的规定等。

3. 自律规范

自律规范系相关主体为实现自我管理而缔结的一系列行为准则。自贸区金融创新自律规范主要包括以下两种类型:一是社会团体的自律规范。自贸区金融创新领域的社会团体自律规范主要是指行业协会制定出台的自律性文件,如上海市互联网金融行业协会发布的《互联网金融从业机构区块链技术应用自律规则》(2017 年4 月 28 日)中关于互联网金融从业机构鼓励区块链技术应用通过具备相关资质的第三方测试和评估的规定等。二是金融机构的自律规范。此类自律规范是指自贸区内金融机构自主制定的自律性文件,如公司章程、公司决议公告等。金融机构的自律规范对激发创新动力起到了直接作用,因而此类规范对于促进自贸区金融创新发挥了积极功能。

---

〔1〕 参见[美]托马斯·R. 戴伊:《理解公共政策》,彭勃等译,华夏出版社 2004 年版,第 2 页。

此外,专业标准、交易习惯等皆属于软法的范畴。囿于我国自贸区金融创新发展时间较短,相关专业标准、交易习惯以及指导性案例素材较少,故而本文主要以前文介绍的政法性常规成例、公共政策和自律规范为研究对象。

(二)自贸区金融创新软法治理的困境

1. 自贸区金融创新软法创制的单向性

应当承认,自贸区金融创新软法治理中的协商民主机制强调双赢的博弈过程,有利于加强监管机构与市场主体的沟通与交流,进而实现金融创新与金融监管的平衡。诚如哈贝马斯所言:“理性的政府所作的决策应建立在协商民主的基础之上。”[1]但在实践中,我国自贸区金融创新软法的创制更加强调单向度的协商过程,缺乏创制主体与公民之间的实质交流。譬如,尽管原银监会发布的《关于中国(上海)自由贸易试验区银行业监管有关问题的通知》(2013年9月28日)和广州市人民政府印发的《广州市构建现代金融服务体系三年行动计划(2016~2018年)》(2016年4月2日)等软法的创制通过座谈会、实地调研等方式来征求公民意见,[2]在一定程度上增强了软法创制的民主性,有一定的实践效果。但是,其依然沿用了传统单向度的“背靠背”协商方式,公民处于消极被动的地位。再如,《互联网金融从业机构区块链技术应用自律规则》(2017年4月28日)等行业协会自律规范的制定往往都是由具有优势地位的互联网金融平台主导,而中小金融机构或消费者虽然也是软法规则参与者,但其在更多时候只是规则的认同者、遵守者,[3]潜在的不公平现象时有发生。[4]

事实上,“公民参与立法是否具有沟通与辩论的过程,乃衡量立法是否民主的重要依据”。[5] 协商的单向性将使软法缺乏正当性,不能起到有效监管自贸区金融市场的作用。是故,如何解决这一困境,加强在自贸区金融创新软法制定中弱势地位者的利益保护,就成为自贸区金融创新软法治理的关键环节。

---

〔1〕 [德]哈贝马斯:《在事实与规范之间——关于法律和民主法治国的商谈理论》,童世骏译,生活·读书·新知三联书店2003年版,第424页。

〔2〕 参见付韬:《中国(上海)自由贸易试验区情况说明会》,载国务院新闻办公室:http://www.scio.gov.cn/xwfbh/xwbfbh/wqfbh/2013/20131128/xgxwfbh29633/Document/1352024/1352024.htm,最后访问日期:2018年1月3日;《市金融局2015年工作总结和2016年工作计划》,载广州金融官方网站:http://www.gzjr.gov.cn/gzjr/102/201611/4217d8bf297d46af97461f7b860e2742.shtml,最后访问日期:2018年1月3日。

〔3〕 参见马长山:《互联网+时代“软法之治”的问题与对策》,载《现代法学》2016年第5期。

〔4〕 参见[美]罗伯特·S.萨默斯:《美国实用工具主义法学》,柯华庆译,中国法制出版社2010年版,第229页。

〔5〕 马奔:《协商民主对我国参与立法的启示》,载《法学论坛》2014年第5期。

2. 自贸区金融创新软法内容的负外部性

尽管目前已颁布出台的自贸区金融创新软法规范及时回应了改革需求,但仔细审视,却不难发现既有软法的内容存在严重的负外部性。自贸区金融创新软法是站在金融机构的立场观察各种金融现象,过于强调对金融创新的支持而忽视对金融消费者权益的保护,从而导致自贸区金融主体的利益关系明显失衡。譬如,在福建和河南自贸区总体方案中,其对金融消费者保护仅仅用"建立健全自贸区金融消费者权益保护工作机制"[1]"构建跨境个人投资者保护制度"[2]之类的概述性措辞作了规定,缺乏相应细则对具体操作进行指导。又如,《中国(广东)自由贸易试验区条例》也仅规定了"自贸试验区应当严格投资者适当性管理",[3]同样过于笼统与抽象。

从深层次上来看,这主要源于我国金融监管目标定位的偏失。长期以来,我国监管机构倾向于把提高市场效率作为金融监管的唯一目标,金融消费者的权益保护一直未能引起重视。显然,过于强调金融效率而忽视金融消费者保护的观念失之偏颇。基于金融消费者的弱势地位所导致的其与金融经营者之间的利益失衡现象,当今世界发达经济体立法的总体趋势是加强金融消费者的权益保护,从而使相对不利的一方利益得到平衡。譬如,自2008年次贷危机爆发后,英国于2013年4月颁布《2012年金融服务法》,决定在英格兰银行下设审慎监管局(Prudential Regulation Authority,PRA)和金融行为监管局(Financial Conduct Authority,FCA)。其中FCA旨在通过为对金融机构的业务行为进行监管以加强对金融消费者的权益保护。美国则专门发布了《多德—弗兰克华尔街改革与消费者保护法案》和《金融监管改革——新基础:重建金融监管的改革方案》,主要内容为专设金融消费者保护局(Comsumer Financial Protection Bureau,CFPB),以保护金融消费者权益。除此之外,欧盟、法国、德国、澳大利亚、日本等其他经济体,亦纷纷展开一系列金融监管制度改革,其共同核心内容即为加强金融消费者的权益保护。无疑,加强金融消费者的权益保护,平衡金融主体间的利益关系势在必行。在此大趋势下,我国自贸区应抓住先行改革的契机,探索平衡金融经营者利益与金融消费者利益的软法治理路径。

---

[1] 《中国(福建)自由贸易试验区总体方案》第11条规定:"……构建跨境个人投资者保护制度,严格投资者适当性管理……"

[2] 《中国(河南)自由贸易试验区总体方案》第12条规定:"……建立健全自贸试验区金融消费者权益保护工作机制。"

[3] 《中国(广东)自由贸易试验区条例》第45条第1款规定:"自贸试验区应当建立个人跨境投资权益保护制度,严格投资者适当性管理。"

3. 自贸区金融创新软法效力的弱约束性

软法也是法。[1] 同硬法相比,二者皆具有规范性和产生法律实际效果,不同之处主要在于约束力的硬与软。[2] 自贸区金融创新软法没有经历硬法那样严格的立法程序、确定的解释机制和健全的实施体系,其目标的实现主要依靠社会舆论、道德自律、同行监督等产生的社会压力,来迫使爱惜声誉的公共主体自觉遵循软法制度,而无须依赖专设的国家机构来专门组织实施。[3] 可见,相较于硬法,自贸区金融创新软法在效力上呈现出弱约束性。

自贸区金融创新软法效力的弱约束性,主要表现为缺乏明确的责任和惩罚机制。[4] 譬如,中国人民银行上海总部在其发布的《关于支持中国(上海)自由贸易试验区扩大人民币跨境使用的通知》(2014年2月21日)中虽有规定开展集团内跨境双向人民币资金池业务的人民币专用存款账户不得与其他资金混用,但缺乏相应的责任惩罚机制作为配套;原上海市银监局在其发布的《关于上海银行业提高专业化经营和风险管理水平进一步支持科技创新的指导意见》(2015年9月17日)以及福建省人民政府办公厅在其发布的《关于支持福建自贸试验区融资租赁业加快发展的指导意见》(2015年9月4日)等软法规范中对于相关主体的问责制度更是只字未提。事实上,仅靠舆论的谴责、名誉的贬损、尊重的剥夺、信用的丧失等"柔性惩罚"是难以阻断违法行为的。软约束力将导致其执行力被束之高阁,难以产生有效的法律效力,发挥有力的治理功效。

四、自贸区金融创新软法治理的优化路径

(一)确立自贸区金融创新软法治理的谦抑性理念

在汉语言文义上,"谦抑"一词的基本含义在于谦虚低调的处事方式,与"谦逊"基本同义。经济法学界中目前使用这一词语的学者较少,但刑法学界对该词的运用已经较普遍。刑法谦抑性的基本内涵可以简单地界定为刑法相对民事、行政等基本法律规范的"补充性"和刑罚相对民事责任和行政责任的"最后手段性"。刘大洪教授认为,之

---

〔1〕 关于软法也是法的论述,代表性成果包括罗豪才、宋功德:《软法亦法:公共治理呼唤软法之治》,法律出版社2009年版;姜明安:《软法的兴起与软法之治》,载《中国法学》2006年第2期;张龑:《软法与常态化的国家治理》,载《中外法学》2016年第2期等。

〔2〕 参见张龑:《软法与常态化的国家治理》,载《中外法学》2016年第2期。

〔3〕 参见罗豪才、宋功德:《认真对待软法——公域软法的一般理论及其中国实践》,载《中国法学》2006年第2期。

〔4〕 参见杨海坤、张开俊:《软法国内化的演变及其存在的问题》,载《法制与社会发展》2012年第6期。

所以将“谦抑”这一刑法学界已经普遍使用的词汇引入经济法理论中，是因为在正确处理政府与市场关系的问题中，正当且适度的国家干预方式恰好与刑法的“补充性”及刑罚的“最后手段性”存在内在的一致性。[1] 具体到金融法领域，所谓谦抑性理念，即法律（或软法）在调整金融关系中应保持必要的谦恭和内敛，尊重市场理性，保证市场在资源配置中起决定性作用。谦抑性理念的首要价值在于正面回答了政府与市场的关系，明确了市场是第一位的，政府是第二位的。

依据国务院批准的上海、广东、福建、天津、河南、浙江、陕西、湖北、辽宁、重庆、四川等11个自贸区的总体方案，加速推动我国金融市场化进程，深化金融领域开放创新是各自贸区建设的重点任务，具体包括扩大金融对外开放和拓展金融服务功能两大方面。具言之，在扩大金融对外开放方面，包括完善人民币涉外账户管理模式、在自贸区内试行资本项目限额内可兑换、深化外汇管理改革、推进利率市场化、允许自贸区内银行和支付机构、托管机构与境外银行和支付机构开展跨境支付合作等；在拓展金融服务功能方面，包括推动开展跨境人民币业务创新、允许自贸区内符合条件的中资银行试点开办外币离岸业务、积极发展跨境融资租赁与保险业务、支持自贸试验区内法人银行按有关规定开展资产证券化业务、创新知识产权投融资及保险、风险投资、信托等金融服务等。此外，方案对于推动两岸金融合作先行先试、推动适应粤港澳服务贸易自由化的金融创新等也作了积极探索。无疑，我国自贸区建设的功能即在于通过先行先试推动整个金融体系从金融抑制迈向金融自由。而金融自由说主张金融主体可按照自己的意志在法律规定和允许的范围内设立、变更和终止金融权利和义务。[2] 对此，自贸区金融创新软法治理欲发挥推动金融自由，赋予金融主体更多权利之功能，就应当以谦抑性作为其运行的指导理念，厘清政府与市场的关系，强调金融主体之间的沟通与互动。

（二）自贸区金融创新软法治理的优化路径

1. 完善自贸区金融创新软法治理的立法体系

其一，推动软法创制的协商民主机制。首先，确保软法创制的公开性。公开性要求软法在创制中应通过媒体、网络、报纸等途径进行充分的信息披露，为公众发表意见提供信息条件。其次，实现由单向度的参与立法向双向度的交流立法的转变，加强软法创制主体与公民的“面对面”互动式协商。具言之，软法创制主体应充分赋予公民质疑、辩论的权利，组织自贸区相关金融机构、金融消费者、专家学者等主体通过互相辩

〔1〕 参见刘大洪：《谦抑性视野中经济法理论体系的重构》，载《法商研究》2014年第6期。

〔2〕 参见张宇润：《金融自由和安全的法律平衡》，载《法学家》2005年第5期。

论交锋达成共识,[1]从而建立自贸区金融创新软法创制的良性互动机制。最后,在充分赋予相关主体自由、平等表达意见的权利的基础之上,软法创制主体还应当对公民的意见做出回应和解释,[2]健全软法创制意见反馈机制,以保证公民参与软法创制的积极性。

其二,建立健全软法审查机制。为确保自贸区金融创新软法的有效实施,有必要设立立法审查机制。一方面,由于各自贸区金融创新的功能定位有所差异,[3]故而在复制其他自贸区软法经验之前应审查其是否符合本地自贸区金融创新发展需要,是否和本地政策存有冲突等。其中,对自贸区金融创新软法进行类型化分析是审查的重点内容,具体应判断哪些软法适合在本自贸区实行,相关软法是否需要加以改革才能推广等。另一方面,金融改革问题关涉国计民生,由此决定了自贸区金融创新软法的硬化为其最终发展走向。在自贸区金融创新软法硬化之前,应当对其进行严格的立法审查,以确保自贸区金融创新软法硬化的合理性、必要性以及可行性。

2.加强对自贸区金融消费者权益的软法保护

为调解金融经营者与金融消费者之间的利益失衡,我国自贸区应在既有大力推进金融创新的制度格局基础上,强化对自贸区金融消费者权益的软法保护力度。具体而言,针对广东、福建等自由贸易试验区总体方案提出的"严格投资者适当性管理""支持自贸区互联网金融的发展"等原则性规定,自贸区所在地各金融领域的行业协会可制定《自贸区证券投资者适当性管理办法》《自贸区互联网金融消费者权益保护管理办法》等自律公约予以细化,以完善自贸区金融消费者保护软法的利益保护功能。此外,由于金融纠纷诉讼周期往往较长且金融消费者存在举证难的困境,[4]故完善自贸区多元化金融消费纠纷处理机制具有重大意义。对此,国务院在上海、广东、天津、福建、河南、四川等自贸区总体方案中皆提出探索在自贸区内建立金融消费者权益保护协作机制和金融纠纷解决机制。值得欣慰的是,目前上海、广东等自贸区已逐步建立了多元

---

[1] 参见肖志恒:《立法协商机制及其改革》,载《地方立法研究》2017年第1期。

[2] 参见马一德:《宪法框架下的协商民主及其法治化路径》,载《中国社会科学》2016年第9期。

[3] 我国11个自贸区的战略定位有所不同:上海自贸区以贯彻长江经济带发展战略为核心,侧重于推动国际金融中心的建设;广东自贸区侧重于推动港澳服务贸易自由化;天津自贸区侧重于促进京津冀制造业升级;福建自贸区侧重于推动海峡两岸经贸合作;辽宁自贸区侧重于深化国资国企改革;浙江自贸区侧重于建设国际海事服务基地、国际油品储运基地;河南自贸区侧重于打造国际交通物流通道;重庆自贸区侧重于推进"一带一路"和长江经济带联动发展;陕西自贸区侧重于创新现代农业交流合作机制;四川自贸区侧重于推动内陆与沿海沿边沿江协同开发战略;湖北自贸区侧重于推动创新驱动发展和促进中部地区与长江经济带战略对接和有关产业升级。

[4] 参见樊纪伟:《我国金融消费者权益保护的困境和路径选择》,载《证券市场导报》2014年第5期。

化金融消费纠纷处理机制。2014 年上海自贸区成立了金融消费纠纷调解中心,其与上海各法院相继建立了有效的诉调对接机制。[1] 2016 年 5 月该中心与上海地区银行业金融机构签订了合作备忘录,试点建立了“小额金融消费纠纷快速解决机制”。[2] 近两年来,广东省也陆续成立了 12 个金融消费纠纷调处中心。[3] 在上海、广东等地探索的金融消费纠纷诉外解决机制的有益经验基础上,我国应综合考量各自贸区发展现状以及成本收益因素,回应实践诉求,制定有关自贸区多元化金融消费纠纷处理机制的相应软法。具言之,笔者建议,自贸区多元化金融消费纠纷处理机制软法至少涵盖如下内容:一是根据“自治—调解—裁判”的纠纷递进解决规律,合理设计诉讼解决与诉讼外解决方式的联动和衔接机制;二是具体设计协商、调解等非诉讼方式程序;三是对各种纠纷解决途径进行整体规划与协调,规范人民调解与行政调解对接、检调对接以及诉调对接程序等。

3. 构建自贸区金融创新软法治理的责任追究机制

深化自贸区金融创新意味着中国金融业将全面走向开放,其引致政策风险、利率市场化风险、流动性风险、系统性风险等多种风险的概率将大大提升。在此背景下,自贸区金融创新软法,有必要构建相应的软法治理责任追究机制,以此增加违反软法的成本,有效遏制违法行为。本文所提的责任追究机制包括正向和反向两个维度,具体而言,主要包括以下两个方面。

一方面,引入利导机制。“利导机制是建立在通过给予好处和利益而获得对方认可与同意的基础之上的,所以,人类具有的功利性特点便导致双方服从他们之间的‘具有法律效力’的契约性法律,或者换句话说:好的法律就是人人认为服从了就会有好处的法律。”[4] 利导机制,即激励型监管机制,主要是指监管主体通过运用经济诱因手段来鼓励和引导市场主体为或不为某种行为,从而达到某种监管目标。[5] 利导机制符合人的趋利本性,其可作为软法治理中最主要的软法责任追究机制。自贸区金融创新软法治理不具有国家强制力作后盾,其激励机制不具有剥夺财产或人身自由的权力,而

---

〔1〕 参见《上海市金融消费纠纷调解中心建立》,载证券时报网:http://kuaixun.stcn.com/2016/0509/12707768.shtml#_cj,最后访问日期:2018 年 1 月 3 日。

〔2〕 参见谢卫群:《上海试点建立机制快速解决小额金融消费纠纷》,载《人民日报》2016 年 5 月 12 日,第 16 版。

〔3〕 参见《广东已成立 12 个金融消费纠纷调处中心》,载新华网:http://news.xinhuanet.com/local/2016-12/17/c_1120134624.htm,最后访问日期,2018 年 1 月 3 日。

〔4〕 梁剑兵、张新华:《软法的一般原理》,法律出版社 2012 年版,第 12 页。

〔5〕 参见李沫:《激励型监管的行政法思考》,载《政治与法律》2009 年第 10 期。

是通过对金融创新主体采取物质利益导向或精神利益导向的方式来引导金融创新行为。具言之,根据经济诱因的不同,自贸区金融创新软法治理的物质利益导向包括提供减免税优惠、财政支持、市场优先准入、金融创新业务优先审批、提供经营便利等形式;精神利益导向可采用包括颁发奖状、表扬等形式。

另一方面,适当增强违反软法的责任力度。未遵循硬法规范所引发的直接后果是严厉的行政处罚,相较而言,软法作为柔性治理手段不宜规定强制性的责任追究机制,相反,行政监管机构可以采取劝告、告诫、警示、监管谈话、更频繁的现场检查等措施等非强制性的方法或手段,对未遵循软法规范的市场主体施以更多的监管负担,以达到奖优制劣的目的,从而增强软法规范的约束力。同时,行业协会以及金融机构可以"自我惩戒"的方式来实现对内部成员的约束。所谓"自我惩戒",是指由协会制定的或企业共同制定的仅适用于协会或企业内部成员的惩戒措施,通常有通报批评、暂停权利或资格、开除会籍等形式,从而对成员企业形成有力的威慑。[1] 自我惩戒方式彰显了自愿性、公益性和服务性,与软法治理强调的柔性(非强制性)手段具有内核一致性。

五、结语

我国有关软法治理的研究方兴未艾,虽然对于软法的概念、效力等议题仍需专家学者深入探讨与澄清,但软法治理的重要功用获得学界普遍认可已是不争的事实。在我国自贸区金融创新致力于推动整个金融体系从金融抑制迈向金融自由的背景下,软法自治凭借其柔性、回应性以及强调协商民主等优势,高度契合了自贸区金融创新的实践诉求,故而从传统的单一硬法规制模式转向软硬并举的混合法治理模式成为深化自贸区金融创新改革的理性抉择。尽管软法在自贸区金融创新治理中面临多重考验与困境,但不可因此而否定软法的积极效用。相反,其作为试验性立法可为后续硬法的创制积累经验,具有一定的试错意义。相信在专家学者与自贸区金融主体的共同努力下,软法在自贸区金融创新治理中必将大有作为。

---

[1] 参见蒋建湘:《治理理念下的柔性监管论》,载《法学》2013年第10期。

中国保险业资本补充监管规则有效性研究

——从法经济学视角解读《保险公司资本补充管理办法》

尹佳璇[*]　谢逸翔[**]

目　次

构建合理的资本储备,一直是银行、保险等金融行业审慎监管关注的重点与难点。保险业规模不断增长催生资本需求日益增加,以股东注资为主的单一资本补充模式,既难以满足保险主体内生需求,也面临偿付能力充足的监管刚性要求施加的压力。原中国保监会(现为中国银行保险监督管理委员会)于2014年、2015年两次下发了《保险公司资本补充管理办法(征求意见稿)》(以下简称《办法》),旨在完善保险公司市场化资本补充机制,制定符合审慎监管要求的行为规范,以化解规模日益增长与融资渠道相对单一的矛盾。资本具有吸收损失、承担风险的能力,同时也是计量风险最恰当的载体。2016年保险业实施了风险导向型偿付能力监管体系(以下简称偿二代),在风险分级基础上,构建了定量资本要求、定性监管要求和市场约束机制"三支柱"的监管框架,在定量资本要求中把对最低资本、实际资本的计量和认可作为风险导向型监管的

---

* 西南政法大学金融法学博士后,现供职于英大泰和财产保险股份有限公司。

** 现供职于英大泰和财产保险股份有限公司。

核心指向。实际资本是保险公司自愿持有并经监管准则认可后的财务资源,包括核心资本和附属资本。最低资本是原保监会(现为中国银行保险监督管理委员会)要求保险主体为应对各类可量化风险所应当具有的资本数量。偿二代监管框架下,监管方和保险主体对风险的认识蕴含着两种不同张力,决定了对资本储备有不同的偏好,存在一定的紧张关系,从应然的角度,监管方要求各类风险均应与资本准备相匹配,用以消除非预期损失风险的不利影响;从实然的角度,保险公司倾向于运用财务资源提高股东回报率、实现利润最大化,而非以资本储备应对损失。创新资本工具在化解冲突与矛盾、推动构建市场化资本补充机制上有着其他传统资本工具不可比拟的优势,但也带来了在现行监管规则规范与约束下该工具能否有效运行的问题。

一、监管规则有效性的根本保证与基本前提

本文将《办法》中提出的债务性资本工具、应急资本、保单责任证券化产品以及非传统再保险等统称为创新资本工具。与普通股、优先股、资本公积、留存收益等传统工具不同,该工具兼具债务和资本双重属性,绝大多数来源于金融创新具有低成本、融资方式灵活的优势,但经常被运用于实现监管套利,因此是一把"双刃剑",是成为缓和矛盾、化解紧张关系的桥梁,抑或加剧监管套利的工具,取决于监管规则是否有效。若监管规则不能约束监管套利,促使其以低成本方式承担损失。那么,该工具可能如监管私人利益学说指出的那样沦为私人利益集团套利的低成本工具,导致市场化资本补充机制失效。

法学、经济学对规制、监管有效的研究各有侧重。经济学研究重点集中在监管有效性的定量分析方面,通常采取成本—收益模型判断监管是否有效;[1]法律研究的焦点多集中在法的实效问题及法律规范为什么要遵守等问题上;[2]新制度主义最新的研究集中在对制度普遍性认同及遵守的程度方面,董春龙提出"制度有效性是在特定环境下,因获得了制度相关人员的认知和遵守而实现了其预期效果的制度状态"。[3]

借鉴以往研究成果,笔者认为,对监管规则的研究应把外延扩大到法律规制,以此确定监管规则有效性问题的本质和核心。关于法律规制的核心与本质,马克思主义认为利益对法具有决定性作用,即利益的分化导致法的产生;统治阶级的共同利益决定

---

〔1〕 参见秦宛顺、靳云汇、刘明志:《金融监管的收益成本分析》,载《金融研究》1999年第1期;刘宇飞:《VaR模型及其在金融监管中的应用》,载《经济科学》1999年第1期。

〔2〕 参见冯静:《哈特"法律规则说"探析》,载《前沿》2008年第9期;郭志雷:《法律规则的有效性探究——以哈特的法律观为视角》,中南民族大学法学院2012年硕士学位论文,第15页。

〔3〕 霍春龙、包国宪:《新制度主义政治学视角下的制度有效性》,载《内蒙古大学学报》2010年第1期。

着法的存在和本质;利益的发展决定着法的发展。[1] 同时,马克思曾指出,“把人和社会连接起来的唯一纽带是天然必然性,是需要和私人利益,是对他们财产和利己主义个人的保护”。[2] 岳彩申提出,在市场经济条件下,法律规制最终由市场特点所决定。[3] 这表明法律规则在经济实质上可以理解为一种附带条件的利益制度,当利益需要被法律的手段调整时,才能被固化到法律规范中。法经济学认为,“当一个国家法律不健全时,把法律的剩余权利分配给监管部门比司法部门更为有效”。[4] 即使法律相对健全,监管规则在市场经济条件下仍然有不可替代的作用,因为监管规则的价值导向与利益导向更为明确。由此,监管规则下的利益决定机制与监管目标保持高度一致,是监管规则有效的根本保证。

同时,对监管规则的研究还应高度关注其逻辑结构,与法律规则相比,监管规则虽不具有普遍约束力,但也是由国家监管机构制定认可的,具有完整的逻辑结构,并受强制力保证实施的行为准则。监管规则的逻辑结构包括适用条件、行为模式和相关后果,监管规则形式与内容完备是确保有效的基本前提。为了能够更好地约束创新资本工具,《办法》丰富与细化了资本分级监管规则,增加了可操作性。资本分级监管规则具有矩阵式结构,横向维度由存在性、永续性、次级性、非强制性四大原则[5]确定,纵向维度由核心一级资本、核心二级资本、附属一级和附属二级资本四类实际资本构成,创新资本工具按照四大原则的实施细则划分至四类实际资本。该矩阵结构在适用条件、行为模式方面对以前相关规制进行了调整与优化,为创新资本工具引入做出了制度安排,具体分为以下三种情形。

第一种情形可以理解为适用条件收紧,如债务性资本工具中的次级可转换债券,次级可转换债券是具有强制性的可转换债券,《公司法》明确规定可转换债券持有人对

---

〔1〕 参见冯玉军主编:《法经济学范式》,清华大学出版社2009年版,第6228页。

〔2〕 《马克思恩格斯全集》(第1卷),人民出版社1965年版,第439页。

〔3〕 参见岳彩申:《互联网时代民间融资法律规制的新问题》,载《政法论丛》2014年第3期。

〔4〕 Pistor K., and Xu C., “Governing Emerging Stocks Markets: Legal vs. Administrative Governance”, *Corporate Governance* 13, 2005, pp. 5 – 10

〔5〕 存在性指资本应为实缴,另有规定除外;永续性指资本使用期限较长或没有到期日;次级性指在破产清算时受偿顺序在保险合同负债和一般债务之后;非强制性是指本金返还和利息支付不属于强制性义务或满足特定条件。这四个特性也是决定创新性资本工具归属的基本属性,既受偿顺序越靠后、收益分配权利越低、永续经营时间越长,吸收损失能力越强,资本核心程度越高。参见原中国保监会《关于印发〈保险公司偿付能力监管规则(1 – 17号)〉的通知》。

转换股票或者不转换股票有选择权,[1]为了获得补充核心二级资本的权利,次级可转债券必须放弃选择权,根据初始设定的触发条件强制转股,破产清算后受偿顺序排在保单持有人和一般债权人之后,监管规则在相关法律规范的基础上从严要求,促使监管规则与工具持有人之间的紧张关系持续加深。

第二种情形可以理解为对行为模式中禁止的要求放宽,如保单责任证券化产品,[2]该产品属于保险风险证券化,通过将保险公司所承担保单风险与该工具本息偿还捆绑锁定,将不确定的巨灾风险转嫁给工具持有人,无论是否存在真实销售,通过负债端证券化作为资本补充方式均是对权益资本认可范围的扩宽;又如非传统再保险,与传统再保险相比的主要区别表现为,是否以改善分出人偿付能力为主要目的,以否以转移市场风险和信用风险为主,再保后是否起到了改善分出人偿付能力的实际效果。对三个基本要件的肯定,表明非传统再保险的实质是平衡资产负债表的一种手段,通过构建金融衍生产品将高风险业务移出表外,认可场外交易的金融衍生品对资本补充的作用,放宽对表外资产的认可程度。该种情形在《办法》的起草说明中得以确认,“无论是保单责任证券化产品还是非传统再保险产品,均属于通过转移保险风险、市场风险、信用风险内生出资本的方式”。

第三种情形可以理解为与相关法规、经济实质并无本质冲突、基本保持一致,如应急资本,也被称为承诺资本,其在监管准则中包括期权、保证和承诺。从全球范围来看,这类创新资本工具深度应用成了新的监管趋势。2011年美国监管联合会通过新的法案,鼓励寿险公司使用资本市场工具来管理信用和股市风险。[3] 广义的应急资本是指当企业发生了特定事件陷入财务困境后,可以根据事先承诺合同,以优先债务、优先股或次优先股等方式获得企业所需的资本。[4] 按照拉古(Raghuram)的形象说法,“这

---

〔1〕《中华人民共和国公司法》第161条规定,上市公司经股东大会决议可以发行可转换为股票的公司债券,并在公司债券募集办法中规定具体的转换办法,上市公司发行可转换为股票的公司债券,应当报国务院证券监督管理机构核准。发行可转换为股票的公司债券,应当在债券上标明可转换公司债券字样,并在公司债券存根上载明可转换公司债券的数额。第162条规定,发行可转换为股票的公司债券的,公司应当按照其转换办法向债券持有人换发股票,但债券持有人对转换股票或者不转换股票具有选择权。

〔2〕广义上的保险证券化包括两个方面内容,其一是保险资产证券化,实质是将保险公司的现金流转化为可以交易的金融证券,对应于资产端;其二是保险风险证券化,实质是利用资产证券化技术针对保险风险再分割与出售,对应于负债端。参见李勇权:《论保险证券化在我国的引入与发展》,载《保险研究》2003年第5期。

〔3〕参见马尧:《构建多元化资本补充渠道》,载《中国金融》2012年第5期。

〔4〕参见《应急资本》,载360百科网:https://baike.so.com/doc/9596251-9941660.html,最后访问日期:2018年1月28日。

种工具就像配备了一种洒水装置……当火灾来临时,这种装置就会开启以应急需”。[1] 符合保险业监管规定的应急资本虽然与银行业等金融行业有所不同,但依据事先承诺,损失后进行风险融资的本质是相同的。

综上分析,监管规则对原有法律规制的调整可以分为收紧、放宽与基本一致三种情形,由于创新资本工具源于监管套利,因此,监管规则优化调整后,是否可以保证其利益决定机制与监管目标相一致,需要进一步论证与探讨。

二、收紧后的监管规则有效性分析

适用条件收紧后,监管规则与原有法律规则面临冲突,这使监管规则有效性问题更加复杂,为了能够判断收紧后监管规则的有效性,本文遵循制度经济学的观点提出了监管规则有效性的判别标准,即监管规则遵循者为追求自身利益最大化所采取的理性行为,与监管规则制定者的预期相符,则表明该规则有效;本文亦采取法经济学惯用的博弈论方法进行了论证,正如波斯纳[2]所指出的一样,这样做可以让法律、制度原则更加清晰地显现出来。

在借鉴苏世伟静态博弈论模型的基础上,[3]构建了理论分析框架。理论上,保险公司可以选择遵循监管规则和不遵循监管规则两种途径,表现为审慎发展和盲目发展两种策略,以确保偿付能力充足为前提的审慎发展策略,客观上降低监管处罚成本,但牺牲了抢占市场的机会。盲目发展策略表现为不能实现规模扩张冲动,承担因不能达成监管要求而导致的处罚成本。实际上,保险公司的盲目发展策略并非只存在于理论中,现实中有两种情形接近于理论上假设,一种情形为满足偿付能力监管要求但不满足4倍规模上限要求;[4]另一种情形为满足核心资本率高于50%的要求,但已接近或具有不能达成综合偿付能力充足率高于100%的要求。

引入创新资本工具后,保险公司盲目发展策略转变为理性策略,表现为经营理性和风险承担理性两方面,一方面,其打破了股东无法直接注资无法带来的资本约束,促

---

〔1〕 Raghuram Rajan,"Cycle-proof Regulation",*The Economist*(Print Edition)8,2009,pp. 1 - 2.

〔2〕 参见[美]查理德·A. 波斯纳:《法律的经济分析》,蒋兆康译,中国大百科全书出版社1997年中文版,第25页。

〔3〕 参见苏世伟:《我国财产保险市场效率与偿付能力研究》,河海大学商学院2005年博士学位论文,第36页。

〔4〕《中华人民共和国保险法》第102条对保险公司的规模提出了明确的上限要求,保险公司当年自留保费不能超过其实有资本加公积金总和的4倍。第137条和第138条提出保险监督管理机构应对保险公司的偿付能力实施监控,对于偿付能力不足的保险公司,应将其列为重点监管对象,并采取相应的处罚措施。

使保险主体具有了理性调整核心资本应对规模扩张路径的选择权利;另一方面,充分利用创新资本工具的多样性,通过增加附属资本进一步提升了应对风险的安全边际。不同创新工具对于经营性损失和破产性损失的承担能力不同,依此将其分为两大类:一类为经营型工具,如《办法》中提到的次级可转换债券;另一类为止损型工具,除次级可转换债券以外的其他工具。前者可以吸收经营性及破产性损失,后者只能用于吸收破产损失。保险主体发行经营型工具可以提升核心偿付能力充足率,而发行止损型工具仅能提升综合偿付能力充足率。

假设工具持有人与发行人是理性市场主体,双方签订一个以提高核心偿付能力充足率为触发条件的完全契约,缔约双方的行为是否具有可预见性和合理性,取决于以下三个要件:一是信息对称,次级可转换债券转股时,保险公司股票价值、债权与股权转化因子以及公司资产价值等信息均需公开透明,不存在信息不对称。二是零和博弈,当达到触发条件转股后,仅引起公司资产价值在持有人与发行人之间变动,不会因转股行为导致公司资产价值增加或减少。三是缔约双方的权利能够得到充分保障,义务和责任有明确的承担对象,当产生争议或单方不能按承诺承担义务时,法院可以强制其执行。这些条件在纷繁芜杂的现实社会表现得异常严苛、难以实现。不完全合理说认为,契约不完备有三个主因,如预见能力有限,人们不可能对各种可能出现的情况做出详见的安排,即使能够安排也不可能全部达成协议,即使达成协议也很难写成条款,并确保执法机构按自治的意思强制执行。

即使是理性主体也难以签订完全契约,这对监管规则有效提出了更高要求,监管规则应具有保持市场理性和增加契约完备程度的双重作用。以此标准考量收紧后的监管规则是否有效,存在以下两个不能忽视的问题:

首先,创新资本工具是由一系列法律规范合约构成,其自身的法律风险会对利益均衡博弈产生重要影响。巴塞尔协议Ⅲ中对银行面临的法律风险给出描述定义,法律风险包括但不限于因监管措施或解决民商事宜争议而支付的罚款、罚金或者惩罚性赔偿所导致的风险敞口。参照该定义并结合保险业实际,将创新工具的法律风险界定为与法律事件相关的偶发性风险敞口,法律风险敞口的存在客观上决定了契约的不完备性,尤其是当低于法律效力的监管规则收紧了上位法的约束边界,加之监管规则并未设置相关罚则时,则将进一步加深契约的不完备性,没有罚责的监管规则缺乏相应的约束力,更容易导致规则失效。

其次,当契约不完全时,哈特指出"将剩余控制权配置给投资决策相对重要的一方是有效率的”。[1] 表面上，工具持有人是投资决策中重要的一方，实则不然，当经营型工具的触发条件生效时，保险公司出现经营损失，该损失在未达到破产以前属于暂时性损失，若以后年度经营改善，则可以迅速弥补以前年度损失。若把暂时损失放大并认为未来不会好转，则当前保险公司价值存在被低估的可能，此时工具持有人的转股行为意味着获得额外收益，其利益来源于原有股东的股权稀释。也不排除另外一种可能，即该保险公司的经营性损失最终导致破产，工具持有人的转股行为兑现了承担吸收损失的承诺。对于工具持有人来说，将第二种情况发生的可能性降到最低是必然选择，因为该路径完全符合利益最大化且责任最小化的理性原则，为了实现利益最大化目标，在监管规则允许的范围内，工具持有人对发行经营型工具的保险主体充分甄别，以最大限度确保第二种可能性不发生。由此，将剩余控制权配置给工具持有人增大了套利空间。

相对于经营型工具，止损型工具在满足触发条件时会发生公司破产，真实价值为零，不存在公司价值被低估的可能，因此不会给持有人提供额外收益。该结论也表明若不通过收紧监管规则适用条件而增加经营型工具补充资本，则不存在监管套利的空间；反之，若需要存在该规则，则只有经营型工具溢价发行，并加强对工具持有人违规监管处罚等一系列措施，才有可能消除套利空间。

三、放宽及基本一致的监管规则有效性分析

止损型工具的运用不会产生监管套利，这有赖于运用止损型工具的双方在利益均衡博弈中不存在额外收益，但这并不能证明放宽行为模式中禁止要求后监管规则有效，该规则有效与否取决于放宽边界后，是否与其他规则发生冲突，是否有利于实现监管目标。

在理论模型中引入破产概率，假设服从离散分布，若存在破产可能，则经营型工具在权利义务上具有对等责任，权利是享有转股额外收益及资本时间价值，义务是承担经营与破产损失；止损型工具权利是取得资本时间价值，义务是承担破产损失。若隐性担保机制存在，则破产损失基本可以忽略不计，止损型工具持有人只享有权利却没有义务。监管规则放宽后，打开了资本必须实缴的限制，该结论对于资本实缴具有重大影响。若止损型工具承担破产损失的可能性极小，则不需要以实缴资本作为获取资本时间价值的载体，认缴的形式可以取代实缴方式。从保险业复业以来的实践经验来看，仅有一家财险公司被接管，尚未有财险公司进入破产清算程序，投资者将保证金及

[1] [美]哈特：《企业、合同与财务结构》，费方域译，格致出版社2008年版，第105页。

破产前救济视为规避破产的隐性担保机制,新保险法对保险公司破产采取了审慎态度,为了维护保单持有人的权益,做出了一系列制度安排,尤其是对于人寿保险公司。新修订的公司法已经将最低资本从实缴转化为认缴,认缴资本并不改变股东承诺的责任与义务。由实缴到认缴契合了上位法的最新变化,未产生规制之间的冲突。另外,保险公司以提升资本充足安全垫为目标引入的大量资本,虽然不能起到支撑规模的作用,但可以增加公司可运用资金余额,扩大资本市场收益,由于保险行业存在逆周期问题,[1]附属资本实缴反而容易产生系统性风险。

但是,当隐性担保机制存在时,不具备资本形式的止损型工具仍然具有获得资本的时间价值的内生要求,具体表现为止损型工具时间存续时间越长,该工具经过折现后的价格就越高,在市场竞争推动下,越是风险高的保险主体越愿意当前支付高兑价将风险转移表外,越是风险承担能力弱、重视当前收益的金融机构和再保险人越容易接受,风险敞口被放大,由此,监管规则虽未与其他规制相冲突,但放大了风险敞口,产生了风险套利,容易诱发系统性风险,不利于宏观审慎监管目标的实现。

监管规则与相关法律规制基本一致的创新资本工具,情况更复杂。为了简化分析,本文仅选择了具有触发条件的应急资本作为研究对象。触发条件代表工具持有人承诺兑现的条件,若把企业发生特定事件或是影响行业系统风险事件作为前提条件,则承诺人存在优化预设条件兑现承诺而套利的倾向。应急资本中的保证、承诺均是附带条件,与次级可转换债券相比,其附带条件是一种法律约定,不是嵌入激励机制,不存在监管套利空间。按照资本分级监管规则,应急资本用以吸收破产损失,属于止损型工具的一种。

在理论模型中,引入创新资本工具前后,保险公司竞争策略有所调整,但监管策略依然为监管与不监管两个策略,监管策略的实质是处罚机制,处罚概率取决于三个因素:一是保险主体选择违规行为而带来的额外收入;二是保险主体因违规而受到处罚;三是保险主体因违规被查处后信誉下降而给其带来的损失。通常而言,当违规行为获取的额外收益越多、支付的监管罚金越少以及因处罚而引发的信誉等损失越小时,保险公司越倾向于选择盲目发展策略。保险主体选择盲目发展策略的概率提高,监管机构采取监管处罚的概率也相应提高。创新资本工具引入后仍然遵循监管处罚机制的价值取向,并没有改变监管方的策略,但影响监管处罚的概率,当罚款金额以及受处罚造成的信誉等损失较小时,处罚行为难以遏制保险主体违规发展的冲动,处罚加大则

[1] 参见尹佳璇、岳彩申:《我国财产保险业顺周期效应及应对策略研究》,载《经济经纬》2016年第5期。

导致社会净损失增加;引入创新工具后,该制度安排可以改善与增进保险主体理性经营策略,降低监管处罚概率,减少行业福利的净损失,这表明创新资本工具制度安排有效。

发行经营型工具可以支撑规模增长要求,运用止损型工具可以提高安全边界,这是保险公司由盲目竞争策略调整为理性竞争策略的关键,其结果是,改变了保险公司混合纳什均衡策略,效用排序发生了变化,止损型工具的效用大于经营型工具效用,经营型工具效用大于未引进创新工具的效用,后者效用排序显而易见,验证了创新资本工具制度安排存在红利,前者效用排序结果与保险公司策略选择结果存在悖论,即保险公司最优选择的经营型工具的效用反而低于止损型工具。理论上,效用排序结果取决于两个假设:一是假设经营型工具不存在监管套利,溢价发行成为必要条件,只有溢价发行才能抵补被低估的公司价值损失;二是假设止损型工具的触发条件没有嵌入激励机制,不存在套利空间,以上两个假设正好可以解释悖论,经营型工具既可以满足规模扩张要求,又可以实现套利目标,因此是发行人与持有人双方最优选择,但同时意味着监管规则失效;若不允许监管套利,则持有人因无法实现套利而退出,发行人也难以实现资本补充初衷;止损型工具虽然不能进行经营性套利,但也存在由于放宽监管规则而产生风险套利,对于触发条件未嵌入激励机制的应急性资本,其监管规则与相关法律规制基本一致,所以没有监管套利与风险套利的动机。

实际上,创新资本工具是中性的,监管规则才是决定创新工具是否能够发挥正面作用的根本,市场竞争的本质决定了工具持有人利用缔约优势制造套利空间是购买该工具的根本出发点,这意味着监管规则需要在构建市场化资本补充机制,还是坚守监管原则中有所取舍,制度红利与监管套利之间从来都是此消彼长,为了实现宏观审慎监管目标,守住系统性风险,需要更为严格的监管规则。

四、市场化资本补充机制的卡尔多·希克斯效率分析

资本分级监管规则是市场化资本补充机制的重要组成部分,偿付能力充足率监管要求对市场化资本补充机制起着关键影响作用。偿付能力监管准则要求保险公司核心偿付能力和综合偿付能力需要双达标,即核心偿付能力充足率应达到50%以上,综合偿付能力充足率应达到100%以上,综合偿付能力充足率是监管方提出的包括核心资本与附属资本在内的全部监管资本的偿付能力要求,在该准则下,附属资本是保证保险公司稳健运行的安全边际和缓冲垫,监管规则上并没要求附属资本必须充足,理论上保险公司可以通过增加核心资本替代附属资本,提升综合偿付能力充足率,但实际上保险公司更倾向于补充成本较低的资本应对监管要求,这意味着在核心资本保持

不变的条件下,保险机构增加附属资本行为提升了本应属于只有核心资本才能发挥的支撑规模的作用,附属资本补充行为提升了边际效率,即发生了附属资本核心化现象,根源在于保险公司具有资本利用效率最大化的诉求。

验证附属资本核心化需要引入卡尔多·希克斯效率,卡尔多·希克斯效率可以理解为法经济学范畴下的帕累托改进,也可以理解为不确定性风险分摊的一种规则,即把损失分配给能以最低成本承担这种损失风险的一方,把权力分配给能有效使用的人以节约交易费用,把责任分配给预防事故发生成本最小的一方。社会资源配置过程中获得利益的人增加的利益足以补偿其他人损失,当不存在"卡尔多·希克斯改进"时,这种资源配置状态就达到了卡尔多·希克斯效率。

若存在卡尔多·希克斯效率,则表明保险公司、监管方和创新工具持有人三方效用之和,减去保险公司和监管方的两方效用之和大于零,则市场是有效的,相反则是无效的。在理论模型中,经营型资本工具引入后,满足卡尔多·希克斯效率的条件是保险公司违规额外收入大于监管所付出的各项成本。也就是说,因引入创新资本工具所增加的规模越大,就表明能够替代违规额外收入的比例越大,卡尔多·希克斯效率也就越高;止损型工具不能直接支撑规模增长,违规收入增长与罚款增加之间无替代能力,卡尔多·希克斯改进越不明显,但如果由于增加附属资本而提升了核心资本的规模支撑能力,则止损型工具间接支撑规模增长,也存在卡尔多·希克斯改进。附属资本要求支撑规模增长是市场的一种自发要求,若恰好监管规则赋予了空间与可能,则会发生附属资本核心化现象。

为了规避附属资本核心问题,在引入创新资本工具时,还需要完善处罚机制。本文提出的处罚机制实质上是损失分担和责任分配机制,是维护监管规则有效的事后补偿机制,与法律、法规中的罚则内涵不同。首先,要扩大监管范围及违规处罚范围,处罚对象由保险公司增加为保险公司和工具持有人,只要处罚对象适当,才能形成可置信的威胁,以杜绝附属资本核心化现象的产生;其次,要明确违规责任承担优先顺序,调整和改变第一责任人为保险主体的惯性思维。主要原因如下:依据卡尔多·希克斯效率条件,若将保险公司作为第一责任人,当接受监管处罚时,支付罚款预期将对保险公司行为产生负效用,降低保险主体采取理性发展策略的概率,由于处罚未涉及工具持有人,总体来看,三方总效用是减少的;若将工具持有人作为第一责任人,只要监管处罚不超过其监管套利所获得收益,那么工具持有人依然会积极购买资本补充工具。此时,监管处罚并不会减少市场总效用,而只是将收益在工具持有人和原有股东之间重新分配而已,满足卡尔多·希克斯效率。若将工具持有人与保险公司同时作为第一责任人,保险公司与工具持有人效用均受损,总体效用减少,降低了卡尔多·希克斯效率。

五、结论与建议

第一,针对当前偿付能力充足率与规模上限约束并存的现状,应确立单一、直接的监管要求,消除规制冲突,降低监管套利空间。2015 年修订的《中华人民共和国保险法》中,第 102 条对保险公司的规模提出了明确的上限要求,保险公司当年自留保费不能超过其实有资本加公积金总和的 4 倍;第 137 条和第 138 条则提出保险监督管理机构应对保险公司的偿付能力实施监控,对于偿付能力不足的保险公司,应将其列为重点监管对象,并采取相应的处罚措施。由于偿付能力充足率要求与规模上限要求之间的对应关系并不明确,有可能出现 4 倍规模上限要求达标,但偿付能力充足率不达标或是相反的情况,实践中,保险公司遵循偿付能力监管框架要求进行经营,资本充足的监管要求体现在分类监管评级、机构设立许可、监管检查等多个方面,因此,最有可能出现的情况是偿付能力充足率达标而突破 4 倍规模上限。

第二,在资本分级监管中,取消将核心资本划分为一级和二级的监管规则,将核心一级、二级和附属一级、二级资本划分方式改为核心资本、附属一级、附属二级资本;由于实践中较难量化与控制经营型工具的套利可能,根据谨慎原则,笔者建议不再将次级可转换债券作为核心二级资本。可以参照银行业资本补充的办法,鼓励资本工具创新,加大对应急资本的深度运用。

第三,加大对附属资本核心化问题的关注,制定切实可行的监管措施。一方面,在偿付能力监管规则中改变分别设置核心偿付能力充足率和综合偿付能力要求的监管方式,规避附属资本核心化问题的产生,可以加大对附属资本充足率的监管要求。另一方面,扩大监管范围,针对金融保险机构之间互持创新资本工具的情况,应加强双方信息披露的力度,推动建立创新资本工具持有人会议制度,增加信息透明度,从治理结构方面保护持有人权益,抑制规模冲动。

应收账款证券化的风险规制：从规范诉求到制度建构

徐英军*

目　次

在金融改革渐入"深水区"的我国，"脱虚向实"促进金融满足实体经济持续稳定增长的紧迫性日益凸显，大力发展多层次资本市场，建立市场化、法治化的多渠道融资秩序成为金融供给侧结构性改革的关键内容。在此背景下，应收账款证券化作为盘活企业存量资产、降低企业杠杆率的重要途径，得到了广泛重视和快速推广。然而，不成熟的法律环境与复杂的交易结构相叠加，导致应收账款证券化具有较高的风险，如何实现其风险防范与金融创新的平衡成为金融法研究的一大难点。本文拟在厘清应收账款证券化风险类型的基础上，从规范诉求与制度建构两个层面对相关法律问题展开分析，希冀对完善应收账款证券化立法和推进其健康发展有所助益。

一、应收账款证券化风险的类型化检视

应收账款证券化的风险，既有来自应收账款债权自身的阻碍债权实现的本源性风

---

* 郑州航空工业管理学院法学院教授，武汉大学法学院博士研究生。

基金项目：司法部国家法治与法学理论研究项目"金融治理中的信息工具及其法律配置研究"(15SFB3031)；教育部人文社会科学研究青年基金项目"地方财政风险金融化的法律控制"(16YJC820014)。

险,也有证券化操作衍生的法律风险、从业中介机构的道德风险以及影响投资人权益实现的其他风险,甚或诱发殃及金融安全的系统性风险。从类型化角度厘清这些风险的样态,是对应收账款证券化进行风险规制的逻辑前提。

(一)来自应收账款自身的风险

1. 将来债权的不确定性

应收账款的法律实质是金钱债权,且大多属于将来债权,其不但具有普通债权面临的风险,还因其自身特性而具有不同于普通债权的特殊风险。应收账款证券化最看重的并非基础资产本身,而是基础资产能否在将来产生可预见的、较稳定的现金流,能够产生稳定且可预见现金流的将来债权可作为证券化的入池资产日渐成为共识,但将来债权是否能够确定成为现存债权、其实现概率如何以及由此而生的风险却是必须要考虑的一个问题。依据民法基本原理,将来债权并非真正意义上的债权,其实质仅是一种期待或期待权,[1]其债权实现的不确定性使预测违约率的难度很大,以此为基础资产所进行的证券化操作存在的风险自是不言而喻的。2016 年 8 月基础资产使用收费权证券化领域发生了第一单实质性违约案例,即"大成西黄河大桥通行费收入收益权专项资产管理计划"的优先 A 档到期未发布本金兑付公告,原因就在于未来债权实现的不确定性。发行时的评级报告做出了过于乐观乃至错误的判断,认为中西部地区煤炭企业有望迎来快速发展期,将有利于路桥通行费收入水平的快速提高,而事实却是煤炭行业的不景气引起运输车辆急剧减少最终导致大桥通行费收入的骤减。

2. 应收账款债权的权利瑕疵

概括而言,应收账款债权本身可能出现哪些权利瑕疵主要体现在四个方面:(1)债权不存在或者不具有法律效力,如已清偿或已过诉讼时效;(2)债权设置有权利限制,如业已质押或转让;(3)债务人享有对抗债权行使的抗辩权;[2](4)债务人享有抵销权,如果债务人提出抵销、部分豁免等请求,将导致应收账款债权价值摊薄。《合同法》在"买卖合同"一节中对权利瑕疵担保责任作出规定,针对的是物的瑕疵或因物上存在所有权限制或他人权利等权利瑕疵,而未明确债权让与人的权利瑕疵担保责任,可能造成这些瑕疵隐患影响应收账款债权实现和资产支持证券投资者的权益,成为信用风险的根源所在,毕竟该"底层风险"在基础资产被"打包"和"转让"的交易过程中并不会消失,而是传递给了交易后手,并随证券发行蔓延至证券交易市场。2016 年中国证

---

〔1〕[德]拉伦茨:《德国民法通论》,王晓晔等译,法律出版社 2003 年版,第 294 页。

〔2〕《中华人民共和国合同法》(以下简称《合同法》)第 82 条规定,债务人接到债权转让通知后,债务人对让与人的抗辩,可以向受让人主张。

监会暂停券商“两融”收益权的资产证券化项目审批,原因就在于券商把融资融券收益权打包进行证券化出售,但是这个债权的质押物还留在券商自己手里,造成所出售的收益权存在权利瑕疵。

3. 基础交易合同债务人的信用风险

基础资产的风险贯穿应收账款证券化的始终,而这些基础资产有着可验证的、稳定的信用风险,因而应收账款证券化信用风险的规制应回归到基础资产的信用风险治理中。[1] 应收账款的原始债务人(基础交易合同的义务人)的信用风险可分为迟延履行、提前履行和不能履行。2008年金融危机的源头就是大量债务人信用风险很高的次级贷款债权被作为证券化基础资产,当房产泡沫破裂时,原始债务人出现群体性违约而引起连锁反应,波及全球主要金融市场。因此,“从法律的角度看,次贷危机本质上是一场信用危机”。[2]

(二)来自应收账款证券化操作的风险

1. 基础资产转让不能的风险

原始权益人之前借以取得和表征其对基础资产所享权益的交易合同及相关法律文书(以下简称基础交易合同),是其再行转让基础资产的前提和依据,若基础交易合同存在禁止将其合同应收账款债权转让给第三人的约定(禁转条款),则会对投资者权益的实现带来风险。在我国,根据《合同法》第79条第2项的规定,当事人约定不得转让的合同权利不得转让。合同法虽未明确禁转条款对第三人的效力问题,但由解释条文可知禁转条款得对抗任何第三人,也就是说法律认可了禁转条款的绝对效力。显然这一债权转让的限制过于死板,不仅欠缺对善意第三人的保护而过度保护了债务人,更对开展应收账款证券化带来了法律风险。

2. 基础资产转让的有效性风险

债权资产的合法转让是实现证券化操作的重要环节,但遗憾的是,我国目前并无真实出售或债权资产合法转让的法律标准。财政部颁布的《企业会计准则》对企业金融资产确认与转移的会计处理标准作出规定;[3] 原银监会发布的《金融机构信贷资产证券化试点监督管理办法》规定,只有“与被转让信贷资产相关的重大信用风险已经转移给了独立的第三方机构”,且“发起机构对被转让的信贷资产不再拥有实际的或者间

---

[1] See Hugh Thomas, “*Effects of Asset Securitization on Seller Claimants*”, *Journal of Financial Intermediation*, 2001(10).

[2] 楼建波:《金融海啸中的三重危机与法律应对》,载《社会科学》2009年第6期。

[3] 参见《企业会计准则》第23号第7条。

接的控制”时,该项资产才能从发起人资产负债表移出。[1] 财政部《信贷企业资产证券化试点会计处理规定》尝试将风险和权益的转移进行量化处理,规定发起机构已将信贷资产所有权上几乎所有(通常为95%及以上情况)的风险及报酬转移时应视为真实销售而“出表”。[2] 那么,上述会计处理规则能视为应收账款证券化中债权转让的法定条件吗?在法律未对此做出回应前,其中仍存在法律风险。

3. 特殊目的载体的独立性风险

受现行公司法对公司的设立条件、经营范围、治理结构、提取法定公积金等的强制性规定所限,我国无法设立“空壳公司式”(Special Purpose Vehicle,SPV);合伙企业法对有限合伙人不得超过50人的规定增大了成为有限合伙人的投资者的选择难度,加之证券法未赋予合伙企业发行证券的特别商事权,有限合伙形式的SPV在我国也难以成立。于是,我国只有采取信托形式的SPV一种选择了。应收账款证券化普遍采取类信托的“专项资产计划”方式,这种依托合同约定由证券公司或者基金子公司的独立资产管理账户作为SPV载体,更像是仅仅起到“通道”作用,以电子化的资管账户承载证券化交易结构中的资金收支,风险隔离效果就更差了。

4. 应收账款依附之物质载体不能一并转移的风险

应收账款证券化操作中转让的基础资产的法律实质,是以特定金钱给付请求权为内容的债权,而非基础资产对应的客体所有权,虽然代表应收账款的债权凭证(包括基础交易合同、货物发票副本与发货证明、基础设施建设审批文件等)会移交给受让人,但应收账款债权的物质载体往往不能一并移转。譬如,租赁债权对应的租赁物,尤其是像轮船、飞机等高价值动产租赁物,基础设施使用收费权所对应的能源、交通运输、水利、环境保护、市政工程等基础设施,水电气热销售应收款赖以产生的管道、设备、厂房、场站等公用运营资产等,要么由于转让成本过高,要么设置了他项物权,要么存在其他法定或约定的转让限制而无法实现所有权转移。一旦应收账款债权的物质载体发生损毁、灭失或者他项物权权利人行使抵押权等权利处置该固定资产,则会影响投资人权益实现,也无法实现基础资产与原始权益人的风险隔离。2016年的“南方水泥租赁资产支持专项计划”就是在原始权益人兼资产服务人量通租赁有限公司涉诉多起、金额约占净资产的8%的情况下,不得不补充签约将该专项计划下与基础租赁债权对应的租赁物所有权移交予专项计划。[3]

---

〔1〕 参见《金融机构信贷资产证券化试点监督管理办法》第60条第1项。

〔2〕 参见《信贷资产证券化试点会计处理规定》第4条、第5条。

〔3〕 详见《资产证券化市场三季度报 银行间市场降温……》,载搜狐网:http://sohu.com/a/116535002_429505,最后访问日期:2018年1月28日。

二、应收账款证券化风险规制的制度诉求

法律是巨大而复杂的信息体,建立明晰、完备的法律制度无疑是防范证券化风险、保障交易安全与公平的重要手段,应从基础资产的准入标准、特殊目的载体的独立性、证券化债权转让制度等方面规范和促进应收账款证券化融资行为。应收账款作为证券化立法应至少涵盖以下几个方面。

(一)厘清应收账款作为证券化基础资产的法定标准

1.证券化基础资产标准的整体观照

尽管理论上"只要是能产生现金流的资产就可以被证券化",但是,作为证券化基础资产的应收账款应当符合一定标准。《证券公司及基金管理公司子公司资产证券化业务管理规定》要求基础资产应当是"符合法律法规规定,权属明确,可以产生独立、可预测的现金流且可特定化的财产权利或财产"。笔者认为,该标准可概括为"三性",即应收账款债权的确定性、可转让性和债权实现的可预期性。

应收账款债权的确定性是指基础交易中形成的应收账款债权法律关系的主体、客体和内容均是清晰、明确、特定的。具体含义包括:(1)债权权属合法清晰,权利人(将来进行证券化操作的原始权利人、发起人)与义务人(将来证券化操作的原始义务人)明确;(2)债权客体范围明确,能够与权利人的其他资产明确区分开;(3)债权内容即权利义务明确,债权合同内容完整,债权真实合法有效。应收账款应当是独立且特定的财产权益或在实现时可特定的财产权益。这除了审查拟作为证券化基础资产的基础交易债权合同文书、凭证或运营许可等资料文件是否完整、齐备、有效之外,还需要从法律角度审视该权利的独立性。鉴于国情,中国证券投资基金业协会于2014年年底发布《资产证券化业务基础资产负面清单指引》,采取了"列举+最终投资标的判断"方法,对不适宜采用资产证券化业务形式和不符合资产证券化业务监管要求的基础资产予以明示,指明以地方政府或者地方融资平台公司为直接或间接债务人的应收账款不能作为证券化基础资产,除非以PPP(Public-Private Partnership)模式下政府方应当支付的财政补贴作为应收账款。本文认为,应当允许政府融资平台持有的基础设施资产使用收费权和公用事业项目收益权作为证券化基础资产,因为它们大多是通过财政过手支付,基础资产现金流很稳定,市场认可度较高。

应收账款的可转让性是指作为基础资产的应收账款债权应当是法律不禁止转让的债权,不得负有禁转条款,不得附带抵押、质押、担保或其他影响权属转让的权利限制。债权转让是应收账款证券化交易的重要程序,旨在实现风险隔离,以特定资产信用取代主体信用进行融资。实践中,经营性项目的建设过程需要大量的资金投入,社

会资本方或者项目公司大多会将取得的收费收益权质押给金融机构，如何通过相关安排解除该等质押也是一个较大的难题。无论是借助过桥资金偿还借款，还是置换担保，都面临项目融资金额巨大难以筹集、资金成本偏高等问题。若与金融机构沟通，将资产证券化募集的资金首先用于偿还借款解除质押是一个可行的选项，但也仅适用于具有偿还贷款需求及降低融资成本需求的PPP项目，不适用于以盘活资产或提前收回投资为目的的证券化操作。

应收账款实现的可预期性，就是在债权关系具有确定性基础上，该债权在将来实现并产生现金流是可把握或可预期的。预期现金流收入是开展资产证券化的前提和关键，成为证券化基础资产的应收账款应具有明确界定的支付模式，具有相对稳定的现金流记录的历史数据，能在未来产生可预见的稳定的现金流。那么未来应收账款现金流是否欠缺可预期性而不适于作为资产证券化的基础资产呢？一般认为，未来应收账款的现金流收入的确定性低于现存应收账款，但笔者不赞同这一观点，而是认为应当具体问题具体分析。尽管现存应收账款基于已订立的合同，原始权益人的义务已经履行，具有确切的金额、期限、债务人的应收账款已经形成，但债务人的客观履约能力和主观信用风险并不必然小于未来应收账款，有些未来应收账款的实现方式简便易行，如即时交易和支付路桥通行费、水电气暖费用等，出现应收账款瑕疵和违约的概率较低。未来应收账款的债权实现除了受到债务人、不支付和迟延支付风险的影响外，还与发起人自身的经营状况、持续产生应收账款的能力等紧密相关。

2. 对两种特殊财产权能否成为证券化基础资产的思辨

（1）信托收益权能否作为证券化基础资产。“债权、股权和信托受益权是商事实践中最常用的三种交易工具，也是构筑所有交易模型的基础”，[1]那么，“信托受益权”能否作为证券化基础资产呢？理论界就信托受益权法律性质形成了债权说、物权说、特殊权利说等不同观点，从不同侧面反映了信托受益权的特征和性质的复杂性。[2] 笔者赞同“特殊权利说”，虑及信托受益权在形式上体现为一种请求权，故认为该权利应列为“特别债权”，因其兼具债权和物权性质而使然。这样，不仅受益权应当适用诉讼时

---

〔1〕 王延川：《现代商法的生成：交易模型与价值结构》，法律出版社2015年版，第18页。

〔2〕 法学界对信托收益权性质的争论情况可参见胡伟：《反思与完善：资产收益权信托之检视》，载《华北金融》2013年第8期；夏亮等：《浅析以“收益权”作为信托财产的法律可行性》，载《金融信托与资产管理研究》，经济管理出版社2013年版；董庶：《试论信托财产的确定》，载《法律适用》2014年第7期；孟勤国、刘俊红：《论资产收益权的法律性质与风险防范》，载《河北学刊》2014年第7期；俞勇等：《“资产收益权”的法律性质及其信托产品的法律风险探讨》，载《金融时报》2011年12月19日；刘光祥：《收益权作为信托财产的有效性辨析——以安信纯高案为例》，载《判解研究》2015年第3辑。

效而避免过度保护受益人,也能在信托受益权转让时适用债权转让规则。需要强调的是,该种债权的特别之处在于通过赋予信托资产的独立性来保障债权的实现,"为保护以信托利益给付请求权为中心的受益权,信托法赋予受益人的对非法强制执行信托财产的异议申诉权、对受托人违反信托目的处分信托财产的信托财产恢复原状请求权、损失补偿请求权以及对受托人违反信托目的的处分行为的撤销权等,都包含在由受益权派生出来的受益权之附随性权利之内"。[1] 虽然法律性质未有定论,但是我国信托法明确确认了"信托受益权"(而非"信托收益权")这一权利类型,其权利内容包括信托利益分配请求权、信托财产归属权、不当处置撤销请求权、非法强制执行异议请求权、知情权等。[2] 因此,权属约定明确的信托受益权能够依法转让和实现相当程度的风险隔离,可以成为证券化基础资产,这也已被证监会《资产证券化业务管理规定》所确认。

(2)已经证券化的债权能否再次成为证券化基础资产。从理论上来说,由于债权等财产权益可以不断多次转让,证券化信用链条可以无限拓展延长。然而,从主结构衍生出越多的结构,法律关系就越复杂,发生系统性风险的可能性也就越大,因为多层次衍生的证券化产品创造出了众多拟制的证券发行主体(SPV),不仅给债券评级制造了障碍,[3]也阻碍了债权人与初始债务人之间的联系和债务磋商。引发美国次贷危机的证券化产品不是最初法律关系相对简单的MBS(Mortgage-Backed Security,抵押支持债券)、ABS(Asset Backed Securities,资产证券化)、CBO(Collateralised Bond Obligation,市场流通债券的再证券化),而是CDO(Collateralized Debt Obligation,债务担保证券)、CDS(Credit Default Swap,信用违约掉期)等交易结构复杂且加了杠杆的产品,信息不对称加剧,投资者根本无法评估证券化产品的内在价值与风险,也给从业中介机构提供了更大的诱发道德风险的空间。证券化交易的市场效率与改善融资信息不对称状况有关,与交易法律结构的复杂程度成反比。在我国资产证券化发展初期,市场体系和相关制度都需要完善的情况下,金融创新应该循序渐进,不应允许设计和发行交易结构过于复杂的证券化产品,譬如,已经证券化的债权不能"再次证券化",即禁止将ABS产品再证券化,防止滥用金融工具的"创新过度",防止复杂类金融衍生品

[1] 赵廉慧:《信托受益权法律性质新解——剩余索取权理论的引入》,载《中国政法大学学报》2015年第5期。

[2] 参见马启超:《信托受益权资产证券化的法理基础与法律关系》,载《经济研究导刊》2015年第20期。

[3] 关于多次打包后的证券化产品的评级困难,可参见SEC:Summary Report of Issues Identifiedin the Com-Mission Staff's Examinations of Selected Credit Rating Agencies,July 2008,pp.6-7。

风险的产生和蔓延。

(二)明确证券化债权转让的法定要求

1. 明确拟证券化的应收账款债权转让的实体要件

从域外立法来看,证券化债权资转让产的合法性标准主要看是否构成"真实出售",这是证券化融资区别于担保融资的主要特征。在"真实出售"的判断标准上,有些国家和地区注重形式上的要件满足,比如说英、法、德等欧洲国家把证券化债权出售理解为合同行为,只要存在出售的意思表示即可;但美国的判例则确定了实质判断原则,要求出售的法律效果是这项资产的风险和收益都发生实质转移。

在真实出售下就有了会计处理的"资产出表"。按基础资产权属的会计处理是否移出发起人的资产负债表,应收账款证券化可以分为表外证券化、表内证券化两种:[1](1)表外证券化即美国模式,是指通过真实出售给 SPV 将基础资产从发行人的资产负债表中剥离,实现了基础资产风险的彻底转移。实际上,2008 年金融危机之后美国的资产证券化模式已难以完全出表,发起人对出售的基础资产不同程度上带有连带责任,资产证券化演变成一种流动性管理和融资工具。(2)表内证券化为欧洲模式,即不需要将资产出售给 SPV,资产仍留在发起人的资产负债表上,但在发起人破产的情况下,通过法律安排使资产池优先偿付证券持有人;证券的信用评级与发行人整体信用有关,投资者对基础资产和发起人均拥有追索权。

我国尚无任何法律性文件规定"真实出售"或其他债权资产的合法转让标准,目前有的只是信贷资产证券化的会计准则和企业金融资产转移的会计准则,确立了与美国相似的制度,要求金融资产转让须实质转让,主要判断依据是风险及收益一并转移。那么,债权合法转让的法律标准是否需要完全同会计处理标准一致呢?笔者认为,会计准则侧重于财务报表的公允真实,依据实质重于形式和将风险及收益全部彻底转移作为判断资产真实出售标准,而法律标准不仅要公正公允地反映交易本质,还要平衡各交易主体的利益,考虑现有制度供给情况和交易的安全稳定等,宜采取形式主义为主、兼顾对特定要素的实质性分析,对我国证券化当前实践予以确认和进一步规范,在真实出售之外,允许债权信托和让与担保等多形式的证券化债权转移形式。

2. 建立统一的应收账款转让公示平台

债权无法像标有体物权那样通过交付或使用标签来证明,大量的缥缈无形的将来债权更难以表彰,流转中应收账款债权就像一种"流动的权利",只有通过公示机制才

[1] 有人总结还有准表外模式,即发起人成立全资或控股子公司作为 SPV,然后把资产出售给 SPV,SPV 组成资产池并依此为支撑发行证券,由于母公司资产进入子公司负债表,形式上实现了破产隔离。

能向外部第三人清晰展示应收账款的权利归属、内容,便于第三人判断可能要承受的交易风险。公示最理想的方式当属登记,因为其具有明确、统一和安全的特点,互联网在线登记更显成本低、受众广、查询便捷等优势。从世界范围来看,美国的《统一商法典》最先实施债权(包括应收账款)变动统一登记制度,大陆法系的荷兰、日本等国及地区也随之构建了完善的应收账款融资登记机制,其中,《魁北克民法典》的登记机制就明确针对"现有或将来的集合债权"而设,[1]这显著提高了证券化基础资产转让的便利性和交易安全。

为了降低相关交易中的第三方信息处理成本,防范作为证券化操作中基础资产转让环节的法律风险,保证作为基础资产的应收账款转让对债务人生效并可对抗善意第三人,建立规范、统一、信息已查询的应收账款转让平台意义重大。为此,笔者建议:

(1)以中国人民银行征信中心的动产融资登记平台为应收账款流转法定公示方式。笔者建议将证券化中常见的水电气热销售应收款、基础设施使用收费权等未来应收账款和不动产权益信托受益权的转让登记纳入其中。这样,借助业已运行多年、规则较为完善的应收账款转让登记公示系统,为应收账款证券化需要的海量债权转让操作提供权威、便利、低成本的信息平台。

(2)完善应收账款转让登记制度。动产融资统一登记平台登记内容中仅应收账款质押登记得到了《中华人民共和国物权法》第228条的授权,《应收账款质押登记办法》作出了细化规定,其他类型登记的法律效力还有待确认,仍然缺乏法定权威途径和登记程序性依据。[2] 笔者建议明确中国人民银行征信中心作为应收账款债权让与的登记机构,规定以在中国人民银行征信中心的应收账款登记公示系统进行登记作为公示方法来通知债务人和对抗债务人以外的第三人。也就是说,应收账款债权自让与合同有效成立时发生移转,但是未经登记的,不得对抗善意第三人。此外,应对未来应收账款的登记作出特别规定,如实施未来应收账款实际产生或形成之前的预先登记等。

3. 赋予商事合同债权较大的转让自由

目前,国际公约对应收账款转让的规定较为宽松,有利于经济全球化和促进债权等无形资产的流转融通,其主要制度包括以下几点:(1)允许未来应收账款的转让;(2)未来应收账款转让手续办理可基于将来发生的应收账款的规定在发生时即转让而不需要任何新的转让行为,体现在《国际保理公约》第5条和《国际贸易应收账款转让

---

〔1〕 孙超:《应收账款融资的法律问题研究》,山东大学法学院2011年博士学位论文,第85页。

〔2〕 租赁债权证券化中要注意债权转让登记与租赁物所有权转让登记的区别,及时进行相应的公示登记。

公约》第 8 条第 2 款;(3)否定禁转条款的约束力,《国际保理公约》第 6 条规定:“尽管供应商和债务人之间订有禁止转让应收账款的任何协议,供应商向保理商进行的应收账款转让仍应有效。……前款不应影响供应商根据诚信原则对债务人所承担的任何义务或供应商在违反货物销售合同条款做出的转让方面对债务人所应承担的任何责任。”《国际贸易中应收账款转让公约》中也作了类似规定。借鉴国际立法经验,结合我国目前现实情况,笔者建议:(1)适当放开将来债权的可转让性,譬如,对于支付了合理对价的未来应收账款的合同,可以允许其转让并认可其效力。(2)借鉴国外关于债权禁转条款的立法经验,要么像日本那样对受让的第三人区分主观善意或恶意来确认转让效力,要么借鉴类似于美国、德国的分别立法模式,通过特别立法赋予商事合同债权让与的相对自由权。

三、应收账款证券化风险规制的规范建构

风险规制意味着法律干预,法律干预的内容之一就是参与交易主体之间的风险分担,以差别正义来公平分配风险,增强行为主体的风险防范意识,促进交易秩序的公正、公平与证券化市场的稳定、安全。

(一)完善原始权益人对基础资产风险的部分保留规则

次贷危机之后,美国、欧盟和国际证监会组织纷纷出台监管规定,实施了发起人和发起主体风险自留的强制要求,要求资产证券化发起人保留一部分来自基础资产的风险,促使发起人更加重视对基础资产质量的审查,防范道德风险。总体而言,风险自留制度内容主要包括以下五个方面:一是风险自留的主体,即自留部分的风险如何在发起人、其他证券化参与机构中分配;二是风险自留的方式,包括“水平型”、“垂直型”、“L 型”、组合型等不同模式;[1] 三是风险自留的最低比例要求,美国、欧盟目前均为 5%;四是禁止自留风险的转移和对冲;[2] 五是风险自留的豁免,即在特定条件下可完

---

〔1〕 水平型风险自留是在各级资产支持证券中选取最低信用档次的证券进行风险自留;垂直型风险自留指在各级资产支持证券中均抽取相同比例的证券作为风险自留;L 型风险自留指按照垂直型风险自留和水平型风险组合进行风险自留;组合式风险自留指按照垂直型风险自留和水平型风险自留的任意比例的组合进行自留。

〔2〕 美欧风险自留制度的一个不同点是有关监管规避的规定,欧盟制度禁止发起人或发起主体利用任何信用风险缓释工具、做空或者其他方式对自留风险进行对冲;而美国规则允许对风险自留进行货币及利率对冲以及一些指数对冲,禁止发起主体及其附属机构以不具备追索权的方式为其风险自留的资金融资。

全或部分豁免风险留存要求。[1]

我国信贷资产证券化制度将风险自留主体限定为发起人,自留比例定为5%,没有反规避和豁免条款。证监会未明确规定企业资产证券化中发起人保留部分风险的具体方式及标准。借鉴美国、欧盟关于发起人的风险自留规则,我国应收账款证券化风险自留规则可从以下三个方面予以优化:(1)明确规定风险自留方式和比例。可效仿信贷资产证券化的操作规则。(2)确立风险自留减免的弹性规则。一般而言,基础资产质量较高的证券化产品的道德风险也较低,因此,笔者建议适当调整风险自留的灵活性和弹性,对不同风险级别的应收账款资产确定一个自留比例浮动空间,对质量较优的基础资产(如大多数的水电气暖销售应收款和基础设施使用权等)可以考虑全部或部分豁免风险自留义务。(3)明确违反风险自留规则的法律责任。譬如,如果发起人违规得到风险自留豁免和减缓,就必须回购相关基础资产。风险自留规则本身并不能直接改变基础资产的质量,而只能促使发起人、发起机构严格执行基础资产发放标准,进而改善资产证券化产品的质量。[2]

(二)证券化管理人的特别风险负担

1.对管理人审慎经营行为的特别规制

管理人是证券化交易的"系统重要性金融机构",管理人往往以营利为直接目的成为证券化交易发起者,是证券化操作过程中的主导者和证券化交易契约群的"群主",主导和推动着证券化交易,拥有多重优势地位,尤其是其对SPV的实际掌控权更易诱发道德风险。不仅如此,管理人的特殊地位也在一定程度上导致了其他风险的聚合,这一"系统重要金融机构"的风险行为的外部性更大,也更显著,故很有必要强化对管理人的法律规制。

笔者认为,应当从静态的市场准入要求和动态的业务操作规范两个方面对管理人进行规制。静态规制方面,一是设置准入门槛,二是保证从业机构的自有资本达到一定要求,开展证券化业务较多时应设立证券化业务风险处置基金;动态规制方面,主要是对其审慎经营行为予以规范,尤其是设立负面清单或做出必要的行为限制,避免过度冒险,防止不合理高管薪酬制度导致的对风险过度追求的逆向道德选择。譬如,基于证券公司的双重身份,禁止其将证券经纪业务同证券自营业务混合,防止自营业务风险殃及SPV资产;为保障投资者自由意志,证券公司亦不得接受客户全权委托的交

---

〔1〕 参见朱雯杰、孙嘉:《资产证券化风险自留规则确定影响深远》,载《上海证券报》2014年8月8日,A04版。

〔2〕 参见王鑫:《美欧经验下中国资产证券化风险自留规则的完善》,载《法学评论》2017年第5期。

易指令,不得有发布虚假信息、误导投资者等欺诈性行为等。

2. 管理人风险责任的加重规定

有必要要求作为 SPV 的实际控制人的管理人,承担更多义务负担并加重其责任。私法学者早有要对商主体实施商行为的义务与责任从严规定、比普通民事主体承担更重责任的诸多论述,[1]以维护市场交易安全和效率。经济法基于差别正义的角色责任与身份调整制度,更有助于维护社会公共利益。责任加重制度属于差异化规制的具体表现,意味着充分尊重历史积淀以及个人与团体的异质性,确立差异化的规制理念。[2]即便在各方均为商主体的商事法律关系中,责任加重制度同样具有重要价值,尤其是在应收账款证券化交易中,不能完全将各参与主体的注意义务和风险承担"一视同仁",而应予以差异化对待。

具体而言,管理人的责任加重至少可以体现在以下几个方面。

(1)管理人疏于履责的信义赔偿责任。我国除了信托公司设立信托型 SPV 外,更多的应收账款证券化 SPV 是变异了的信托模式——由证券公司或者基金子公司设立的专项资产计划,两种 SPV 都不具有独立的法律人格,基础资产受让和资产支持证券的发行交付,更多的也是以管理人的名义进行。因此,证券化管理人与原始权益人、证券投资人之间本质上都是一种商事信托关系,管理人(受托人)负有为受益人(证券投资人)的利益持有和管理基础财产的信义义务。由于信义义务实质上是一种不对等的法律关系,受信任人处于强势地位,受益人处于弱势地位,现代信托法赋予受托人广泛权力,这就成为规制受托人权利、义务和责任的客观基础。证券化管理人的勤勉尽责异常重要,包括对基础资产的尽调核查、关联交易的及时披露、利益冲突的防范责任以及证券存续期间紧急风险应对处置等,管理人违反了谨慎勤勉义务就应当承担损失赔偿责任。

(2)管理人承担适当的风险自留责任。信用风险转移是证券化的操作核心,但不公平的信用风险转移却是导致资产证券化风险累积的根源。管理人比其他中介机构对应收账款证券化过程拥有更强且更直接的控制力,其地位类似于美欧资产证券化中的"sponsor"(发起主体),不同于"originator"(发起人)。为了防止管理人对佣金收入的过度追逐、无视其正当勤勉责任特别是最终投资者的正当利益等道德风险和动机错

---

[1] 参见王保树:《商法总论》,清华大学出版社 2007 年版,第 75 页。

[2] 差异化规制,也可称为差异化监管,本质上是一种融合现代管理理念的多元思维、多元目标的监管,它强调金融环境、金融市场主体等差异性因素,注重要素的关联互动,并充分考虑各种信息约束,倡导激励监管相容,追求公正与效率的统一。参见冯果、李安安:《包容性监管理念的提出及其正当性分析——以农村金融监管为中心》,载《江淮论坛》2013 年第 1 期。

位,可参考美欧法律,要求管理人也以自营资金认购一定比例的劣后证券、适当分担基础资产风险,促使应收账款证券化利益链条上的中介服务结构内部化其行为成本,从而促进实现各方的利益平衡。

(3)管理人承担高额惩罚性违约责任。我国的合同约定违约金属于补偿性违约金,《合同法》第114条赋予当事人在约定违约金过分高于造成的损失情形下可请求人民法院或者仲裁机构予以适当减少的权利。但是,应当对管理人行使该请求权做出限制,以强化其责任意识。

(4)管理人资本不足时对其控制股东的加重责任。这是效仿美国对金融控股公司的"加重责任"(Enhanced Obligations)制度,即行政监管机关有权要求金融控股公司对其缺乏偿付能力的金融子公司重新注资,或者对该子公司破产后由于清偿能力不足而给公众债权人(如存款人)以及存款保险机构造成的损失予以适当赔付。[1] 借鉴该制度有助于避免管理人的控股股东在股东有限责任制度保护之下,要求管理人从事可能带来高收益的高风险操作,而应当利用控制权督促管理人审慎经营,加强内部风险控制。控股股东的"加重责任"制度包括管理人正常经营续期间的资产维持义务、管理人经营困难时的经济援助义务、分担救助费用义务和管理人破产清算时放弃优先受偿的义务等。

上述加重实际控制SPV的管理人责任的制度,不仅是对交易结构风险分配的强制干预,也是对管理人积极履职的促进,可以敦促管理人在证券化整个过程中更加积极、负责地进行风险管理,法律规制需要运用利益衡量的标尺引导资本市场法制的进化,既要兼顾工具理性与价值理性,又要兼顾实质合理性与社会妥当性,进而实现治理主体间的利益平衡。

(三)证券化信用评级机构的特别风险负担

1.信用评级机构违反社会责任系侵权行为

信用评级结果对资产支持证券的发行意义重大,评级机构成为证券化中介服务机构中仅次于管理人的重要中介服务机构。正如美国资产证券化法律专家史蒂文·施瓦茨(Steven L. Schwarcz)教授所言,资产证券化的复杂交易结构和信息的高度不对称

---

[1] 其主要内容体现在美国储蓄监管办公室的资本维持承诺制度、美联储的力量之源原则、美国联邦保险公司的银行关闭政策以及美国国会1989年《金融机构改革、复兴与实施法》规定的交叉担保条款和1991年《存款保险公司促进法》规定的立即改正措施等方面。参见姜立文:《美国金融控股公司加重责任制度研究及启示》,载《环球法律评论》2006年第6期。

导致投资者对评级机构过于依赖,也给予了评级机构很大的信息操纵空间。[1] 在美国次级债危机中,许多美国信用评级机构因贪婪牟利和利益冲突而丧失了客观立场,加速了危机的产生和传播。危机发生前,大约有75%的次贷产品获得AAA的评级,10%得到AA,8%获得A,仅有7%被评为BBB或更低评级。危机发生后,那些国际知名的评级机构为推卸责任,又将当年评级为AAA级的金融衍生工具的评级一降再降,仅2009年7月,标准普尔就将2996种曾自诩为黄金质量的抵押贷款、次级房屋贷款和房屋净值贷款评级为"D类证券"。[2]

为确保证券化市场中介服务机构的诚信勤勉,切实发挥"看门人""守夜者"功能,需要规范其执业行为,并对违规行为课以明确的法律责任。具体而言,笔者有以下四点建议。

(1)将信用评级等中介机构违规执业造成证券投资人损害的行为定性为侵权责任。既然中介机构提供的是专业服务,并因此取得委托人的信赖,除了履行忠实义务之外,还应承担与其"专家"身份相当的注意(勤勉)义务和违反该义务的法律责任。[3] 在证券化交易中,商事合同的平等性和自治性受到撼动,而将责任归于侵权责任,则有诸多优势,无论律师与委托人签订的委托合同如何约定,均不能降低律师的执业注意标准。这有利于被评级对象和信赖评级结论而遭受损失的投资人的法益保护,也与当前我国证券侵权赔偿制度相吻合。归责原则适用过错推定原则,采用过错判断上的主客观结合说,从客观的职业标准判断中介服务机构有无过错。

(2)明确证券化市场各中介服务机构的责任边界。在我国证券化市场(乃至整个证券市场)"以券商为主导"的行业特征之下,应对券商、评级机构、法律服务、会计师事务所等的审慎核查的范围与勤勉尽责的标准、责任边界予以界定和明确,秉承各方"归位尽责"的原则,适用"信赖专家抗辩"。

(3)合理界定中介服务机构的责任顺位。目前宜采用明确免责事由基础之上的连带责任,促使证券化交易的中介服务机构保持应有的勤勉谨慎,抵制委托人的非法要求。

(4)建立中介机构经营风险缓释制度。通过强制性职业责任保险、证券服务赔偿责任互助基金和选择性商业保险等渠道分散和转移中介机构经营风险,也提高其侵权

---

[1] Steven L. Schwarcz, "Conflicts and Financial Collapse: the Problem of Secondary Management Agency Costs", 26 *Yale J. on Reg*, 2009, p. 457.

[2] 许多奇:《信息监管:我国信贷资产证券化监管之最优选择》,载《法学家》2011年第1期。

[3] 关于专家责任的法律性质,学界存在一定的争议,大体有违约责任说、侵权责任说、责任竞合说、混合责任说几种。参见田韶华、杨清:《专家民事责任制度研究》,中国检察出版社2005年版,第74页。

责任的实际承担能力。

2. 规范应收账款证券化信用评级行为的制度建议

为防止评级机构最容易因利益冲突而发生扰乱资产证券化市场秩序和危害证券投资人权益的道德风险,有必要对评级机构的行为与委托人之间市场交易行为予以必要干预,笔者有以下两点建议。

(1)限制评级机构为委托人提供附加服务。独立是信用评级机构的生命,一旦评级机构为资产支持证券提供评级服务,就不得再为证券的发行人、承销人、发起人提供有关公司治理、资产、负债或者经营等方面的推荐服务;评级机构不得以评级结果为条件,施压发行人购买其附加服务或者其关联企业所提供的其他服务,防止"利益输送"。同时,应要求评级机构提供附加服务记录清单给监管机构,便于监督检查是否存在利益冲突。从发达国家和地区经验来看,加强对评级机构的监管主要体现在防范利益冲突、强化信息披露义务两个方面,要求评级机构严格分离营销部门与业务部门,并且充分、完整地记录其评级方法并适当公开,接受市场审查与评价。[1]

(2)改变发行人支付评级费用的模式。国际知名评级公司在次贷危机中的不光彩行为令人大跌眼镜。根据美国永久调查委员会的报告,在结构性金融产品上面,危机后被收购的第三大投行美林公司曾给穆迪、标普和惠誉贡献了高达7690万美元、3127万美元和7727万美元的收入,而在穆迪的大客户里面,花旗、瑞银、高盛和德银等都贡献了近千万美元以上的收入。[2] 可见收费依赖严重影响评级结论的客观公正。为了减少"吃人家的嘴短,拿人家的手软""拿人钱财,替人消灾"现象,笔者建议由被投资人和发起人与管理人分别委托信用评级机构各自评级,再综合评级结果,或者设立评级机构名录,抽签确定评级机构,力求评级行为的中立、公正。

四、结语

应收账款证券化作为一项重大的金融创新,在盘活存量资产、提高资产流动性、降低融资成本、优化资产负债结构等方面作用显著,是金融领域推进供给侧结构性改革的关键着力点之一。我国数量巨大的企业应收账款若能够借助资产证券化模式实现盘活变现,将有助于引导社会资本直接进入实体经济,优化金融资源的配置。但在强调服务实体经济的同时,也不能忽视防控金融风险的重要性。与信贷资产证券化相

---

〔1〕 参见楼建波:《金融海啸中的三重危机与法律应对》,载《社会科学》2009年第6期。

〔2〕 参见杨颖桦:《美国评级机构穆迪们的堕落之路》,载《21世纪经济报道》2010年6月28日,第13版。

比,主要以将来债权作为基础资产的应收账款证券化法律关系更加复杂,风险规制的必要性更加凸显。我国的应收账款证券化从一开始就呈现实务界先试先行、学术研究被动滞后、制度建设滞缓缺位的状态,严重影响对这一快速发展的创新融资方式的风险规制和规范发展。希望本文的研究能够唤起学界对该论题的关注,共同推动应收账款证券化朝着市场化、法治化的方向发展。

中国央地财政关系的二元困境与破解之道

沈　斌*

目　次

党的十八届三中全会以来，财税体制改革业已成为我国整体社会体制改革的突破口，被提升到“完善和发展中国特色社会主义制度，推进国家治理体系和治理能力现代化”的战略高度，并被赋予了“国家治理的基础和重要支柱”的特殊地位。在中共中央《深化财税体制改革总体方案》所确立的三大任务中，国家预算管理制度与“营改增”税制改革已经取得突破性的进展，唯独央地财政关系的调整尚处于徘徊与踌躇状态。我国当前央地财政关系，是以1994年分税制改革为基础建立起来的带有一定集权性色彩的财政体制。在实践运行过程中，受到地方债务危机、区域之间财政能力严重失调、民生领域财政投入持续不足等诸多问题的冲击。因此，在宏观上理顺央地财政关系变革的基本方向，成为当前财政体制改革的当务之急、重中之重。在学界，围绕这一问题已经形成了颇为丰硕的研究成果。然而，既有的研究大都拘泥于对当前分税制财政体制及其问题的分析与完善，仍然缺乏一种宏观的视野，缺少对中华人民共和国成立以来

---

* 中南财经政法大学经济法专业博士研究生。

基金项目：2017年国家社会科学基金“央地财政权责配置中政府与市场互动机制研究”（17BFX103）。

财政体制改革路径的宏观理论逻辑上的总结与批判，进而难以对未来财政体制改革的动向有所预判与矫正，甚至可能产生错误的指导理论。本文既是立足于对中华人民共和国成立以来财政体制变迁路径的宏观把握，总结我国央地财政关系变迁的轨迹与基本规律，分析我国央地财政关系面临的困境与基本成因，进而尝试提出我国央地财政关系困境的破解之策，以期对我国央地财政关系的调整有所助益。

一、实践检视与命题提出

中国财政体制改革是一个“要向哪里去”的问题，而要正确回答这个问题就必须首先厘清中国的财政体制“从哪里来”以及现在“在哪里”的问题，即必须有一个历史的角度，站在宏观的视角下检视我国财政体制的历史变迁，并总结其规律。

（一）实践检视：中国央地财政关系的变迁与规律

中华人民共和国成立至今60余年的时间里，始终未能建立起一劳永逸的、高效能的财政体制。在宏观层面，我国央地财政关系的演变大致可以划分为统收统支、大包干、分税制三个阶段，形成了一条“集权—分权—再集权”的历史演进路径。

统收统支阶段（1950～1979年），中华人民共和国成立初期的财政体制是以苏联的财政体制为蓝本建立起来的，呈现出高度中央集权的特征。中央财政部门负责统一的财政预算编制，审批省级政府的财政收支计划，并下达转移支付额度。地方各级政府没有自己单独的财政预算。虽然该阶段内财政权限在央地政府之间有所调整，但中央集权一直是其核心主线。该体制虽然在契合国情的条件下发挥了一定的积极作用，但高度集权的财政体制将地方财政收入和财政支出之间的关联完全割裂开来，催生了地方财政预算的软约束问题，造成资源配置的低效率和浪费，并最终导致财政集权体制下的制度性普遍短缺。

大包干阶段（1980～1993年），伴随着高度集中的计划经济体制向市场经济转轨，财政成为经济体制改革的突破口。[1] 从1980年开始，我国先后采取了分类分成、总额分成以及收支包干三种财政包干形式，财政放权的力度不断加大。财政包干体制的显著特征是中央向地方放权让利，以调动地方的积极性，缓解国家财政压力。财政包干体制确实在很大程度上取得了预期的效果，但同时，包干体制下的央地财政关系未能完全理顺，缺乏规范性和稳定性。讨价还价式的行政性分权模式，强化了地方封锁、市场分割的“诸侯经济”倾向，造成了大量的地区间低水平重复建设和投资膨胀。而且

---

〔1〕 参见马骁、唐清利：《遵从·背离·弥合——我国央地财政关系的重构》，法律出版社2014年版，第83页。

“分权让利”的过度化导致国家财力分散、“两个比重过低”,中央政府的经济调控和行政管理能力大大下降,地方主义开始膨胀,“国家能力被严重削弱,分权已经超过了底线”。[1]

分税制阶段(1994年至今),分税制改革的直接目的在于提高“两个比重”,[2]以缓解中央财政困难。而根本的制度动因则在于通过财政集权打破财政包干体制所滋生的地方保护主义倾向,提升中央权威,推动全国大一统市场的形成。[3] 因而,分税制改革具有较为浓厚的集权色彩。其重要特征在于以税种划分中央和地方的财政收入,将各税种划分为中央税、地方税以及共享税,所得收入分别划归中央财政收入、地方财政收入以及央地共享收入。在事权与支出责任上,则在央地之间作了较模糊的划分。分税制实现了预定的“两个比重”的提高,使中央财政能够在央地关系中保持强劲的支配力。然而,分税制并没有实现央地关系的理想状态,依然保留了大量问题,甚至引发了一些新的问题,如地区间财力差距非但没有缩小反而继续扩大,民生领域财政投入长期不足,地方债务规模不断累积等。而且更为严重的是,分税制改革进行的利益重划,在一定程度上重塑了地方政府的行为方式,导致地方政府对预算外收入和土地财政倾注了极大热情,并最终催生了“二元财政”结构格局。

具言之,在统收统支阶段,20世纪50年代早期高度集中的财政体制建立以后,为了缓解高度集权对地方活力的约束,1958年进行了中华人民共和国成立以来高度财政集权体制下的第一次财政分权改革。然而,由于财力的过度下放,中央的财政收支比重锐减。因此在1959年不得不再次进行集权化的财政体制变革,实行“收支下放,计划包干,地区调剂,总额分成,一年一变”的财政体制。“文化大革命”开始后,央地之间财政关系的变动更为频繁,在1969年至1978年的12年间,共有六种或集权或分权的财政体制安排先后出现,始终没有形成稳定的央地财政关系。历经大包干时期急剧的财政分权变革,这种“集权—分权—再集权”的路径依赖延转至分税制财政体制阶段。分税制改革将央地财权关系相对固定下来的同时,事权关系则陷入“一收就死,一死就放,一放就乱,一乱再收”的怪圈,形成了“放权”与“收权”的周期性循环。[4]

总而言之,我国央地财政关系的调整与变革,缺乏系统的设计,而仅是政策渐进调整的产物。每一次分权的体制或政策调整,都为下一次集权调整做了准备,而每一次

---

[1] 王绍光:《分权的底线》,中国计划出版社1997年版,第2页。

[2] 即中央财政收入在国家财政收入所占的比重和国家财政收入在国民收入中所占的比重。

[3] 参见朱丘祥:《分税与宪政:央地财政分权的价值与逻辑》,知识产权出版社2008年版,第99页。

[4] 参见黄韬:《法治不完备条件下的我国事权分配关系及其完善路径》,载《法制与社会发展》2015年第6期。

集权的调整又反过来为再一次分权的调整做了准备。换言之,央地财政关系的变革从未跳出“是中央集权,还是地方分权”的圈子,[1]表现出强烈的“集权—分权—再集权”循环往复的路径依赖。

（二）命题提出:央地财政关系的二元悖论之困境

基于中华人民共和国成立以来财政体制变革的路径与规律,以及学理上中央集权主义、地方分权主义以及均权主义的理论争鸣,[2]可以提出以下基本命题,即央地财政关系存在深刻的集权与分权的二元悖论。申言之,为维护国家统一和社会和谐稳定,有效配置与利用社会资源,防止地方保护主义,任何现实存在国家之财政体制都需要中央集权,但是集权的过度化会束缚地方的手脚,压制地方的积极性、主动性和创造性,进而导致经济社会发展的缓慢和公民基本权利保障的缺失。因而,为规避上述问题,充分发挥地方的积极性与信息优势,任何现存国家之财政体制也同样需要具备地方分权的特征。然而,分权的过度化也会引发地方主义盛行,国家能力受到削弱等一系列的问题。因此,任何理想的财政体制之制度架构都不应偏执于集权或分权之一端,过度的集权和过度的分权都可能造成效率、公平和宏观稳定等方面的问题,从纯理性的角度都是不可取的。[3] 而且央地财政关系集权与分权之理论逻辑上的二元悖论是一个无法破除的客观存在。

央地财政关系理论逻辑上的二元悖论作用于实践,很容易引致如下现象,即集权过度化造成实践中的地方活力不足,国家整体经济社会发展缓慢等问题,不得不进行地方分权化的改革,进而触发分权的逻辑悖论后又产生中央权威丧失、地方主义盛行、区域之间差距拉大等问题,不得不复而进行集权的财政体制改革。由此导致一国财政关系“集权—分权—再集权”循环往复的演进路径,形成央地财政关系的二元困境。

需要指出的是,由理论逻辑上的二元悖论所引致之实践中的二元困境是仅存在于某些央地财政关系处理不当之国家的特定现象,即理论逻辑上的二元悖论并不必然导致财政实践中的二元困境。当然,该论断的前提条件是,将判定一国之央地财政关系是否存在二元困境的标准归结于财政体制在集权与分权之间反复的频次与幅度,以及是主动调试还是被动调整,而不是简单地归结于是否存在财政体制的变动。因为任何现实存在之国家都不可能存在一成不变的财政体制,而且随着社会经济的发展,对财政体制进行或集权或分权的适时修正也是一国央地财政关系保持必要张力的一种

[1] 参见王绍光:《分权的底限》,中国计划出版社 1997 年版,第 33 页。

[2] 参见熊文钊:《大国地方——中央与地方关系法治化研究》,中国政法大学出版社 2012 年版,第 8~9 页。

[3] 参见朱丘祥:《分税与宪政:央地财政分权的价值与逻辑》,知识产权出版社 2008 年版,第 133 页。

体现。

二、困境之延续:地方分权论的逻辑辩驳与现实考量

当前财政领域的问题表明我国央地财政关系在一定程度上陷入了集权困境。分税制改革的中央集权本质因之受到质疑,地方的再次分权成为理论界的主流论调。然而,在二元困境的视角下,地方分权的改革方向真的符合我国的真实与长远利益吗?对此,尚需要做逻辑论证与现实考量。

(一)地方分权论的基本理论主张

地方分权论者认为,当前财政领域所出现的问题,以地方政府财政行为失范和地方债务危机为集中表现。而其原因在于带有集权色彩的分税制改革使地方财权萎缩,地方财政收入与财政支出之间产生巨大的缺口,引发地方巨大的财政压力,进而迫使地方政府实施土地财政等财政失范行为。[1] 这种理论主张在学界很有市场。许多学者也指出,土地财政和非税收入乱象的根源就在于过分偏向中央的税权分配体制,且其在日趋激烈的地方政府竞争和日趋加重的地方政府事权的影响下不断恶化。[2] 另有学者则进而认为分税制改革上收财权所引发的财权与事权不平衡配置导致了地方政府难以承担民生责任的支出。[3] 不难发现,其分析问题的基本逻辑为,中央财权上收—地方财权萎缩—地方财力减少—地方财政困难—地方财政危机与财政失范行为。按照此种逻辑,问题的破解之道自然在于中央向地方财政分权,申言之,将税收立法权、税收收益权等核心财权更大程度地分配给地方政府,以激发地方发展经济的积极性与创造性,促进地方财力增长,达到消解地方财政危机,降低乃至消除财政行为失范之动因的目的。

(二)地方分权论的理论逻辑辩驳

综观地方分权论的整个理论主张,不难发现,其中存在很大的逻辑盲点与漏洞。具言之:

一方面,该论断将财权与财力相混淆。事实上,财权虽是层级政府获得财力的基础,但并不是层级政府所有财力的来源,层级政府还可以通过转移支付等形式从其他层级政府获得财力。在我国分税制财政体制框架下,中央政府虽然上收了财权,集中

---

〔1〕 参见罗必良:《分税制、财政压力与政府“土地财政”偏好》,载《学术研究》2010年第10期。

〔2〕 参见秦勇:《土地财政法律规制改革研究》,中国政法大学出版社2013年版,第107~112页;冯辉:《宪政视野下央地税权分配体制之重构》,载《政治与法律》2015年第11期;苗连营:《税收法定视域中的地方税收立法权》,载《中国法学》2016年第4期等。

〔3〕 参见陈治:《论民生财政的实践模式、路径选择与法治保障》,载《法商研究》2013年第6期。

了财力，但是所集中的财力通过税收返还、体制补助等转移支付形式又回到了地方政府的手中。有学者通过数据分析表明，虽然分税制改革集中了县乡财力，扩大了收支缺口，但通过转移支付的财政再分配过程几乎完全弥补了因改革带来的财力减少部分，维持了与改革前相同的相对收支水平。[1] 而本文通过对相关数据资料的搜集与整理（见表1），也发现，虽然分税制改革改变了中央与地方在财政收入初始分配方面的比例，但是转移支付后地方实际获得的财政收入维持在与分税制改革之前差不多的水平。换言之，分税制改革财权上收并没有导致地方政府财力减少，事实上，地方政府财政收支缺口急剧扩大源自于财政支出的剧增。而财政支出的剧增是我国特定经济发展阶段地方扮演“发展型政府”的角色所致，与分税制改革的财政集权措施无涉。

表1　1994年前后财政分配关系的变化

年份	财政收入初始分配（%）		转移支付后收入分配（%）		财政支出（%）	
	中央	地方	中央	地方	中央	地方
1990	33.8	66.2	30.37	69.63	32.2	67.8
1991	29.8	70.2	27.7	72.3	31.3	68.7
1992	28.1	71.9	27.0	73.0	28.3	71.7
1993	22.0	78.0	13.3	86.7	30.3	69.7
1994	55.7	44.3	20.8	79.2	29.2	70.8
1995	52.2	47.8	21.3	78.7	27.1	72.9
2007	54.1	45.9	20.4	79.6	23.0	77.0
2008	53.3	46.7	17.3	82.7	21.3	78.7

注：表中数据来自历年中国统计年鉴。

另一方面，地方分权论可能还存在逻辑推论条件的错置。地方分权有利于激发地方发展经济的积极性与创造性，进而促进地方财力增长的论断，本身并无问题。而且事实上，中央政府通过放权让利，赋予地方独立利益，利用利益激励促进经济发展和财政能力提升，进而使中央和地方政府都能从税收增长中获益，也是我国一直以来财政改革的基本逻辑，[2] 并取得了巨大的成功。但是，此处想强调的是，当前地方政府或许根本就不缺乏经济发展的积极性，没有必要通过分权提高地方积极性的方式来解决现实中的问题。

---

[1] 参见周飞舟：《分税制十年：制度及其影响》，载《中国社会科学》2006年第6期。

[2] 参见徐建：《分税制下的财权集中配置：过程及其影响》，载《中外法学》2012年第4期。

分税制改革作为我国改革开放从放权改革范式过渡到“选择性集权”范式的标志性举措,只是将部分而不是全部地方权力收归中央,地方仍保留有较大的财政权力,如近半数的财政收益权、近乎完全的财政支出自主权等。在此条件下,地方政府仍具有足够的发展地方经济的积极性,以实现自身财权收益的最大化。就此意义上而言,以分税制为基础的央地财政关系在分权问题上的基本方向和框架是正确的,不仅符合当代中国的国情,而且从长远来看,这也是一种更具活力和创造力的分权体制,因为它在保证中央权威的基础上,允许具有更大的地方性秩序生发、形成和竞争的自由空间。[1]另外,虽说央地财政关系是央地关系的核心内容,但是也须认识到,财政关系仅仅只是央地关系的一个方面。央地关系涉及更广泛的内容,如权力关系、行政关系以及人事关系等,而且央地财政关系与其他关系之间相互作用,彼此制约。在讨论地方政府发展积极性时,不能单纯就财政问题而论财政问题。之所以说地方政府并不缺乏经济发展的积极性,是因为我国目前央地人事关系下的政绩考核和政治晋升机制在地方政府官员之间形成了激烈的经济增长的竞争,这种锦标赛式的竞争机制引发的地方官员的发展积极性能够很自然地转化为地方政府经济发展的积极性。[2]

(三)地方分权论的现实不可行性

除逻辑上的缺陷外,地方分权论还面临着历史经验与现实国情的考验,在当下之中国并不具有现实可行性。

一方面,“过度的分权体制可能会使得中央政府的宏观调控能力遭到削弱”[3]的论断,并不是学者因理论保守而产生的臆测。而且即使经过选择性集权的分税制财政体制改革,我国当前也还存在地域市场的分割、税收不正当竞争等各种形式的地方保护主义。地方保护主义的形成,虽然与我国地方政绩考核机制不健全、区域之间经济发展不平衡有着莫大的关系。但同时需要注意到,地方财政收入是地方保护主义的直接动机,[4]20世纪70年代末开始的地方分权改革所进行的财政体制安排为地方保护主义提供了直接诱因,并反过来提升了地方保护的能力。简言之,以中央政府控制力的削弱为代价而获取的地方经济发展并不符合国家之根本利益与长远利益,为避免地方主义极端化事件的再次发生,维持中央政府的适度集权不可避免。

另一方面,在进行央地财政关系的制度设计时,我国面临着一个极具中国特色的问题。在“先富带动后富”的改革路径下,我国在改革进程中实施了大量的偏向性财政

---

〔1〕 参见苏力:《当代中国的央地分权》,载《中国社会科学》2004年第2期。

〔2〕 参见周黎安:《中国地方官员的晋升锦标赛模式研究》,载《经济研究》2007年第7期。

〔3〕 郑永年、王旭:《论中央地方关系中的集权和民主问题》,载《战略管理》2001年第3期。

〔4〕 参见行伟波、李善同:《地方保护主义与中国省际贸易》,载《南方经济》2012年第1期。

政策,导致沿海与内陆经济发展水平差距急速拉大,地区间财政能力差异日渐攀升。实证数据研究就表明,改革开放以后所实施的区域性税收优惠政策、包干制财政体制、分税制财政体制下的收入划分办法和转移支付办法,是导致地区间财政能力差异的重要原因。[1] 这种政策性因素所导致的区域间经济发展水平与财政能力差异是任何人道的政策制定者在进行决策时都必须要考虑的一个重要因素。在国家整体经济发展已取得巨大成就的现在,中央政府有义务来帮助落后地区的经济发展。而在一个过度分权的财政体制下,中央政府无法汲取足够财力来有效实施转移支付等财政调整措施,一国之内的财政平衡将难以维系,财政贫困地区对国家的向心力也将受到影响。[2] 因此,地方更加分权的央地财政关系变革并不符合当前发展阶段所应承担的历史使命。

总而言之,地方分权的改革路径并不一定就能解决当前财政领域所出现的问题,即使有助于当前问题的解决,也还需要面临历史与现实的诸多拷问,而且极有可能引发新的财政问题,陷入二元困境的另一端。因此,所谓的地方分权只不过是一种有感召力的修辞,并不能形成对我国当前财政领域问题事实上的解说。

三、困境之解释:形式、实质与催化要件的相互作用

(一)形式要件:央地财政关系的非法治化模式

众所周知,央地财政关系,即一国之财政体制,是国家的根本制度之一。就其重要性而言,应由一国之宪法规定之。我国央地财政关系的相关内容,在《中国人民政治协商会议共同纲领》第 40 条[3] 予以原则性规定之后,宪法在延续过程中,仅就央地关系作了“两个积极性”的原则性指导。而作为处理央地财政关系的基本法,财政收支划分法一直处于缺位的状态,在狭义的法律这一位阶上,仅有预算法在其中起着个别性的调整作用。而央地财政关系的实际运作,则主要由国务院根据实践需要进行相机抉择。历数中国财政体制变革的重要法律文件,[4] 便可以发现,其在性质上都属于稳定

---

〔1〕 参见胡德仁、刘亮:《中国地区间财政能力差异的度量及地区分解》,载《新疆财经大学学报》2011 年第 1 期。

〔2〕 参见黄茂荣:《法学方法与现代税法》,北京大学出版社 2011 年版,第 34 页。

〔3〕 具体内容为“在中央和地方之间划分各自财政范围的基础上建立预算和决算制度”。

〔4〕 如《关于统一管理 1950 年年度财政收支的决定》《关于 1951 年财政收支系统划分的决定》《关于实行划分收支、分级包干财政管理体制的通知》《关于实行划分税种、核定收支、分级包干财政管理体制的规定》《关于实行分税制财政管理制体的决定》《所得税收入分享改革方案》《关于完善省以下财政管理体制有关问题意见的通知》《基本公共服务领域中央与地方共同财政事权和支出责任划分改革方案的通知》等。

性较差的行政法规,甚或是行政决定。因而,可以说,中国的财政分权属于政策性行政分权模式,非法治化特征明显。

非法治化模式下,我国央地财政关系的历次调整都带有明显的阶段性特征和政策性色彩,并不存在法治意义上的规范而稳定的央地财政分权。换言之,行政机关制定的政策主导了我国的历次财政体制改革。而政策具有随机抉择性,随机抉择则意味着不稳定,没有法律框架约束的随机抉择尤其不稳定。同时,政策虽然具有灵活性,但有时难免短视,往往"头痛医头,脚痛医脚",缺乏长远慎重的考虑。[1] 具体到财政分权方面,政策性财政分权模式的不稳定性与短视性特征相互作用,不稳定性加速了财政分权政策的变动频率,财政政策的快速变动又产生快速决策的要求,加剧了分权政策的短视性,而财政分权政策制定的短视性又反过来进一步影响了财政分权的稳定性,依次循环,造成政策性财政分权的频繁变动。这在财政事权"一收就死,一放就乱"的当前阶段表现得尤为明显。

总之,实用性更强的政策性行政分权模式一直主导着我国的财政分权实践。正因如此,我国历史上任何既定的财政分权体制都具有脆弱性与易变性,这构成了我国央地财政关系"集权—分权—再集权"循环往复的一个最重要的形式因素。

(二)实质要件:财权与事权相匹配理念束缚下的财权与事权统一叙事

除形式上的因素外,我国央地财政关系二元困境的循环演绎还具有其内在动因,即我国财政体制的历次变革都未能切中集权与分权之间的"黄金分割点",或是过度集权或是过度分权的财政体制安排导致集权与分权悖论轮番上演,造成财政领域问题丛生,财政体制变革的动因恒在。这构成了我国央地财政关系二元困境的内在实质要件。其成因在于以下方面。

就原本意义而言,财政关系包含"财"与"政"两个方面的内容,分别对应学理上的财权与事权,即央地的财政关系在本源上包含财权关系和事权关系两个层面的内容。在集权与分权的语境下,单一之财权关系或事权关系,都存在集权与分权的可能。而且财权的集权或分权在实际上并不必然影响事权的集中或分散,只要通过合理的转移支付机制,就可以重新嫁接财权与事权分开叙事所造成的脱节,反之亦然。如此,可以勾勒出财权与事权、集权与分权二维四度的央地财政关系图谱,即财权集中与事权集中、财权集中与事权分散、财权分散与事权集中以及财权分散与事权分散。然而,在传统之"事权与财权相结合""财权与事权相匹配"的财政分权原则束缚下,财权与事权的区分渐趋被淡化,甚至被抹杀,并逐步演绎成财政分权理论与实践中财权与事权统一

---

[1] 参见邢会强:《政策增长与法律空洞化》,载《法制与社会发展》2012年第3期。

叙事的宏观倾向。进而,央地财政关系中财权与事权、集权与分权二维四度的面相,就被演绎为集权与分权一维二元的悖论。在进行财政体制设计和改革时,总是在这种单一维度里前进或后退,以期把握集权或分权的最佳分割点,解决过度集权或过度分权所带来的问题。然而,正如财政体制实践所证明的那样,在单一维度里探索集权与分权的最佳分割点并不是一件容易的事情。而且我国央地财政关系"收死放乱"的周期性困境说明,也许很可能,这种单一维度里的集权与分权的最佳分割点根本就不存在。

诚然,财权与事权相匹配被分税制国家奉为一项初始性的基本原则。但随着各国分税制实践的演进,这一原则在许多实施分税制财政体制的国家有所松动。如联邦制之德国与单一制之日本,都存在财政支出责任和财政收益权匹配程度较低,财政收益权与财政立法权不相适应,财政均衡依赖较大规模的转移支付的现象。[1] 究其原因在于财权与事权相匹配有着严格的限制条件,即辖区内经济发展水平的同质化。联邦德国内部东德地区与西德地区的差距,日本内部都道府与县之间的差距,催生了财权与事权相对背离的需求。而我国东西部地区之间经济发展水平与财政能力的巨大差异,也决定了我国不能墨守财权与事权相匹配的财政分权教条,否则,必然导致国家宏观调控能力的削弱,以及部分落后地区财政困境的累积。

考察我国财政体制变革的实践,财权与事权统一叙事的倾向,也确实深刻影响了我国财政体制变革的路径。以地方分权论为例,当前财政领域的基本问题是地方财政压力较大引发的集权困境。在财权与事权统一叙事的思维下,地方分权论者就会很自然地提出赋予地方更多财政权以增强地方财政收入能力的问题解决思路。而如果将财权与事权分开叙事,首先检视问题的成因,在明确地方政府财力并未因财权上收而减少的条件下,就不会盲目的提出向地方财政分权的主张,而会更多从事权的维度着手解决问题。

(三)催化要件:二维分权范式下社会权利的缺失

观察财政分权的实践历史,可以发现,我国并不过度化的地方财政分权往往也会引发财政领域的乱象,产生中央再度财政集权的动因。有必要对我国财政分权的社会语境与基本范式做一番审视与检讨。

以中华人民共和国的成立为起点,中央政府的历次分权安排,基本上都是"中央—地方"的二维范式。即使经历了急剧改革放权的20世纪八九十年代,中央政府也仅仅是有选择性地向社会下放了少部分权利。整体而言,在"中央政府—社会"维度上的分

〔1〕 参见魏建国:《财政分权制度模式比较与中国的选择》,载《法制与社会发展》2007年第6期。

权,以不动摇政府的控制为基本前提。即使发展到现在,社会发育缓慢。缺少社会支撑的"中央—地方"二维分权范式的弊端是显而易见的。而且社会分权的缺失,意味着地方居民无法有效参与地方政府的财政运作过程,无法表达自身需求偏好,从而不可能期望地方政府作出符合地方居民需求偏好的决策。事实上,在"中央—地方"二维分权范式下,地方政府财政行为的动因,都是为了在地方政绩竞争中胜出以获得中央之肯定,而非财政分权理论所设想的在政德竞争中获取地方民众之支持。换言之,在二维分权范式下难以实现权力制约、权利保障等财政分权的基本价值。

在实际运作过程中,为保证经济社会的发展,必须赋予地方政府足够的权力,以保证其整体行进的能力。而在赋予地方政府较大权力的同时忽视社会维度的放权,就会出现一肢(地方政府)长而另一肢(社会)短的跛足现象,造成行走的踉跄与不稳定。最终,在社会发育不足之既定条件下,为避免跌倒之危险,就不得不收缩地方权力。而当地方权力缩小到使巨人失去整体行走能力的时候,就会再次产生地方财政分权的需求,从而产生"集权—分权—再集权"的循环往复。质言之,"中央政府—社会"维度上分权的缺失,加速了地方财政分权不稳定,构成中国央地财政关系二元困境的催化要件。

四、困境之破解:中国央地财政关系变革的未来之路

由上可知,中国未来财政体制改革需要站在破解二元困境的高度进行顶层设计,以下笔者将试就此陈述一己之管见。

(一)确立法治化的央地财政分权模式

诚如波斯纳所言,经济进步是可以在缺少法律,甚至完全没有法律的条件下发生的。随着一个正在实现现代化的国家的日益繁荣,其将会有额外的资源来改善它的法律制度。一开始对法治的改革投入巨大,反倒可能会消耗过多的经济资源,进而扼杀整个改革。审慎的选择应该是推迟那些雄心勃勃而又代价高昂的法治工程,而代之以一个比较适度的开端。[1] 而中国正如波斯纳所论述的那样,在一个法律极度匮乏的条件下实现了经济的快速发展。然而,经过中华人民共和国成立后60余年的发展,随着各方面条件"质"的变化,继续践行政策性分权模式的正当性与合理性日渐式微。政策性财政分权模式的比较优势正在逐渐丧失。

具言之,虽然政策具有随机抉择性与灵活性,但随着数量的逐渐增多,其边际效益

---

〔1〕 See Richard A. Posner, "Creating a Legal Framework for Economic Development", *The World Bank Research Observer*, 1998 (13).

递减,会出现规模不经济现象。而且前已述及,政策固有的不稳定性与短视性相互作用不断加剧我国央地财政关系二元困境的循环演进,导致政策性财政分权的效益越来越低。而法律则是实践理性的产物,根本上不同于实践经验。法律最重要的特征不是强制性而是说理性,或者说,强制的必要性根植于说理性之中。说理性要求法律本身的科学性,科学性又会带来稳定性。法律主治下的财政分权虽然需要一个缓慢而昂贵的沉淀过程,但是随着经济社会的发展,立法技术与法治意识的提升,以及政策性分权的恶果累积,在中国实施法治化的财政分权方式成本有所降低的同时,还面临着非常可观的边际收益和比较优势。而且法治化财政分权模式通常隐含着特定优势,即由于人员构成上利益代表性的差异,相较于国务院制定行政法规等规范性文件,全国人大及其常委会制定法律能够较大程度地吸纳地方的意愿与诉求,从而能够在较大程度上保证财政分权规范的民主性与科学性。一言以蔽之,综合考量各种因素,中国已经具备实施法治化财政分权的时机与条件。

法治化财政分权模式的实现应当从以下两个方面着力进行:

一方面,需要进行财政分权法律体系的构建。具体应该包括:一是财政分权宪法条款。宪法作为全体人民同意之社会契约的载体,能够确定整个政制框架及其建制蓝图。〔1〕我国在宪法修改中加入"事权与支出责任相匹配""财政分权法定"等财政分权的原则性条款,作为财政分权法律体系的框架,能够起到稳定央地财政关系的基石作用。二是财政分权基本法,包括作为基础性财政法的预算法和财政收支划分法,以及作为主干性财税法律的财政收入法、财政支出法和财政监管法。〔2〕当前对缓解央地财政关系二元困境最为紧要的是财政收支划分法的制定。

另一方面,需要构造弥补法律僵化性与空缺结构的财政权限争议解决机制。法律的滞后性、僵化性必然使法律已明确划分归属的财政权限产生背离现实需求的倾向,引发对财政分权法律规范之合理性的争议。事权内涵的复杂性、外延的广泛性与异质性所导致的划分标准的极度抽象性与概括性,也使具有明确性与可操作性的实体划分标准难以形成,因而必须借由程序性争议处理机制予以消弭。作为指导央地财政关系改革的最新蓝本,国务院《关于推进中央与地方财政事权和支出责任划分改革的指导意见》(国发〔2016〕49号)(以下简称《指导意见》)明确提出"央地财政事权划分争议由中央裁定"。以之为规引,综合考量我国的国情环境与财政事权的特性,可以考虑在

---

〔1〕参见[美]路易斯·亨金:《宪政·民主·对外事务》,邓正来译,生活·读书·新知三联书店1996年版,第7页。

〔2〕参见刘剑文:《论财政法定原则》,载《法学家》2014年第4期。

我国构建以协商程序为核心特色的央地财政权限争议解决机制。

(二)修正财权与事权分开叙事路径下的财政分权框架

破解央地财政关系的二元困境,需要跳出财权与事权统一叙事的思维惯性,恢复财权与事权相分离的本来面目,选择最佳的财政体制框架。

1. 明确财权集中、事权分散的财政体制框架

在财权与事权的分开叙事呈现的四种财政分权框架中,财权集中而事权分散的基本框架具有优选性。原因在于该种分权框架可以较好地兼顾集权之中央权威与分权之地方积极性,实现财政平等与效率等基本价值目标。申言之,中央在财权集中的基础上可以汲取维持中央权威和国家能力所必需的财力,同时可以通过科学设定的转移支付机制,有效调节改革开放进程中因政策差异所造成的区域之间的财政能力差异,实现基本的财政正义。地方政府也可以在事权分散的框架下获得相对完整的事权决策权与执行权,实现因地制宜处理地方性事务的自主性,从而有利于满足地方居民公共物品的需求偏好,为地方经济创造性发展预留空间的同时,避免被动地执行中央决策而背上沉重的财政负担。而且我国当前的财政体制本身就是财权相对集中的体制,中央的财政收入一直维持在50%左右的较高水平。至于事权,虽然规范意义上的事权划分长期付之阙如,但现实中,除少数中央专属事权外,地方政府承担了大量的事权决策权和几乎全部的事权执行权,地方政府不缺乏承担事权的经验与能力。质言之,财权集中、事权分散的财政分权框架在我国具有一定的现实基础,具有可行性。

2. 修正当前财权集中、事权分散的财政体制

首先,坚持分税制改革确立的财权相对集中的财政体制框架。可以财政收入为基本衡量标准,将中央财政收入占全部财政收入的比重控制在一个合理的比例范围内。该比例范围必须参照财政分权发达国家的通常比例范围(50% ~60%),并结合我国自身的国情需要而确定。综合来看,以当前中央财政收入占全部财政收入50%的平均比例为基点,确定上下浮动的范围是较为合理的做法。

其次,重构事权划分的基本逻辑。为破解因央地在事权划分不明确所导致的诸多困境,必须改变"中央决策、地方执行"的传统事权划分逻辑,依据《指导意见》的基本精神,从以下三个方面重构我国财政事权划分的逻辑:一是坚持财政事权由中央决定,但必须改变决策机关与决策方法。至于决策机关,《指导意见》明确要求"财政事权由中央决定",而没有指明由哪一中央国家机关决定。从事权本身的性质来看,由作为立法机关的全国人大及其常委会行使事权划分的决定权,具有合法性与合理性。对于决策方式,则必须充分吸纳地方的意见与利益诉求,发挥协商民主精神,实现央地事权划分协商的制度化与规范化。二是坚持普遍原则指导下的本国经验主义进路。事权划分

与一国之国家结构形式、政权组织形式、历史传统,甚至是国民素质等诸多国情要素密切勾连。事权划分虽然具有世界共性经验,但也具有很强的本国性与民族性。故而,事权划分在借鉴各国共性原则的同时,应更加注重本国的实践经验,不可一味地盲求与世界接轨。三是减少并规范央地共同事权。中央貌似掌控着各地方经济社会发展的全局,而地方实际上留存有大量的自主性空间。细究其缘由,不难发现,央地之间大量存在的共同事权是这一现象的始作俑者。减少并规范共同事权是消解这一现象的根本措施。将部分共同事权的执行权收归中央,适度加强中央支出责任;同时将部分共同事权的决策权下放给地方,变为地方单独事权,即做大中央政府,做实地方政府。对基于事权性质和国情考虑而在现阶段不宜清除的共同事权,应该按照事权的构成要素、实施环节,细化分解各级政府承担的责任,实现责、权、利相统一,避免由于职责不清造成的相互推诿。令人欣慰的是,近来颁布施行的《基本公共服务领域中央与地方共同财政事权和支出责任划分改革方案的通知》(国办发〔2018〕6 号)对公共服务领域 8 类 18 项共同财政事权,在央地之间做了详细的切割划分,在共同事权划分改革方面迈出了坚实的一步。

最后,完善转移支付的实施机制。在财权集中、事权分散的财政体制框架下,转移支付被赋予了比通常更为重要的价值,成为财权与事权有效嫁接,保障财政体制正常运转的关键环节。当前,完善转移支付机制的基本方向是扩大一般性转移支付的规模,清理整合历史遗留下来的与事权划分不相匹配的转移支付形式,提高一般性转移支付的均等化目标,增强财力薄弱地区尤其是“老少边穷”地区的财力。同时,需要正确看待并发挥专项转移支付的功能。专项转移支付以限定转移支付的资金用途为基本特征,在实现中央政策目标与引导地方财政行为方面功能明显。[1] 为有效破解专项转移支付在实践中的负面效应,应该建立有效的监督制约机制,对专项转移支付资金的分配程序、使用过程以及经济效益进行跟踪反馈。同时,也应清理、整合、规范专项转移支付项目,逐步取消竞争性领域专项转移支付和地方资金配套,增加对教育、医疗、社会保障等反映居民偏好的民生领域的专项转移支付。

(三)构建中央、地方与社会三维的财政分权新范式

前已述及,中央、地方与社会三维财政分权范式,是破解央地财政关系二元困境的重要助推。为此,需要尽快构建“中央政府—社会”维度上的分权。而社会的生成与发展是实现“中央政府—社会”分权的前提和基础。甚至在某种意义上,推动中国社会生

---

〔1〕 参见李丽琴、陈少晖:《专项转移支付存在的合理性:政治逻辑与实证检验》,载《当代财经》2012 年第 10 期。

成与发展的历程就是"中央政府—社会"维度上分权的过程。故而,构建"中央政府—社会"分权范式必须依循社会产生与发展的自然逻辑。可以重点尝试以下制度的建构与完善。

一是推进权力清单制度建设。从内容上来讲,权力清单就是对各级政府及其职能部门权力的种类、数量、适用条件、运行程序以及行使边界等进行详细的统计,制成目录清单,为权力划定清晰的界限。权力清单制度奉行"行政权力进清单,清单之外无权力"的基本原则。[1] 换言之,权力清单制度把政府依据法律享有的权力清晰明确地呈献给社会大众,力图去除权力的神秘感和封闭性,从而也就限制了政府在清单外谋求权力的可能性,保障了公民自主性的私领地空间。而且我国试点权力清单制度的初衷就在于简政放权,主动接受社会监督。因此,就此意义上而言,政府的权力清单也就是社会的负面清单,是政府权力的自我束缚和社会权利的扩展。而就我国单一制国家一切国家权力来源于中央政府的角度而言,权力清单制度就是"中央政府—社会"维度上分权的一个非常重要的制度抓手。

二是扩大财政过程的公民参与。契合三维财政分权范式下社会权利对地方权力的监督制约,在社会权利的主动跟进方面,扩大财政过程中的公民参与是比较现实的选择。财政过程与社会利益直接相关,公民有较高的参与热情,制度实践的试错成本也较小,还能够为社会分权的深入提供经验、奠定基础,是较为理想的社会分权改革的突破口。而且扩大财政运作过程的公民参与,也就是财政过程中的参与式治理,本身即是发展中国家分权化和选举民主化治理改革失败后的替代性治理机制,[2]在培育社会资本、赋权于民、建设透明高效政府方面成效显著。[3] 而顺应我国的实践需求,构建完整的参与式预算制度不失为扩大财政过程公民参与的有效途径。

五、结语

中华人民共和国成立以来60余年的时间里,在非法治化的政策性财政分权模式,财权与事权统一叙事的宏观倾向,以及"中央政府—社会"维度上分权阙如的共同作用下,我国始终没能建立张弛有度的理想的央地财政关系。而破解央地财政关系的二元困境,必须走出地方分权论者的理论误区,进而对症下药。具体而言,应该确立规范的

---

〔1〕 参见林孝文:《地方政府权力清单法律效力研究》,载《政治与法律》2015年第7期。

〔2〕 参见张紧跟:《参与式治理:地方政府治理体系创新的趋向》,载《中国人民大学学报》2014年第6期。

〔3〕 See Brian Wampler, Lconardo Avritzer, "Participatory Publics: Civil Society and New institutions in Democratic Brazil", *Comparative Politics*, 2004, 36(3):291－312.

法治化财政分权模式,以事权划分逻辑的重构为重点,构建一个财权相对集中而事权相对分散的财政体制框架。同时,也要加速社会分权的进程,实现中央、地方与社会三维的财政分权新范式。而需要注意的是,“中央政府—社会”维度上的分权虽然意义深远,但很难取得立竿见影的效果。实现规范化的中央、地方与社会三维财政分权范式注定需要一个较为漫长的时期。在这个过程中,为了保证财政分权的稳定性,避免地方财政分权的乱象,“中央—地方”维度上的分权需要保持必要的隐忍。

超龄劳动者的法律保护
——司法现状、学理反思与制度安排

余秀宝*

目　　次

一、司法立场:涉超龄劳动者纠纷的裁判图景

(一)涉超龄劳动者纠纷裁判的整体情况

为了全面了解我国法院对超龄劳动者的保护现状,笔者于2017年3月21日至23日,通过"中国裁判文书网"对全国(除港、澳、台地区)的31个省(自治区、直辖市)的高级人民法院在2014~2016年作出的涉超龄劳动者用工关系性质认定的裁判文书进行了检索。之所以选择高级人民法院的裁判文书作为分析对象,主要是考虑到以下几点:一是各个高级人民法院的裁判具有较强的代表性,并且对辖区的中级、基层人民法院在处理类似案件时具有指导意义。二是各个高级人民法院的裁判意见已经囊括了司法实践中关于此问题的全部认知。三是检索全部法院的裁判文书在理论上虽然可行,但却没有这个必要。经检索,天津、河南、安徽、江西、海南、云南、西藏、新疆、青海、内蒙古等10个省、自治区、直辖市的高级人民法院未检索到相关裁判文书,从其余21个高级人民法院则检索到42份裁判文书。从裁判文书分析结果来看,北京、河北、上

* 浙江省岱山县人民法院法官。

海、浙江、山西、吉林、辽宁、广西等8个省、自治区、直辖市的高级人民法院，将超龄劳动者用工关系认定为劳务关系，江苏、福建、湖北、陕西、宁夏、甘肃等6个省、自治区、直辖市的高级人民法院将超龄劳动者用工关系认定为劳动关系，广东、山东、四川、重庆、贵州、湖南、黑龙江等7个省、自治区、直辖市的高级人民法院，将超龄劳动者用工关系既认定为劳务关系，又认定为劳动关系（四川、广东两个高级人民法院的相反裁判观点分别反映在裁判文书和其颁布的规范性文件中）。

（二）涉超龄劳动者纠纷裁判的法律适用情况

实践中，法院对超龄劳动者用工关系的性质作出不同认定，关键在于对劳动合同终止条件的认识不一致，导致此种认识差别的根源在于我国立法关于劳动合同终止条件的规定存在矛盾。《中华人民共和国劳动合同法》（以下简称《劳动合同法》）第44条将劳动者享受基本养老保险待遇作为劳动合同终止的条件（“社保标准”）。按照《中华人民共和国社会保险法》第16条第1款的规定，领取基本养老保险待遇的条件是达到法定退休年龄时累计缴费满15年。而现实中，很多劳动者不能满足累计缴费满15年的条件便达到退休年龄。在此情形下，劳动合同是否要终止就成为一个需要解决的问题。《中华人民共和国劳动合同法实施条例》第21条对此进行了补充规定，将劳动者达到法定退休年龄规定为劳动合同终止的条件（“年龄标准”）。鉴于“社保标准”和“年龄标准”的适用条件不同，当劳动者达到法定退休年龄时，劳动合同是否必须或自动终止，各方认识各异。最高人民法院为统一司法实践，在其发布的《关于审理劳动争议案件适用法律若干问题的解释（三）》［以下简称《劳动争议司法解释（三）》］第7条中规定：“用人单位与其招用的已经依法享受养老保险待遇或领取退休金的人员发生用工争议，向人民法院提起诉讼的，人民法院应当按劳务关系处理。”该条明确了用人单位与其招用的已经依法享受养老保险待遇或领取退休金的人员用工争议的性质，但并未解决用人单位与其招用的未依法享受养老保险待遇或领取退休金的超龄劳动者之间的用工性质问题。司法实务界对此产生了重大分歧，形成了不同裁判结果。

1. 基于“退休年龄”认识分歧的裁判。一种观点认为，劳动者达到法定退休年龄的，不具备签订劳动合同的主体资格，无论其是否享受基本养老保险待遇或领取退休金，其与用人单位之间的劳动合同自然终止，之后形成的用工关系为劳务关系。[1] 另一种观点认为，劳动法只禁止用人单位招用未满16周岁的未成年人，相关法律、法规则未对劳动者的年龄上限作出强制性规定。因此，超龄劳动者与用人单位之间仍可形

〔1〕 参见广东省高级人民法院(2014)第383号、第2110号、第2173号民事裁定书。

成劳动关系。[1] 只不过对于劳动关系解除或终止时的经济补偿问题应作区别处理,对于已享受养老保险待遇的退休人员,除非其与用人单位已就劳动关系解除或终止时的经济补偿问题作出特别规定,否则双方在劳动关系解除或终止时不适用劳动法有关经济补偿的规定。[2]

2. 基于"保险待遇"认识分歧的裁判。有的法院认为,达到法定退休年龄但并未享受养老保险待遇或领取退休金的,不符合《劳动合同法》第44条第2项规定的劳动关系终止情形。[3]《劳动合同法》第44条第2项、《劳动争议司法解释(三)》第7条的规定表明,享受养老保险待遇是确定劳动者与用人单位是否为劳动关系的依据之一,与年龄没有必然联系,达到退休年龄是可以享受基本养老保险待遇的前提,但是达到退休年龄并不必然会享受养老保险待遇。虽然《劳动合同法实施条例》第21条赋予了用人单位在劳动者已达法定退休年龄时享有对劳动关系的终止权,但并不意味着用人单位与已达法定退休年龄的员工形成的劳动关系,在劳动者已达退休年龄时就自动终止。基于此,用人单位招用已达法定退休年龄但未享受养老保险待遇或退休金的人员,双方形成的用工关系按劳动关系处理。[4]

3. 基于"工伤认定"认识分歧的裁判。超龄劳动者在工作过程中受到人身伤害的现象较为普遍,其受伤性质不甚明确,对此最高人民法院行政审判庭先后出台了3个批复。一是最高人民法院《关于离退休人员与现工作单位之间是否构成劳动关系以及工作时间内受伤是否适用〈工伤保险条例〉问题的答复》([2007]行他字第6号),其规定:"离退休人员受聘于现工作单位,现工作单位已经为其缴纳了工伤保险费,其在受聘期间因工作受到事故伤害的,应当适用《工伤保险条例》的有关规定处理。"二是最高人民法院《关于超过法定退休年龄的进城务工农民因公伤亡的,应否适用〈工伤保险条例〉请示的答复》([2010]行他字第10号),其规定:"用人单位聘用的超过法定退休年龄的务工农民,在工作时间内、因工作原因伤亡的,应当适用《工伤保险条例》的有关规定进行工伤认定。"三是最高人民法院《关于超过法定退休年龄的进城务工农民在工作时间内因公伤亡的,能否认定工伤的答复》([2012]行他字第13号),该批复对[2010]行他字第10号的精神进行了重申。对这3个批复的理解和适用,实践中形成了两种截然相反的态度。一种观点认为,[2010]行他字第10号、[2012]行他字第13号批复表

---

[1] 参见重庆市高级人民法院(2015)渝高法民抗字第22号民事判决书。

[2] 参见广东省高级人民法院《关于已退休人员与用人单位之间的用工关系是否应按劳动关系处理及相关问题的批复》(粤高法民一复字[2007]14号)。

[3] 参见贵州省高级人民法院(2016)黔民申557号民事裁定书。

[4] 参见河北省高级人民法院《关于我省劳动争议案件若干疑难问题处理的参考意见》第10条。

明,超过法定退休年龄的人仍然可以与用人单位建立劳动关系。[1] 另一种观点认为,〔2010〕行他字第10号答复仅表明了超过法定退休年龄的进城务工农民因工伤亡的,可以适用《工伤保险条例》的规定进行工伤认定,但该答复并不包括劳动关系确认事项。[2]

二、学说纷争:超龄劳动者用工关系性质梳理

(一)学界关于超龄劳动者用工关系性质的争议

我国对于超龄劳动者的法律保护的现状存在如下特点:一是国家层面的立法缺失,以致各地各行其是。二是地方关于保护超龄劳动者的规范多是为了应对纠纷解决无法可依而采取的应急性措施,变化频繁。三是地方法院在司法过程中往往根据个案实际进行差异化处理,同案不同判现象突出。这些不同裁判观点的背后是对超龄劳动者用工关系性质认识的分歧,学界在此问题上也存有多种异见。

1. 劳务关系说。该说认为,超过法定退休年龄的人员不属于我国劳动法所规定的劳动者,其不能与用人单位建立劳动关系。"劳动年龄是法定的,具有法律属性;而不是自定的,只具有自然属性。所谓劳动年龄的法定性,既包括了劳动年龄的下限,也包括了劳动年龄的上限。在法律上明确劳动年龄的上限和下限意味着如果超越了这个界限,法律就认定相关主体是没有劳动能力的,不能缔结劳动合同。"[3] 所以,对于达到法定退休年龄但尚未能依法领取基本养老保险待遇的,应终止劳动合同;对于尚未达到法定退休年龄但已依法领取基本养老保险待遇的个别情况,也应终止劳动合同。[4]

2. 劳动关系说。该说认为,退休年龄并不是劳动关系主体资格的限定条件,劳动者达到退休年龄不应导致其丧失劳动关系的主体资格。劳动关系的认定是客观的,退休年龄并不意味着劳动关系的终结以及劳动合同的终止。[5]《劳动合同法实施条例》第21条只是规定劳动合同终止的情形,即用人单位可以提出终止劳动合同的情形,但劳动合同终止并不等同于劳动权被剥夺。[6] 最高人民法院的法官也认为:"虽然《劳

---

〔1〕 参见山东省高级人民法院(2015)鲁民提字第165号、第485号、第555号民事判决书。

〔2〕 参见河北省高级人民法院(2015)冀民申字第2735号民事裁定书。

〔3〕 黎建飞:《从雇佣契约到劳动契约的法理和制度变迁》,载《中国法学》2012年第3期。

〔4〕 参见全国人大常委会法工委行政法室:《最新〈中华人民共和国劳动合同法〉解读与案例》,人民出版社2013年版,第180页。

〔5〕 参见谢增毅:《退休年龄与劳动法的适用》,载《比较法研究》2013年第3期。

〔6〕 参见林嘉:《退休年龄的法理分析及制度安排》,载《中国法学》2015年第6期。

动合同法实施条例》赋予了用人单位在劳动者已达法定退休年龄时享有对劳动关系的终止权,但该终止权的行使,并不意味着用人单位与已达法定退休年龄的员工形成的劳动关系,在劳动者已达法定退休年龄时就自动终止。那种认为当劳动者已达法定退休年龄时双方劳动关系自行终止的观点不符合法律规定精神。"[1]

3.社保牵连说。该说认为,超过法定退休年龄的劳动者与用人单位法律关系的界定标准,为超龄劳动者是否享有社会养老保险待遇,若超龄劳动者已享有养老保险待遇,则成立劳务关系,否则构成劳动关系。一些地方法院的规范性文件就持此种观点。如广东省高级人民法院、广东省劳动争议仲裁委员会《关于适用〈劳动争议调解仲裁法〉、〈劳动合同法〉若干问题的指导意见》(粤高法发〔2008〕13号)第17条规定:"用人单位招用已达法定退休年龄但未享受养老保险待遇或退休金的人员,双方形成的用工关系可按劳动关系处理。用人单位招用已享受养老保险待遇或退休金的人员,双方形成的用工关系应按雇佣关系处理。"社保牵连说将劳动关系的认定与养老保险制度联系起来,在一定程度上是对超龄劳动者享受养老保险金和劳动报酬双重待遇的一种否定。

(二)对既有学说的评介

1.劳务关系说与退休的权利属性相悖。劳务关系说以"年龄标准"为依据,其背后的理论逻辑是将退休定性为强制性义务,即达到退休年龄的应当强制性退出劳动领域。但笔者认为,这一理论逻辑值得商榷。因为退休之性质为权利而非义务,我国宪法就是将退休作为公民的一项基本权利而不是义务来规定的。"在退休的权义结构中,首先,退休是有劳动能力情况下的不退休义务,这是一种社会职责;其次,退休是公民选择不退休的权利,这是国家保障劳动权的体现。"[2]从劳动权的属性分析,宪法层面的劳动权既是公民的权利亦是公民的义务,作为公民权利的劳动权具有自由权和社会权之双重性。宪法意义上的公民劳动权并没有设置限制性条件,劳动法意义上的公民劳动权则受劳动法的规范。在劳动法意义上,劳动者指达到法定就业年龄、具有劳动能力的公民。我国法律不仅没有规定劳动者享有劳动权的最高年龄,反倒是鼓励超龄劳动者参加劳动。所以,认为劳动者达到法定退休年龄应强制性地退出劳动生涯,实质上是对超龄劳动者劳动权的限制与剥夺,违背了基本权利之限制的基本原则。

2.劳动关系说与社会保险立法价值冲突。"我国社会保险立法价值可以分为两个

---

〔1〕 杜万华、王林清:《〈关于审理劳动争议案件适用法律若干问题的解释(三)〉的理解与适用》,载《人民司法》2010年第19期。

〔2〕 李海明:《论退休自愿及其限制》,载《中国法学》2013年第4期。

层次:一是社会保险法在立法技术上所要实现的规范价值,即明确社会保险法律关系以及法律关系主体的权利、义务及其责任;二是社会保险立法在宏观上要实现的目的价值,即要实现社会公平与实质正义的价值。"[1]规范价值主要是通过《中华人民共和国社会保险法》(以下简称《社会保险法》)对权利和义务予以明确而体现出来的,目的价值则关涉超龄劳动者等劳动主体的正义配置和权益平衡。社会保险立法的首要目的价值是实现社会公平和实质正义,这也是社会保险制度建立的逻辑起点。社会保险具有"所得替代"的功能,通过社会保险待遇给付替代退休劳动者的工资收入,带有"劫富济贫"的色彩。劳动者因自身条件的差异以及受自然环境、社会环境等因素影响,劳动过程中存在诸多不可预知的风险。为避免由劳动者个人力量难以消除的各类风险,社会保险立法建立起符合分配正义的法律制度,将个体风险转由社会共担。对于已办理退休手续并开始享受基本养老保险待遇的超龄劳动者,社会保险立法的分配正义价值已经基本实现,若再将此类超龄劳动者用工关系认定为劳动关系,享有与其他劳动者同等的权利义务,则与社会保险立法的价值背道而驰。

3. 社保牵连说与劳动法、社会保险法中退休制度的独立价值不符。退休是退出劳动领域、享有养老待遇的时间节点,这一做法实际上是延续 19 世纪末德国最初创立现代退休制度时所采取的逻辑。美国于 1935 年建立社会保障制度时,这种制度安排亦体现在其社会保障法中,该法规定,有固定工作收入的受益人不能享受养老金。领取退休金的人要接受收入调查,以此判定其是否有固定工作收入。但随着社会的变迁,美国已经放弃了这一做法。到 2000 年收入调查制度不再适用于超过退休年龄的人,[2]进而赋予了退休制度在劳动法和社会保险法中相互独立的价值。"社保牵连说"将公法上的社会保险费用缴纳与私法上的劳动合同关系成立相挂钩,忽略了退休制度在劳动法和社会保险法上相互独立的价值,其合理性值得检讨。有学者就指出:缴纳社会保险费及参加社会保险属于公法范畴,本不会因程序救济中的法官、仲裁员的"认定"而影响当事人是否成为社会保险上的当事人,也不应发生农民工打工受伤,却因法官和仲裁员"认定"为"劳务关系"而无法认定为工伤的情形。[3]

---

〔1〕 林嘉:《〈社会保险法〉的价值与创新》,载《法学杂志》2011 年第 9 期。

〔2〕 See J. Gruber, P. Orszag, "Does the Social Security Earnings Test Affect Labor Supply and Benefits Receipt?", National Tax Journal, 2000, 56(4).

〔3〕 参见郑尚元:《民法典制定中民事雇佣合同与劳动合同之功能与定位》,载《法学家》2016 年第 6 期。

三、理论重构:超龄劳动者用工关系判断标准

超龄劳动者用工关系是认定为劳动关系纳入劳动法的调整范围,还是认定为劳务关系纳入民法的调整范围,差别甚巨。如果认定为劳动关系,则劳动者可以享受社会保险待遇;若认定为劳务关系,则只能适用侵权法上的雇主责任。关于超龄劳动者用工关系的认定,"实质上均属于'劳动法上的劳动者'问题,即以界定劳动法上的劳动者为目的,塑造劳动法上的劳动者理论"。[1] 认定劳动关系是解决劳动法问题的逻辑起点。然而,我国劳动法与劳动合同法并未明确劳动关系的含义及其认定规则。2005年劳动与社会保障部发布的《关于确立劳动关系有关事项的通知》一直是指导劳动关系认定实践的基本规则,该规则从主体资格、管理关系、业务组成3个部分对劳动关系提供了原则性的认定标准。随着我国经济增长方式的转变,劳动力供需状况随之发生了极大变化,退休返聘等特殊劳动现象的大量出现及由此引发的纠纷挑战着原有的劳动关系认定规则。笔者认为,关于超龄劳动者用工关系的判断应坚持从本质论、自治论和目的论等三个方面进行综合考量。

(一)基础性判断标准:从属性理论——本质论

单纯以劳动者年龄为标准判断是否存在劳动关系的做法欠妥。"劳动者与用人单位之间是否存在劳动关系应当进行实质性判断,即以他们之间是否存在从属性关系为判断依据。"[2]劳动的从属性是一切劳动法理念产生的根源所在,"劳动研究必须以从属性关系为前提,始能正确掌握方向"。[3] 在德国法上,劳动法是关于劳动生活中处于从属地位者(雇员)的雇佣关系的法律规则(从属地位劳动者的特别法)的总和。[4] "通说认为,劳动契约乃为雇佣契约之下位类型之契约,惟以从属性为其核心的特征,而有别于其他类型的雇佣契约。……以劳工于提供劳务时,具有之人格从属性作为劳动契约和其他契约类型主要的区别标准,至于经济上从属性,则非区别的重点。"[5]在日本法上,关于劳动者之从属性有两个判断标准:一是作为监督指挥下的劳动,二是作

〔1〕 李海明:《论劳动法上的劳动者》,载《清华法学》2011年第2期。

〔2〕 林嘉:《退休年龄的法理分析及制度安排》,载《中国法学》2015年第6期。

〔3〕 黄越钦:《劳动法新论》,中国政法大学出版社2003年版,第96页。

〔4〕 参见[德]W.杜茨:《劳动法》,张国文译,法律出版社2005年版,第1页。

〔5〕 林更盛:《德国法上近来对劳工概念之讨论与立法》,载中国台湾地区劳动法学会编:《劳动法裁判选辑》(三),台北,元照出版股份有限公司1999年版。

为劳务对价的报酬。[1] 在我国台湾地区,司法裁判中确立了劳动者之从属性的如下标准:人格从属性,即受雇人在雇主企业组织内,服从雇主权威,并有接受惩戒或制裁之义务;亲自履行,不得使用代理人;经济从属性,即受雇人并不是为自己之营业劳动而是从属于他人,为该他人之目的而劳动;纳入雇方生产组织体系,并与同僚间居于分工合作状态,另又基于保护劳动者之立场,一般就劳动契约关系之成立,均从宽认定,只要有部分从属性,即应成立。[2] 在英美法上,采依附性为劳动者定性,并没有民法与劳动法的区分观念。[3] 通常认定控制或依附的表征有以下方面:在工作的过程中,雇员相对于雇主的独立程度或服从于雇主控制的程度;雇员分享利润或承担损失的机会;雇员对商业机构的设备和器材是否有投资;雇员与商业机构之间关系的持续性及持续的时间;雇员进行工作所必需的技术的程度;雇员所提供的服务作为雇佣实体不可分割的一部分的程度等,如此种种要整体考量,最重要的是与控制有关的要素,而彼此间关系之表述则不会考虑。[4] 综上,认定为劳动者需要劳动者具备如下条件:其一,人格上的拘束;其二,身份上的依附;其三,经济收入上的依靠;其四,经济风险上的依靠。[5] "在劳动契约双方当事人平等自由的表象下面,实际上没有任何东西有别于已被克服的制度中的劳动活动从属性。"[6] 因此,超龄劳动者与用人单位间用工关系的性质判断也必须以从属性理论为判断基准。"劳动关系的主要判断标准是从属性,只要从属性存在,劳动关系便存在,与年龄无关。劳动者是否达到退休年龄并不影响或改变这种从属性。"[7] "主体双方是否适格不是判断劳动关系是否成立的要素,只要劳动者与用工主体之间构成了从属劳动,而劳动法又没有明确将其从适用范围中予以排除,则应认定二者构成了劳动关系,劳动法应予以调整和保护。"[8] 从法律逻辑上来讲,即便超龄劳动者在主体资格上存在瑕疵,但只要其符合劳动关系的实质判断标准——从属性标准,就不影响劳动关系的成立。正如学者所言,超龄劳动者在为用人单位工作时依然要服从单位的管理和指挥,遵守单位的规章制度和纪律,此类人员在工作地点、工

---

〔1〕 参见田思路、贾秀芬:《契约劳动的研究:日本的理论与实践》,法律出版社 2007 年版,第 82 ~ 83 页。

〔2〕 参见我国台湾地区"最高法院"1992 年度台上字第 347 号判决书。

〔3〕 参见李海明:《论劳动法上的劳动者》,载《清华法学》2011 年第 2 期。

〔4〕 参见林晓云等编著:《美国劳动雇佣法》,法律出版社 2007 年版,第 21 页。

〔5〕 参见李海明:《论劳动法上的劳动者》,载《清华法学》2011 年第 2 期。

〔6〕 [德]拉德布鲁赫:《法学导论》,米健、朱林译,中国大百科全书出版社 1997 年版,第 81 页。

〔7〕 谢增毅:《退休年龄与劳动法的适用》,载《比较法研究》2013 年第 3 期。

〔8〕 李培智:《劳动法视角下的老龄劳动者劳动关系研究》,载《河北学刊》2011 年第 1 期。

作时间、工作内容等方面皆需听从单位的安排,与其他员工并无差别,其与用人单位的关系完全符合劳动关系的从属性特征。[1] 《劳动合同法》第93条对非法用人单位责任的规定就确认了非法用工关系的劳动关系本质。

(二)补充性判断标准:退休合意理论——自治论

退休合意,是指判断超龄劳动者与用人单位用工关系性质的标准在于双方是否就退休问题达成了合意,这种合意主要体现在退休或终止手续的办理上。该标准的理论基础在于民法上的意思自治,超龄劳动者与用人单位是否签订以及签订多长时间的劳动合同属于私法自治范畴,法律不应过多地介入干预。恰如有学者指出的那样:"年龄的规定只是劳动合同终止的条件,劳动关系的终止,仍然要看双方是否办理了退休或终止手续,否则,劳动者即便过了退休年龄,如果未办理退休手续,劳动关系仍然存在。"[2]从劳动合同的演进过程来看,劳动合同之所以脱离雇佣合同而走向独立,是因为"在契约自由之下,劳动条件实际上殆由雇主片面决定。民法上个人自由主义的雇佣契约既然不足规律劳动关系,劳动法乃应运而生,发展成为独立的法律领域,而以劳动契约及团体协约为主要内容"。[3] 尽管基于当事人合意的雇佣契约逐步走向劳动法上劳动契约的社会化,但并不意味着当事人合意在劳动合同的订立中不需要尊重。"劳动法根植于民法,又超越了民法。就其通过立法确立劳动权利义务基准并求助于团体力量以实现契约双方力量平衡的努力方向,是对民法调整劳动契约关系功能不足的一种弥补。"[4]劳动合同社会化演进的走向和目的均是完善对劳动者的保护,当劳动者与用人单位订立的合同内容有利于劳动者一方时,该合同的效力应当得到确认。况且,劳动契约社会化是"为调和契约自由和契约正义,立法者有就特定契约的内容,借强制性规定做较完整的规范……在劳动关系上,由民法上的雇佣契约发展到劳动基准法上的劳动契约,由个别劳动契约转向团体协约,使规范劳动关系的法律脱离民法,成为独立的法律领域"。[5] 基于此,有利于劳动者一方的劳动合同符合契约自由和契约正义,无须劳动法再次对其进行调整或干预。退休合意的表现方式上,除了明示的合意外,默示的合意也具有相同的效力。也就是说,尽管超龄劳动者与用人单位没有就是否签订劳动合同达成明示的约定,但通过双方的行为可以推定二者具有订立劳动合同的合意,亦应确认劳动合同的效力,即默示的劳动契约理论。这种情形主要表现

[1] 参见杨源哲:《退休再就业人员的劳动法适用研究》,载《法治论坛》2017年第2期。

[2] 林嘉:《退休年龄的法理分析及制度安排》,载《中国法学》2015年第6期。

[3] 王泽鉴:《债法原理》(第2版),北京大学出版社2013年版,第115页。

[4] 冯彦君:《民法与劳动法:制度的发展与变迁》,载《社会科学战线》2001年第3期。

[5] 王泽鉴:《债法原理》(第2版),北京大学出版社2013年版,第115页。

为劳动者达到法定退休年龄后依旧在同一家用人单位按照原有劳动合同约定的条件继续提供劳动,用人单位也没有表示反对。

(三)排除性判断标准:特殊劳动关系理论——目的论

劳动关系的判断标准除坚持从属性的实质、当事人意思表示合致的自由外,还应考虑劳动法规制的目的。“劳动法最为重要的规范任务有三:一为劳动者从属性的衡平与克服,二为劳动者生存基础依赖性的解决,三为劳动者的集体保障。”〔1〕劳动法从正面承认了雇主与劳动者之间在经济、社会方面的不平等,并企图纠正从那些不平等产生出的不正当的结果,即承认社会上、经济上的强者和弱者的存在,并抑制强者、保护弱者。〔2〕毋庸赘言,劳动法的出发点和落脚点均在于保护作为弱者的劳动者。当劳动者达到退休年龄,办理了退休手续并开始享受退休待遇后,劳动法抑强扶弱的使命即告完成,劳动者按照社会保险立法的规定领取退休金即可。所以,若依法享受养老保险待遇的退休人员再次从业,其又符合基础性判断标准——从属性标准时,则不能将其认定为标准劳动关系。若允许依法享受养老保险待遇的退休人员与新的用人单位建立标准劳动关系,则会对超龄劳动者构成双重社会保险,与社会基本养老保险制度的功能相悖。同时我们也看到,现实中超龄劳动者就业时较少签订聘用协议或用工合同,有关工作内容、报酬、医疗、劳动保护等权利和义务常常欠缺明确约定。如果认定为劳务关系,则无疑是为用人单位随意终止用工关系、肆意损害退休人员的合法权益、逃避用工义务提供了方便之门。〔3〕所以,在符合劳动关系从属性判断标准的前提下,对这部分劳动者又不能完全将其排除在劳动法的保护范围外,其与用人单位形成特殊劳动关系,应当参照执行三个劳动标准,即工作时间规定、劳动保护规定和最低工资规定。特殊劳动关系理论将超龄劳动者与用人单位之间的关系视为介于标准劳动关系与民事劳务关系之间的折中状态予以处理,既考虑到这一行为的人身性、隶属性而加以倾斜保护,又兼顾到了社会的承受度和利益的平衡。〔4〕

四、因应之策:超龄劳动者法律保护路径选择

(一)当下的司法裁判路径

作为成文法国家,司法裁判必须恪守既有规定,或者通过法律解释予以漏洞补充,

---

〔1〕 黄程贯编:《劳动法》,台湾空中大学1997年修订再版,第22页。

〔2〕 [日]星野英一:《私法中的人》,王闯译,载梁慧星主编:《民商法论丛》(第8卷),法律出版社1997年版,第184页、第185页。

〔3〕 参见冯彦君、李娜:《退休再就业:劳动关系抑或劳务关系》,载《社会科学战线》2012年第7期。

〔4〕 参见李凌云:《柔性退休人员的劳动关系探析》,载《上海企业》2010年第10期。

而不能超越法律进行裁判。因此,处理涉超龄劳动者纠纷时也就必须在我国现有法律框架下作出符合法律规范的裁判。基于前文的分析,涉超龄劳动者纠纷的裁判路径应区分处理(见表1)。

表1　超龄劳动者用工关系的司法判定

用工情形	法律关系	法律责任
约定劳动关系	劳动关系	适用劳动法调整,因超龄不能享受社会保险的责任由用人单位承担
默示契约关系		
未享受养老待遇	非标准劳动关系	适用劳动法有关最低工资、工作时间、休息休假、经济补偿的规定;发生工伤的,参照适用工伤保险的规定,赔偿责任由用人单位承担
已享受养老待遇	劳务关系	适用合同法、侵权责任法等民事基本法律调整

1.超龄劳动者与用人单位之间的约定优先适用。若用人单位明知劳动者超过法定退休年龄,仍与其签订劳动合同,或者签订的合同虽无劳动合同之名,但符合劳动合同的认定标准,则此时宜遵循合同双方的意思表示,将二者的用工关系认定为劳动关系,适用劳动法进行调整。劳动者与用人单位签订劳动合同时尚未达到法定退休年龄,但劳动合同约定的期限在劳动者达到法定退休年龄后届满的,在劳动者未享受基本养老保险待遇的情形下,从劳动者达到法定退休年龄到劳动合同期限届满这段时间应认定为劳动关系存续。同时,劳动者达到法定退休年龄后仍旧在原单位工作,且未依法享受养老保险待遇,用人单位按照原有合同履行相应义务的,应当按照默示的劳动契约关系理论认定二者的用工关系为劳动关系。在实践中,一些法院也采取了这样的认定思路。[1] 应当注意的是,我国当前的社会保险管理体制无法为超龄劳动者建立社会保险账户并交纳相应费用,遵循当事人之间约定(包括默示的肯认)认定为劳动关系时,因无法缴纳社会保险费用产生的法律后果由用人单位承担。

2.未享受养老待遇的超龄劳动者用工关系宜认定为非标准劳动关系。在此情形下,尽管未享受养老待遇的超龄劳动者享有劳动权利,且符合劳动关系认定中的从属性标准,但在我国劳动法和社会保险法相互之间协调问题尚未妥善解决的情形下,不宜将立法的问题交由用人单位承担。但是,超龄劳动者的基本劳动权利仍然需要予以保障。鉴于此,与适龄劳动者一样,超龄劳动者与用人单位之间的用工关系应受劳动法的调整和保护,适用有关劳动报酬、劳动保护、工作时间、休息休假、经济补偿的相关

〔1〕 参见贵州省高级人民法院(2016)黔民申557号民事裁定书。

规定。但是,基于社会保险关系产生的相关责任,不适用社会保险法的规定。而对于超龄劳动者的工伤问题则应予特殊处理。最高人民法院行政审判庭〔2007〕行他字第6号批复指出,超龄劳动者在工作过程中受伤应适用工伤的规定。但该批复的性质属于民事责任,不属于社会保险法上的责任,其依据是中共中央办公厅、国务院办公厅转发的中央组织部、中央宣传部、中央统战部、人事部、科技部、劳动保障部、解放军总政治部、中国科协《关于进一步发挥离退休专业技术人员作用的意见》(中办发〔2005〕9号)中"离退休专业技术人员受聘工作期间,因工作发生职业伤害的,应由聘用单位参照工伤保险的相关待遇标准妥善处理;因工作发生职业伤害与聘用单位发生争议的,可通过民事诉讼处理;与聘用单位之间因履行聘用合同发生争议的,可通过人事或劳动争议仲裁渠道解决"的规定。所以,超龄劳动者在工作过程中受到伤害的,其工伤认定、劳动能力鉴定可按照工伤保险的规定执行,但赔偿的性质属于普通的民事责任,赔偿待遇应参照工伤保险的规定由用人单位一次性支付。广东省高级人民法院《关于审理劳动争议案件疑难问题的解答》(粤高法〔2017〕147号)第13条规定:"达到法定退休年龄的人员受聘到用工单位工作期间,因工作原因受到事故伤害或患职业病,经劳动行政部门认定为工伤的,可参照《工伤保险条例》处理;未被认定为工伤的,人民法院应告知其按照人身损害赔偿相关规定进行处理,如其坚持主张工伤保险待遇的,判决驳回其诉讼请求。"笔者认为,超龄劳动者因工作原因受到事故伤害或患职业病是否构成工伤属于法律问题,将是否有行政机关的"认定"作为处理此类纠纷的前置条件,进而适用不同的法律法规进行裁决,难谓合理、恰当,并且严重影响裁判标准的统一和对涉案当事人的平等保护。

3. 已办理退休手续并享受养老待遇的超龄劳动者用工关系,宜认定为劳务关系。此种做法在最高人民法院的司法解释中得到了明确,实践中几无争议,司法机关在裁判中应予坚持。需要注意一点的是,实践中一些法院将"新农保"等同于基本养老保障待遇是不正确的。〔1〕

首先,《劳动合同法》第44条规定所指的基本养老保险与"新农保"的宪法依据不同。基本养老保险的宪法依据是《中华人民共和国宪法》(以下简称《宪法》)第44条,而"新农保"的宪法依据是《宪法》第45条。在我国,基本养老保险的享有与退休是紧密相连的,只有劳动法意义上的劳动者才能享受,带有浓厚的身份特性。而除了享受基本养老保险待遇的权利外,我国公民还享有物质帮助权。物质帮助权是宪法规定的我国公民的一项基本权利,系指公民在年老、疾病、残疾等丧失劳动能力或部分丧失劳

〔1〕 此种做法参见广东省高级人民法院(2014)粤高法审监民提字第55号民事判决书。

动能力的情况下,有权从国家和社会获得物质帮助,从而维持基本生活的权利。《宪法》第45条规定:"中华人民共和国公民在年老、疾病或者丧失劳动能力的情况下,有从国家和社会获得物质帮助的权利。国家发展为公民享受这些权利所需要的社会保险、社会救济和医疗卫生事业。"《社会保险法》第2条规定:"国家建立……社会保险制度,保障公民在年老、疾病、工伤、失业、生育等情况下依法从国家和社会获得物质帮助的权利。"《宪法》第45条和《社会保险法》第2条所确立的社会保险的覆盖范围具有普遍性,即让尽可能多的人参与社会保险制度,享受社会保险待遇,消除了《宪法》第44条和劳动法意义上"职工"的身份限制。由此可见,物质帮助权属于社会保障权范畴,其享有的主体比较广泛。尽管基本养老保险制度和物质帮助权制度具有同样的功能和立法目的,共同构建起完整的社会保障权体系,但二者在权利性质、权利主体、权利内容等方面差异较大,不能将二者等同对待。

其次,目前我国"新农保"的社会保障能力较弱,难以维持参保对象的基本生活开支。"新农保"养老金实行基础养老金与个人账户相结合的政策,其中基础养老金由政府支付,标准为每人每月55元,并成为当前"新农保"养老金的主要来源。一项研究显示,已领取"新农保"养老金的受访者年平均养老金收入为889元。[1] 经济学的定量分析表明,数据样本里,年满60周岁的农村居民共有2335位,2013年领取养老金的有1038位,占满足年龄条件人数的44.5%,养老金在100元/月以下的占95.6%,[2]远低于同期企业退休人员和退休公务员的养老金。总体来讲,"对于60岁以上的老年人而言,领取'新农保'养老金与否并不显著影响消费率,'新农保'为个体带来的收入对促进其消费水平的效果不显著"。[3] "新农保"政策对农村家庭消费和农村老年人劳动供给所产生的影响在规模上十分有限,就切实促进农民消费和最终实现农民老有所养而言,"新农保"制度建设仍然任重道远。"新农保"政策效果在规模上的有限性毫无疑问主要源于当前较低的养老保障水平。[4]

最后,"新农保"养老金待遇领取年龄与女性法定退休年龄之间形成的断档期无法弥合。根据国务院《关于建立统一的城乡居民基本养老保险制度的意见》(国发〔2014〕8号)的规定,年满60周岁、累计缴费满15年,且未领取国家规定的基本养老保障待遇

---

〔1〕 参见张川川、陈斌开:《"社会养老"能否替代"家庭养老"》,载《经济研究》2014年第11期。

〔2〕 参见黄睿:《新型农村社会养老保险对高龄农民家庭消费的影响》,载《经济体制改革》2016年第6期。

〔3〕 王旭光:《新型农村养老保险政策提升农民消费水平了吗》,载《南方经济》2017年第1期。

〔4〕 参见张川川、John Giles、赵耀辉:《新型农村社会养老保险政策效果评估》,载《经济学(季刊)》2015年第1期。

的,可以按月领取城乡居民养老保险待遇。而女性法定退休年龄为50周岁或55周岁,这就必然会出现一部分达到法定退休年龄而未领取基本养老保障待遇的女性无法享受"新农保"待遇的问题。在这一断档期中,将超龄劳动女性可以购买"新农保"认定为符合劳动合同法上依法享有养老保险待遇的情形,是十分错误的。

(二)未来的立法制度选择

超龄劳动者,并非一个概念,而是一个类型,有年龄之别,有男女之分,也有行业之异。我国现在超龄劳动者从事劳动的情况比较复杂,其范围难以抽象地加以界定。为适应超龄劳动者的复杂多样性,未来对其规制时不应简单地"一刀切",而应根据超龄劳动者的实际劳作情况,在各种学说和标准的基础上进行统一整合,让不同类别的超龄劳动者均落入法律的保护范围,以便于劳动者和用人单位都更好地遵守法律,亦便于司法人员更好地适用法律。进入21世纪,随着国有企业改革的深入开展和统一劳动力市场的建立与发展,劳动关系的市场化基本完成,初步实现了从以政府为主体的行政控制到以企业为主体的市场调节的转变。这种转变主要表现为:劳动关系的归属企业化、劳动关系调节市场化和劳动关系规范契约化。[1] 尽管发生了这种重大转变,但劳动权益受损的状况并没有得到根本改善。因此,"这一阶段的劳动关系政策所要解决的核心问题不再是劳动关系市场化的问题,而是保护劳动者权益的问题"。[2] 作为日益庞大的超龄劳动者群体,其权益保护面临法律规范冲突、判断标准缺失、司法裁断混乱等问题,迫切需要在目前的修法背景下予以解决。笔者有两点建议,一是在民法典合同编中规定雇佣合同的相关规则,二是在《劳动合同法》修改过程中对超龄劳动者提供特殊保护规则。"如果说我国《劳动法》当初没有规范非正规劳动关系是由于历史原因所导致,《劳动合同法》若对这些劳动关系仍视而不见,则就既与劳动法'倾斜保护'劳动者的使命有违,又不符合国际劳工立法的发展趋势。"[3] 目前,司法实践中将超龄劳动者用工关系认定为劳动关系的,大多都将赔偿责任(如工伤赔偿等)转嫁到用人单位头上,这显著增加了用人单位的负担。长此以往,用人单位聘用超龄劳动者的积极性将大大减弱,进而不利于超龄劳动者劳动权的实现。因此,在《劳动合同法》修改中,对超龄劳动者的保护规则可做如下设计:首先,对于已退休并依法享受基本养老保险待遇的,应有限适用《劳动合同法》的规定,如工作时间、休息休假等;其次,对于未享受基本养老保险待遇的,应完全适用《劳动合同法》有关的规定;最后,对于超过人均

---

[1] 常凯:《WTO、劳工标准与劳工权益保障》,载《中国社会科学》2002年第1期。

[2] 吴清军、刘宇:《劳动关系市场化与劳工权益保护》,载《中国人民大学学报》2013年第1期。

[3] 许建宇:《劳动合同法应寻求适用范围的突破》,载《中国劳动》2006年第5期。

平均寿命(如可设定为75周岁)的,则不再受《劳动合同法》的保护(见表2)。

表2 超龄劳动者用工关系的立法选择

用工情形	法律关系	法律适用
已享受养老待遇	劳务关系	适用民法典合同编中雇佣合同与劳动合同法的有关规定
未享受养老待遇	劳动关系	适用劳动合同法有关的规定
超过75周岁的	非劳动关系	不受劳动合同法的保护

《劳动合同法》中专业技术培训实施的制度完善

战东升*

目　次

一、问题的提出

当前,我国已进入经济发展新常态,创新驱动是实现“双中高”的新引擎。“而人才是创新的根基,是创新的核心要素,创新驱动实质上是人才驱动。”〔1〕作为创新型人才培养的一环,企业对职工进行专业技术培训具有非常重要的意义。虽然专业技术人才的培养有利于企业自身的创新与长远发展,但目前我国企业为职工提供专业技术培训的意愿却并不强烈。一方面,我国企业对人才的使用,尤其是对专业技术骨干人才的使用,主要采取从外部引进的方式,而不重视企业内部的自我培养;另一方面,即便企业重视对职工的专业技术培训,但与发达国家和地区相比,由于我国企业职工的流动

---

* 西南政法大学经济法学院副教授,法学博士。基金项目:2016 年度国家社会科学基金项目(16CFX063);中国法学会 2017 年度部级法学研究课题[CLS(2017)D152];2017 年西南政法大学资助项目(2017XZQN-27)。

〔1〕 尹蔚民:《弘扬世界技能大赛精神　加强技能人才队伍建设》,载《经济日报》2015 年 12 月 14 日,第 3 版。

率较高,培训结束后职工马上离职的例子并不鲜见,因而也导致企业不愿在这方面加大投入。[1]

很多发达国家和地区的企业,一直以来就有着重视人才培养的传统。近些年,随着全球化竞争的日益激烈,发达国家的企业在生产经营方面亦面临着较大压力,这也直接促使其在产品研发等方面加大了投入。有数据显示,在“2016全球百强创新机构”榜单中,德国、日本等国家和地区的创新型企业的数量高居榜首。[2] 没有专业技术人才的保证,其取得如此成绩是很难想象的。那么,法律在这些国家和地区的专业技术培训实施方面都发挥了什么样的作用,进而形成了什么样的保障机制,值得我们予以研究。

目前,我国学术界对企业实施专业技术培训方面的研究主要是从管理学、经济学等视角下进行的。本文拟从法学视角出发,分析我国企业在实施专业技术培训方面所遭遇到的法律困境,进而提出健全法律保障机制的建议。当下,我国劳动合同法正成为修法的热点,我们也应借此契机对相关制度予以完善,从而为我国创新驱动战略的实施提供坚强的人才保证。为此,笔者的行文逻辑将按照如下步骤展开:首先通过梳理职业培训与专业技术培训的相关法律制度,分析目前我国在专业技术培训实施方面存在的法律困境,在借鉴域外有益的法制经验的基础上,最后提出我国在完善专业技术培训实施方面的建议。

二、现状与成因:专业技术培训实施的法律困境

1995年实施的《中华人民共和国劳动法》(以下简称《劳动法》)第68条规定,“用人单位应当建立职业培训制度……根据本单位实际,有计划地对劳动者进行职业培训”,其实际上是将对劳动者的职业培训变成用人单位的义务,通过立法明确了职业培训的必要性。一般而言,从培训的对象和内容上来看,企业培训可分为职业培训和专业技术培训两大类。[3] 在当下的社会实践中,职业培训是每个用人单位应负的法定义务,而专业技术培训则并非如此。

《劳动法》虽然对职业培训进行了相应规定,但对专业技术培训未作任何规定,

---

〔1〕 参见《人民日报谈“人才难留”》,载中国青年网:http://news.youth.cn/gn/201705/t20170508_9692334_1.htm,最后访问日期:2018年1月10日。

〔2〕 除中国香港特别行政区、澳门特别行政区、台湾地区以外,中国仅有华为一家上榜,载中国经济网:http://intl.ce.cn/specials/zxgjzh/201701/11/t20170111_19545671.shtml,最后访问日期:2018年1月10日。

〔3〕 但是,如何准确地区分两者仍具有一定的难度。参见最高人民法院中国应用法学研究所编:《人民法院案例选》(2010年第2辑),人民法院出版社2011年版,第33页。

2008 年实施的《中华人民共和国劳动合同法》(以下简称《劳动合同法》)第 22 条的“服务期”条款弥补了《劳动法》的不足。此外,《劳动合同法》第 25 条同时规定,除本法第 22 条(服务期)和第 23 条(竞业限制)规定的情形外,用人单位不得与劳动者约定由劳动者承担违约金。自《劳动合同法》设立服务期和违约金条款以来,其在一定程度上满足了用人单位对劳动者提供专业技术培训的法律需求。尽管如此,目前我国企业为职工提供专业技术培训的情况仍不容乐观。究其原因,主要有以下几个方面。

(一)劳动合同短期化

在《劳动合同法》实施之前,我国关于劳动合同期限的规定主要见于《劳动法》第 20 条。根据该条规定,按劳动合同的期限主要分为固定期限劳动合同和无固定期限劳动合同,而劳动者若想与用人单位订立无固定期限劳动合同,需要同时满足“在同一用人单位连续工作满十年以上”和“当事人双方同意延续劳动合同”两个条件。虽然《劳动法》规定了无固定期限劳动合同,但在实践中,企业出于减少用工成本、便于终止与职工的劳动关系等考虑,与职工间订立的主要是固定期限劳动合同。因此,在《劳动合同法》实施之前,用人单位在与劳动者签订劳动合同时,多数签订固定期限劳动合同,劳动合同短期化现象较为明显。[1]

为解决劳动合同短期化问题,《劳动合同法》第 14 条对无固定期限劳动合同的适用范围、订立条件等作出详细规定。根据该条规定,劳动者不仅可以与用人单位协商订立无固定期限劳动合同,而且在符合“在同一用人单位连续工作满十年”和“连续订立二次固定期限劳动合同”等情形下,劳动者有权要求与用人单位订立无固定期限劳动合同。与《劳动法》第 20 条相比,《劳动合同法》将无固定期限劳动合同的适用范围扩大,订立条件放宽,在《劳动合同法》的调整下,我国无固定期限劳动合同的签订数量有望增加。然而,尽管《劳动合同法》第 14 条在一定程度上改善了劳动关系不稳定的现象,但仍有不少声音质疑该条限制了用人单位的用工选择权,过于加重用人单位的社会责任,存在过度保护劳动者的倾向。为规避该条的实施,在《劳动合同法》施行前夕,不少知名企业进行突击裁员,发生了深圳华为“辞职门”“沃尔玛裁员”等一系列企业解雇员工的事件。

目前,《劳动合同法》再次成为修法热点,而在制定和实施过程中就饱受争议的《劳动合同法》第 14 条也再次成为争论的焦点。[2] 实际上,在《劳动合同法》实施以后,无

---

〔1〕 有关调研数据显示,《劳动合同法》实施之前,企业与员工签订的劳动合同期限比较短,1 年或 1 年以下期限的近 50%;5 年以上的不足 10%。参见薛长礼:《劳动合同法实施效果实证研究》,载《法治论坛》2011 年第 2 期。

〔2〕 参见针叶芳:《〈劳动合同法〉修改之争及修法建议》,载《法学》2016 年第 5 期。

固定期限劳动合同在我国仍未成为企业用工常态,我国劳动关系目前仍具有不稳定性。一方面,与《劳动法》相比,虽然《劳动合同法》扩大了无固定期限劳动合同的适用范围,但在我国目前的实践中,无固定期限劳动合同制度的实施仍面临不少困境;[1]另一方面,为了降低用工成本,有些用人单位采取劳务派遣、非全日制用工等形式,避免与劳动者订立无固定期限劳动合同,我国劳动合同短期化的问题依然存在。[2] 劳动合同的短期化导致用人单位不愿投入成本对劳动者进行专业技术培训,劳动者的专业技能无法提升,进而无法为企业的创新提供坚实的支持,如此情况很不利于企业的长远发展,最终会形成恶性循环。

(二)宽泛的劳动者辞职权

劳动者辞职权这一权利,最早由《劳动法》第31条规定,即"劳动者解除劳动合同,应当提前30日以书面形式通知用人单位"。在劳动法实施过程中,学界首先对此项权利给予了肯定,但围绕着该权利是否公平、适用范围、预告期、赔偿责任等展开了争论。[3]《劳动合同法》第37条也规定了该项权利,即劳动者无须任何理由,只要提前30日(试用期内提前3日)以书面形式通知用人单位,即可解除劳动合同。劳动合同法的立法过程中,虽然有学者对此提出了反对意见,认为该条规定不利于劳动关系的稳定,可能影响用人单位的日常经营,但立法机关经过反复权衡,仍然作出了这样的规定。这是因为,一方面,还赋予劳动者辞职权,能够保障劳动者的人身自由权不受劳动合同解除限制的约束;另一方面,还能够促进劳动力在不同企业、不同行业之间自由流动,有利于劳动力资源的市场配置。[4]

无论是《劳动法》还是《劳动合同法》,对于用人单位劳动合同解除权的行使权都作

---

[1] 参见沈同仙:《我国无固定期限劳动合同制度实施困境的成因与出路》,载《学术界》2017年第1期。

[2] 有关调研数据显示,《劳动合同法》实施之后,企业与员工签订的劳动合同期限略有增加,但5年及以上期限的劳动合同比例仍然很低,仅占13%。无固定期限劳动合同的签订率虽有提高,但所占比例仍然偏低,企业普遍不愿签订无固定期限劳动合同。对此,有学者指出,《劳动合同法》立法初衷即劳动合同长期化的效果并不明显,甚至没有实现。参见薛长礼:《劳动合同法实施效果实证研究》,载《法治论坛》2011年第2期。

[3] 参见冯彦君:《解释与适用——对我国〈劳动法〉第31条规定之检讨》,载《吉林大学社会科学学报》1999年第2期。

[4] 参见《中华人民共和国劳动合同法》起草小组编写:《中华人民共和国劳动合同法释义》,中国市场出版社2007年版,第118~119页。

了较严格的规定，但对劳动者辞职权的行使却未作相应限制，[1] 劳动者辞职几乎无任何限制和法律成本，这也是引发员工离职的重要因素。即便在服务期条款中可约定违约金，但仅仅依靠培训费用来约束劳动者的离职行为——如后所述，仍有相当的局限性。现今社会已进入"知识经济时代"，拥有专业知识的高级人才成为决定企业谋求生存、发展的重要因素，劳动力市场的和谐稳定已经不能单单依靠用人单位的权利削减来实现了。劳动者辞职权的宽泛行使，在培训层面上意味着用人单位收益风险的增大，在没有确定预期的情况下，用人单位在培训成本支出时已然丧失基于劳动合同的安全感。近年来频频发生的航空公司"飞行员辞职"等事件，某种程度上可以说，正是法律对劳动者辞职权的宽松规定导致了劳动力市场秩序的紊乱。[2]

（三）服务期违约金制度设计的不合理

《劳动合同法》第 22 条第 2 款就服务期违约金数额作出了专门规定："……违约金的数额不得超过用人单位提供的培训费用。用人单位要求劳动者支付的违约金不得超过服务期尚未履行部分所应分摊的培训费用。"这一规定防止了用人单位通过加大违约金的数额而限制劳动者的自由择业权，对于保护劳动者的权益具有非常重要的意义。但是，鉴于目前我国劳动者契约意识还比较淡薄的现状，这一规定在多数情况下只是降低了劳动者的违约成本，损害了用人单位从劳动者接受培训后的劳动中可以获得的期待利益，影响了用人单位出资培训的积极性，最终会损害用人单位和劳动者的长远利益。

一方面，培训费用范围界定得不合理。《劳动合同法》对如何界定"培训费用"没有作出规定。2008 年 9 月国务院颁布的《中华人民共和国劳动合同法实施条例》第 19 条对此予以了明确，即培训费用"包括有支付凭证的培训费用、培训期间的差旅费以及因培训产生的其他直接费用"。这一规定表明，培训费用只能在用人单位所支付的直接费用范围内确定，但实际上用人单位有可能支付了劳动者更多的费用，如专业技术培训期间用人单位支付给劳动者的特殊待遇。而特殊待遇的费用是无法被纳入培训费用范围内的，这也意味着用人单位对劳动力投资的风险将大大增加。[3]

另一方面，违约金数额上限设置得不合理。《劳动合同法》第 22 条第 2 款将劳动者违反服务期约定而应承担的违约金最大数额，限定为用人单位在劳动者培训事宜上支出的总费用。这也表明，该规定将用人单位因劳动者离职所带来的损失局限于培训

---

〔1〕 有观点认为，劳动者辞职权的这一规定未能真正体现《劳动合同法》的公平原则。参见樊成玮：《也谈〈劳动合同法〉——基于立法原则之检视》，载《法学评论》2009 年第 5 期。

〔2〕 参见喻术红：《劳动合同法专论》，武汉大学出版社 2009 年版，第 119 页以下。

〔3〕 参见秦国荣：《服务期协议：概念、本质及其法律效力分析》，载《法律科学》2009 年第 1 期。

费用支出,而忽略人才流失后用人单位所损失的可期待利益。实际上,“这也凸显了第22条两个条款之间存在的内在逻辑矛盾:一方面,立法者激励用人单位出资对劳动者进行专业技术培训,从而开发高素质劳动力资源;另一方面,对用人单位从高素质劳动力资源中的‘受益权’缺乏强有力的保护。第二款的设计,严重偏离了第一款的立法价值。由此,导致用人单位不再出资培训劳动者,只是从人力资源市场上争夺高素质的劳动者,这不仅使潜在劳动者失去了出资培训、提高专业素质的机会,同时也使社会高素质劳动力资源开发只能由劳动者或社会承担”。[1]

三、比较与借鉴:专业技术培训实施的法律保障

他山之石,可以攻玉。发达国家和地区在专业技术培训实施方面所建立起来的法律保障机制,值得我们借鉴。

(一)合理的劳动合同期限制度

在劳动合同的签订上,传统大陆法系国家和地区的劳动法多规定:无固定期限劳动合同是原则,而固定期限劳动合同是例外。例如,德国和法国的劳动立法均以无固定期限劳动合同作为劳资双方订立劳动合同的主要形式,而日本更是坚持终身雇佣制。由于固定期限劳动合同本身具有期间届满合同自动终止这一先天的不稳定性,导致其与无固定期限劳动合同相比,存在不少的缺点。一方面,致使劳动者无法对其生活进行长期规划,无力为劳动者提供安定的生活;另一方面,由于固定期限劳动合同续订的权利掌握在用人单位手中,因此也使劳动者无法自由地行使其法定的或契约上的权利。[2] 因此,《法国劳动法典》第121-5条明确规定劳动合同的订立不得确定期限,确立了无固定期限劳动合同作为劳动合同主要形式的原则。同时第122-1-1条、第122-3条分别规定了临时性、替代性等固定期限劳动合同的适用条件及禁止签订固定期限劳动合同的情形。[3]

我国台湾地区“劳动基准法”第9条规定:“劳动契约,分为定期契约及不定期契约。临时性、短期性、季节性及特定性工作得为定期契约;有继续性工作应为不定期契约。”显然,我国台湾地区在劳动合同期限适用的问题上也采取了无固定期限合同为主,固定期限合同为辅的二元模式。但是,与我国相同,日本并没有像法国和我国台湾地区那样,将固定期限劳动合同限定于临时性、季节性及特定性的工作,而是保持一种

---

〔1〕 韩桂君:《〈劳动合同法〉中服务期制度完善研究》,载《法治社会》2016年第3期。

〔2〕 土田道夫、「労働契約法」、有斐閣、2008、頁70。

〔3〕 参见郑爱青:《法国劳动法典有关劳动合同的订立和解除的规定》,载中国人大网:http://www.npc.gov.cn/npc/zt/2006-03/20/content_347914.htm,最后访问日期:2018年1月10日。

比较开放的姿态。近些年,《日本劳动契约法》在固定期限劳动合同方面逐渐加强规制,强化实施以无固定期限为主固定期限为辅的劳动合同期限制度。其主要表现在以下两个方面。

第一,禁止雇主超出需求,在短期内反复更新固定期限劳动合同。2007 年制定的《日本劳动契约法》第 17 条规定,雇主应根据雇用劳动者的目的,尽可能地与劳动者签订较长期限的合同,避免订立短期的劳动合同并进行反复更新。举例来说,如果雇主因某个 1 年期的工程项目来雇用劳动者,那雇主就应尽可能与劳动者签订 1 年的劳动合同,而不是只签订 1 个月期间的合同然后再进行反复更新。该条的立法目的即在于要求雇主根据其雇用劳动者的自身需求,尽可能地与劳动者签订较长期限的劳动合同,从而减少雇主与劳动者在更新劳动合同时发生纠纷的可能。〔1〕

第二,新设固定期限劳动合同转无固定期限劳动合同的规则。2013 年《日本劳动契约法》修改时,新增了第 18 条规定。该条规定,劳动者与同一雇主签订两次以上固定期限劳动合同,且合同期间累计超过 5 年的情况下,该固定期限劳动合同的劳动者如果在正在履行的固定期限劳动合同期间届满前,向该雇主提出订立无固定期限劳动合同,视为该雇主对此予以了承诺。这是《日本劳动契约法》为解决固定期限劳动合同劳动者面临不安定雇佣,迈出的重要一步。该条规定体现了这样一种理念,即为了保障稳定的雇佣和劳动条件,劳动者原本向往与雇主签订无固定期限劳动合同。〔2〕对此,有学者评价日本此次修法,与德国、法国等国家和地区所采取的劳动合同原则上应以无固定期限劳动合同为主的模式与理念进一步靠近。〔3〕

(二)劳动者辞职权的适当限制

传统大陆法系国家和地区的劳动法对劳动者的辞职权均有规定,例如,法国、德国等区分了固定期限劳动合同和无固定期限劳动合同,对劳动者的辞职权分别进行了规定。对于固定期限劳动合同,劳动者原则上不得预告辞职,否则须承担相应的违约责任;对于无固定期限劳动合同,劳动者原则上可以预告辞职,但需要履行一定的程序或者满足一定条件。〔4〕《法国劳动法典》第 L－122－3－8 条规定:“除非当事人一致同

---

〔1〕［日］西谷敏、野田進、和田肇编:「新基本法コンメンタール労働基準法・労働契約法」,日本評論社 2012 年、頁 414、頁 416。

〔2〕［日］西谷敏、野田進、和田肇编:「新基本法コンメンタール労働基準法・労働契約法」,日本評論社 2012 年、頁 418。

〔3〕［日］西谷敏、野田進、和田肇编:「新基本法コンメンタール労働基準法・労働契約法」,日本評論社 2012 年、頁 418。

〔4〕参见王全兴:《劳动法》(第 3 版),法律出版社 2008 年版,第 172 页。

意,定期劳动合同,只有在当事人有严重过错或在不可抗力之场合,才能在其期限未到之前予以解除。”这一规定实际上严格限制了固定期限劳动合同中劳动者的辞职权。《德国民法典》将劳动合同的解除分为正常解约和非正常解约两类,正常解约是在正常情况下针对无固定期限劳动合同采取的解约制度,而非正常解约是雇主或者雇员在存在重大理由时,不仅可以对于无固定期限劳动合同,还可以对于固定期限劳动合同在不遵守解约期限的情况下进行解约。[1]

《日本民法典》第626条、第627条以及《日本劳动基准法》第14条对此也有类似规定。日本对无固定期限劳动合同中劳动者的辞职权规定得比较宽松。《日本民法典》第627条规定,当事人之间未约定雇佣期间时,各当事人无论何时均可提出解除合同;于此情形,自提出解除之日起2周后,合同即告终止。因此,根据该条的规定,劳动者只需在2周之前提出预告,即可辞职。与此相反,在固定期限劳动合同中,劳动者的辞职权则受到了严格限制。《日本民法典》第628条规定,当事人之间约定了雇佣期间时,各当事人无不得已事由不可解除合同。倘若如此,如果固定期限劳动合同的期限过长,则很可能对劳动者的辞职权或就业选择权形成限制,造成强迫劳动。因此,《日本民法典》第626条规定,雇佣(劳动)合同的上限为5年,超过5年的情况下,劳动者可以随时解除合同。

但是,1947年制定《日本劳动基准法》时,将劳动合同的上限修改为1年。2003年《日本劳动基准法》修改时,又将固定期限劳动合同的上限修改为3年,殊情况下劳动合同的上限可以规定为5年,如雇主与具有专业知识或60岁以上的劳动者之间订立的劳动合同。[2] 然而,因劳动合同的上限从1年延长到了3年,为了防止对劳动者造成强迫劳动,《日本劳动基准法》“附则”第137条又同时规定,作为“暂定措施”,固定期限劳动合同的劳动者在合同履行1年以后,只要向雇主提出申请即可辞职,而这一“暂定措施”一直保留到了现在。因此,目前在日本,劳动者的辞职权实际上仍仅受1年期间的限制。[3]

(三)相对合理的违约金制度设计

《日本劳动基准法》第16条规定,禁止雇主就劳动契约的不履行签订事先约定违

---

〔1〕 参见[德]W.杜茨:《劳动法》,张国文译,法律出版社2005年版,第115页、第147页。

〔2〕 参见[日]西谷敏、野田進、和田肇编:「新基本法コンメンタール労働基準法・労働契約法」、日本評論社、2012年、頁49。

〔3〕 参见西谷敏、野田進、和田肇编:「新基本法コンメンタール労働基準法・労働契約法」、日本評論社、2012年、頁50。

约金或损害赔偿预定额的合同。[1]《韩国劳动标准法》受日本法的影响,也在第24条明确规定:“雇主不得签订对不履行劳动合同的情况进行任何惩罚或损失补偿的合同。”从比较法角度来看,同为传统大陆法系国家的德国和法国则并不存在这样的规定。我国在2007年制定《劳动合同法》时,在第25条作出了与日本和韩国相类似的规定。即原则上禁止用人单位与劳动者事先约定违约金,但设置了两种例外情形,其中之一便是针对劳动者接受了用人单位的专业技术培训而违反服务期约定的。与此相反,《日本劳动基准法》则并没有明文规定这样的例外情形。

原本作为契约的自由,《日本民法典》第420条是允许雇主与劳动者自行约定违约金的,但是《日本劳动基准法》第16条对此进行了限制,其主要目的是防止对劳动者造成强迫劳动,以确保劳动者的辞职自由。具体来说,一旦允许用人单位和劳动者在劳动合同中自由地约定违约金,那么劳动者就有可能迫于支付违约金的压力,不得不继续履行劳动合同,而无法随意地在合同履行期间辞职。[2] 然而,日本作出这样的规定是有其特定的历史背景的,[3]随着社会发展形势的不断变化,如果用人单位为劳动者提供了特殊待遇或专业技术培训而与劳动者约定服务期,并同时约定了违约金,则其是否当然就违反了《日本劳动基准法》16条的规定,也是日本劳动法学界面临的课题之一。

值得注意的是,我国台湾地区在2015年12月修改“劳动基准法”时,在第15条第1款增加了“最低服务年限”规定。该条规定,劳动者在接受用人单位专业技术培训的情况下,用人单位可以与劳动者约定最低服务年限,但并没有涉及违约金的问题,当然也就没有像我国《劳动合同法》那样,将违约金的上限限定在培训费用内。那么,如果我国台湾地区的劳动者在接受了企业的专业技术培训并违反服务年限的情况下,企业是否可以向劳动者请求违约金呢?进而法院如何判断企业所请求的违约金数额是否正当呢?对此,我国台湾地区劳动法学者认为,最低服务年限之违约金金额是否相当,

〔1〕 该条中的“违约金”是指发生债务不履行的情况下,债务人向债权人应当支付的金钱。而“损害赔偿预定额”则是指与实际的损害额无关,通过契约预先约定一定的赔偿额度。预先约定的目的在于,简化损害额的计算和证明手续。无论是违约金还是损害赔偿预定额都是本条禁止约定的对象,加之《日本民法典》第420条第3款将违约金推定为损害赔偿预定额,因此对于两者的效果,日本学界普遍认为进行区别的意义不大,但对此也有不同的意见。参见[日]西谷敏、野田進、和田肇編、「新基本法コンメンタール労働基準法・労働契約法」,日本評論社、2012年、頁55。

〔2〕 参见土田道夫、「労働契約法」、有斐閣、2008年、頁75。

〔3〕 历史上,日本的工厂主就曾通过违约金等方式来限制劳动者的离职。参见犬丸義一、「職工事情」(上)、岩波書店、1998年、頁248。

由于中国台湾地区“民法”第252条规定,“约定之违约金额过高者,法院得减至相当之数额”,因此法院会依“一般客观事实,社会经济状况及当事人所受损害情形,以为斟酌之标准”。[1] 根据台湾地区“劳动基准法”的规定和该学者的解释,我们可以得出如下结论:虽然台湾地区有关劳动的相关规范对违反“最低服务年限”是否可以约定违约金没有明确规定,但是司法实践中对此并不禁止,而且在违约金是否过高的问题上,适用民法上关于违约金的规定进行判断即可。

四、对策与建议:我国专业技术培训实施的法律完善

我国可以在借鉴发达国家和地区丰富的理论和经验的基础上,结合我国企业实施专业技术培训的现状,从而完善我国对专业技术培训实施的法律保障机制。

(一)充分实现劳动合同长期化

长期稳定的劳动合同关系是用人单位实施专业技术培训的动力,目前在我国,实现劳动合同长期化的核心在于解决劳动合同短期化问题。有学者认为,劳动合同短期化,归根结底是因为我国尚未认清应当建立一个什么样的劳动合同期限制度。对于目前我国劳动立法建立的以固定期限为主、无固定期限劳动合同为辅的二元劳动合同期限制度,改革的重点是应回归两种劳动合同应有的价值本相及作用机理,实施分类治理。一方面,要对无固定期限劳动合同的订立“激活”,主要思路是对无固定期限劳动合同“去福利化”改革并回归其市场化劳动用工的本相,同时立法应当在固定期限劳动合同向无固定期限劳动合同转化建立制度机制;另一方面,要对固定期限劳动合同的订立“收缩”,在改革方向上应根据行业、岗位等属性明确固定期限劳动合同订立的法定情形,其他的都应订立无固定期限劳动合同。[2]

然而,《劳动合同法》实施后第14条一直饱受争议,尤其是连续签订二次固定期限劳动合同纳入强制订立无固定期限劳动合同这一条款,引发的争议最大。[3] 有观点认为,强制缔约是对合同法契约自由原则的釜底抽薪,甚至是完全的否定,它只有在具备特别理由——与基本人权保障、社会公共利益,公平竞争秩序和社会公德等直接关联时才应被法律所承认。而《劳动合同法》之所以作如此的强制缔约规定,主要是基于“克服合同短期化”的法益考量,假如以合同法和现代强制缔约基本理论重新检视我国实施强制缔约无固定期限劳动合同的相关规定,就会发现其明显超出了应该实行的强

---

〔1〕 侯岳宏:《最低服务年限约款效力之判断》,载《月旦法学教室》2016年第160期。

〔2〕 参见李雄:《论我国劳动合同立法的宗旨、功能与治理》,载《当代法学》2015年第5期。

〔3〕 参见沈同仙:《我国无固定期限劳动合同制度实施困境的成因与出路》,载《学术界》2017年第1期。

制缔约的法益考量范围。[1]

对此，笔者认为，尚有值得商榷的余地。“克服合同短期化”这一法益考量仅是表面性的，其背后所深藏的是这样一种理念，即与固定期限劳动合同相比，只有无固定期限劳动合同才可以让劳动者对其生活进行长期规划，能够为劳动者提供安定的生活，而这一理念与劳动者的“生存权”等基本人权保障密切相关。《日本劳动合同法》之所以在2013年修法时，作出类似的强制缔约规定，也正是出于这一理念的考量。我国《劳动合同法》立法者的立法本意，主要表现在以下几点：其一，固定期限劳动合同“只用劳动者青春期，严重影响了劳动者权益，致使劳动者缺乏安全感和稳定感，而本次通过的劳动合同法的一个突出特点就是鼓励和引导用人单位签订无固定期限劳动合同”；其二，“规定无固定期限合同，引导企业和劳动者去建立无固定期限合同，本意是要鼓励劳动关系双方建立长期、稳定的劳动关系”；其三，“在任何国家，一个违法的企业，不尊重劳动者的企业，寿命和利润都是不会持久的”。[2] 在《劳动合同法》实施10周年之际，我们应该再一次给予积极的评价和认识。这一理念所体现出的立法理由，不仅未与现代合同法的强制缔约理论相违背，相反其恰恰是符合现代合同法理论的最好注脚。

充分实现劳动合同的长期化，一方面，能够提升劳动者的稳定感和安全感，增强其提高专业技能的意愿以及工作的连续性；另一方面，也可以降低企业实施职业培训的风险，提高企业实施专业技术培训的积极性，从而有利于企业实现长远发展。从这样的角度，我们也应该重新认识《劳动合同法》第14条规定的意义。与此同时，我们也应该正视该条规定在制度的具体设计与实施等方面存在的不足之处，可进一步使之完善。[3] 我国劳动合同的价值取向，就是通过对劳动者提供特殊保护，使无固定期限劳动合同成为双方当事人签订劳动合同的首要选择。尽管职业稳定未必是所有劳动者共同的价值目标，不同年龄、行业、收入的劳动者对职业稳定的要求可能存在不同，例如，中老年劳动者对职业稳定的需求比较迫切，而青年劳动者并不强烈；但是，总体而言，无固定期限劳动合同有利于保护我国绝大多数劳动者的职业稳定，从而维护整个

---

〔1〕 参见沈同仙：《我国无固定期限劳动合同制度实施困境的成因与出路》，载《学术界》2017年第1期。

〔2〕 王岩：《人大常委会法工委官员谈〈劳动合同法〉四大亮点》，载中国新闻网：http://www.chinanews.com/gn/news/2007/06-29/968575.shtml，最后访问日期：2018年1月10日。

〔3〕 参见秦国荣：《无固定期限劳动合同：劳资伦理定位与制度安排》，载《中国法学》2010年第2期。

社会的安全和秩序。[1]

(二)合理限制劳动者的辞职权

如前所述,目前我国劳动立法尚未对劳动者的辞职权作出具体的限制性规定,过于宽泛的辞职权行使条件导致劳动者辞职成本较低,辞职潮频发,这也直接影响了用人单位实施专业技术培训的积极性。因此,为保障用人单位实施专业技术培训的期待利益,我国应对劳动者的辞职权进行合理的限制。

一方面,在固定期限劳动合同的期限内,劳动者无正当理由不可随意解除合同。固定期限劳动合同的期限,是由用人单位和劳动者在签订劳动合同时根据双方的合意确定的,合同期限的确定使双方当事人之间产生了一种信赖利益,即相信在合同期限内的劳动安排已经确定,该期限内的劳动关系也据此得以稳定。[2] 如果像《劳动合同法》第37条那样,允许劳动者只需提前30天预告,即可随意单方解除固定期限劳动合同,则必将损害用人单位的可期待利益,极大地影响用人单位实施专业技术培训的积极性。辞职权虽然渗透着劳动者自由择业权的精神,但过于宽松的辞职权必然与用工自主权相冲突,而且是以牺牲用人单位的合同预期利益作为代价。[3] 因此,我国可以借鉴德国、日本等国家和地区的经验,对订立无固定期限劳动合同的劳动者和订立固定期限劳动合同的劳动者进行区别对待:对于前者,在完善辞职权行使程序等前提下,可以允许劳动者单方面解除合同;而对于后者,则应遵守合同约定的期限,无正当事由原则上不能单方面解除合同。[4]

另一方面,为固定期限劳动合同期限和服务期期限设置合理的上限。由于目前我国没有对固定期限劳动合同期限和服务期上限作出规定,若按照上述建议对劳动者的辞职权作出限制,则在用人单位与劳动者订立较长期限的劳动合同或约定较长期限服务期后,将出现劳动者在较长时间内无正当理由不可辞职的情况,劳动者的就业选择权将受到一定妨碍。因此,为平衡用人单位和劳动者之间的利益,保护劳动者的就业选择权,我国可以在限制劳动者辞职权的同时,对固定期限劳动合同期限和服务期上限作出适当限制,将其限制在合理期间之内。具体来说,鉴于劳动合同具有较强的人

---

〔1〕 参见冯祥武:《〈劳动合同法〉遭受批判的原因评析——基于政治法律学的宏观视域》,载《北方法学》2010年第4期。

〔2〕 参见王天玉:《"和谐"与"稳定"之辨——劳动者辞职权制度的反思与重构》,载《时代法学》2009年第2期。

〔3〕 参见李雄:《论我国劳动合同立法的宗旨、功能与治理》,载《当代法学》2015年第5期。

〔4〕 参见王天玉:《"和谐"与"稳定"之辨——劳动者辞职权制度的反思与重构》,载《时代法学》2009年第2期;沈建峰:《劳动法作为特别私法》,载《中外法学》2017年第6期。

身依附性，如果长时间强制劳动者持续履行劳动合同，可能会侵犯劳动者的人身自由，这不仅与现代社会以人格尊重以及人身自由受保护的基本价值不符，也与“不得强迫劳动”这一国际通行的劳动合同履行原则相悖。[1] 因此，固定期限劳动合同期间的上限不宜过长，可以借鉴日本和法国等国家的做法，将其设置在1~2年内比较合适。[2]

对于服务期的上限，有学者建议将服务期的最长期限设置为5年。由此，不仅可以防范用人单位滥用服务期来限制劳动力自由流动，还可以协调劳动力所有权与人力资本投资受益者之间、服务期与择业自由之间的冲突。[3] 但是，笔者认为，不应当简单地给服务期期限设定一个法定最高标准。这是因为用人单位对劳动者进行专业技术培训的情况均有所不同，一律适用某一个最高期限容易忽视现实情况的多样性。[4] 对此，我国台湾地区在2015年12月修改“劳动基准法”时，提供了一个较好的方案，可供我们参考。即最低服务年限之约定，应就下列事项综合考量，不得逾合理范围：(1)雇主为劳工进行专业技术培训之期间及成本；(2)从事相同或类似职务之劳工，其人力替补可能性；(3)雇主提供劳工补偿之额度及范围；(4)其他影响最低服务年限合理性之事项。(第15条之1)

（三）合理设计服务期违约金制度

合理的服务期违约金制度可以提高劳动者的违约成本，从而降低用人单位实施专业技术培训的风险。目前，我国《劳动合同法》第22条将服务期违约金数额，限定在用人单位提供的培训费用以内。关于服务期违约金的性质，我国劳动法学界通说认为，《劳动合同法》第22所规定的是赔偿性违约金。[5] 但是如前所述，赔偿性违约金虽然保护了劳动者的就业选择权，却没有充分考虑到用人单位付出的机会成本与可期待收益，从而提升了用人单位对劳动者进行专业技术培训的投资风险，进一步降低了用人单位出资培训的积极性。因此，基于该规定在实践中引发的负面效应，笔者认为，有必要对服务期违约金的性质予以重新认识和定位。

---

[1] 参见沈同仙：《论劳动合同违约责任的承担方式及适用条件》，载《法学杂志》2005年第4期。

[2] 《法国劳动法典》规定，有期劳动合同应当明确规定合同的到期日期，合同的最长期间不得超过18个月，在任何情况下，不超过24个月。参见《法国劳动法典》，罗结珍译，国际文化出版社1996年版，第23页。

[3] 参见间清泓：《〈劳动合同法〉服务期制度之改进》，载《中国人力资源开发》2008年第8期。

[4] 参见冯彦君、王天玉：《劳动合同服务期规则的适用——以“东航返航事件”为切入点》，载《当代法学》2009年第4期。

[5] 参见董保华：《论劳动合同中的服务期违约权》，载《法律适用》2008年第4期；冯彦君、王天玉：《劳动合同服务期规则的适用——以“东航返航事件”为切入点》，载《当代法学》2009年第4期。

从历史上来看,违约金仅作为债务履行的担保工具而存在,为促使债务人履行债务,当事人往往约定较高数额的违约金,以形成一种履行上的压力;此类违约金的目的在于担保履行,而非解决损害赔偿,是固有意义的违约金;同时,此类违约金也并非当然具有惩罚违约行为之目的。[1] 如果从服务期违约金设立的功能——保证劳动者在服务期内履约来看,我国《劳动合同法》第22条所需确立的正是此种固有意义的违约金,而并非赔偿性违约金。因此,我国《劳动合同法》应从违约金"履约担保"的功能出发,将第22条所规定的违约金重置为此种固有意义的违约金,允许双方当事人就违约金的数额进行自由约定。[2]

但是,如果任由劳动合同双方当事人自由约定违约金,可能出现用人单位损害劳动者合法权益的情况,因此,应将违约金的数额控制在合理的范围内。在判断固有意义上的违约金数额是否过高以及是否需要酌减的问题上,笔者认为,可以以用人单位的履约担保目的是否能够实现作为标准进行综合判断,核心考量违约金额度或者多高的额度是促使劳动者忠实履行合同(服务期)所必需的,具体考虑劳动者的义务违反的程度以及过错程度、用人单位的财产利益损失,包括直接损失,也包括预期利益。[3] 最后,还应该根据公平原则和诚实信用原则,综合考量劳动合同的特殊性、劳动者在职期间的工资收入等因素,以防止对劳动者造成强迫劳动,避免发生侵犯劳动者就业选择权的情况。完善服务期违约金制度,使其回归违约金的原有功能——"履约担保",这对于促进劳动者忠实履行劳动合同,提升用人单位进行专业技术培训的积极性具有重要意义。

五、结语

在当下我国的社会实践中,用人单位对劳动者进行专业技术培训的积极性普遍较低。从法学视角进行分析,劳动合同的短期化、过于宽泛的劳动者辞职权、不合理的服务期违约金制度设计是导致用人单位积极性不高的重要原因。目前,我国《劳动合同法》正成为修法的热点,我们应以此为契机在充分借鉴域外国家理论和经验的基础上,对我国企业实施专业技术培训的法律保障机制进行完善。在劳动合同期限方面,我们

---

〔1〕 参见韩强:《违约金担保功能的异化与回归——以对违约金类型的考察为中心》,载《法学研究》2015年第3期。

〔2〕 需注意的是,对于作为违约金限制例外两种情形之一的竞业限制违约金,《劳动合同法》第23条规定,劳动者违反竞业限制约定的,应当按照约定向用人单位支付违约金。也就是说,《劳动合同法》不仅未像服务期违约金那样明确规定其上限,而且允许用人单位与劳动者就竞业限制违约金进行自由约定。

〔3〕 参见王洪亮:《违约金功能定位的反思》,载《法律科学》2014年第2期。

应肯定《劳动合同法》第 14 条对实现劳动合同长期化的积极作用，澄清社会上对该条规定的误解，努力解决劳动合同的短期化问题；在劳动者辞职权方面，我国应区分固定期限劳动合同和无固定期限劳动合同，对订立固定期限劳动合同的劳动者的辞职权进行一定限制，同时合理设置固定期限劳动合同期限和服务期期限的上限，以平衡劳动者和用人单位之间的利益。此外，我们还应从“履约担保”的角度出发，合理设计服务期违约金制度，允许劳动者在接受用人单位提供的专业技术培训的前提下，双方当事人就服务期违约金进行自由约定，但是其金额应在合理的范围之内。完善的法律保障机制不仅可以提高用人单位实施专业技术培训的积极性，从而提高劳动者的专业知识和技能水平，还可以促进企业的长远发展和社会生产力水平的整体提高。

我国污染场地修复责任主体法律制度研究

赵　爽[*]　王中政[**]

目　次

污染场地,是指根据国家技术规范所确认的超过有关土壤环境标准,且从事过有色金属冶炼、石油化工等行业生产经营,以及从事过危险废物贮存、利用、处置活动的用地。[1] 虽然2016年5月28日国务院发布的《土壤污染防治行动计划》(以下简称"土十条")对我国土壤污染修复的相关问题予以了高度关注,但污染场地修复责任主

---

* 西南政法大学副教授,法学博士。

** 西南政法大学经济法学院环境与资源保护法学硕士研究生。

基金项目:2015年教育部规划课题"民用核能生态安全保障法律制度研究"(项目批准号:15YJA820041);2016年西南政法大学经济法学院学生科研创新计划资助项目"我国污染场地生态修复法律责任主体研究"(项目批准号:2016JJF-38)。

〔1〕 原环境保护部(现生态环境部)2016年11月8日发布的《污染地块土壤环境管理办法(征求意见稿)》曾对污染地块下过定义,但在2017年1月18日的正式发布稿中摒弃了"征求意见稿"的定义,转用"疑似污染地块"的定义。根据该管理办法的规定,"疑似污染地块"是指从事过有色金属冶炼、石油加工、化工、焦化、电镀、制革等行业生产经营活动,以及从事过危险废物贮存、利用、处置活动的用地。而"污染地块"是指按照国家技术规范确认超过有关土壤环境标准的疑似污染地块。

体制度仍然存在着诸多问题。民众关注度较高的“常州毒地事件”[1]等关涉污染场地修复的公共事件也凸显了我国在该领域法律制度供给的不足,我国污染场地修复责任主体制度的相关研究亟待展开。

一、我国污染场地修复责任主体相关立法和司法现状评析

(一)污染场地修复责任主体相关国内立法评析

1. 污染场地修复责任主体的国内立法演进及现状

我国1979年的《中华人民共和国环境保护法(试行)》第10条,首次对土壤保护问题从法律的高度予以了关注。在其后长达30多年的时间里,我国针对土壤问题的立法进展一直较缓慢。有关土壤保护的规定散见于《中华人民共和国环境保护法》《土地复垦条例》《中华人民共和国固体废物污染环境防治法》等法律、行政法规之中,或效力等级不高,或多以原则性规定为主。[2] 2016年国务院发布的“土十条”对土壤保护和修复问题给予了制度性回应,也对场地污染的责任主体与相关制度予以了完善,但原则性规定的内容偏多,对法律程序的规定相对缺乏,导致其在司法实践中的可操作性较差。此外,“土十条”虽然对农村污染土地的管理和保护进行了较详细的规定,但是对城市污染土地的保护和修复关注甚少。而根据2017年1月18日环保部发布的《污染地块土壤环境管理办法》(以下简称《管理办法》)对污染场地的定义,工业和城市用地恰恰又占据污染场地的绝大多数,由此导致“土十条”的相关规定无法涵盖污染场地生态修复实践中产生的许多现实问题。尽管《管理办法》对污染场地修复的责任承担、修复与治理的一般过程及场地修复的监督管理等进行了较详细的规定,但是《管理办

---

〔1〕 2016年4月常州外国语学校环境污染事件引起公众关注,500名在校生疑似因化工厂污染地块中毒;2016年5月16日,“自然之友、中国绿发会起诉江苏常隆化工有限公司、常州市常宇化工有限公司、江苏华达化工集团有限公司案”被正式立案;2017年1月25日,该案在常州中级人民法院一审宣判,法院判决驳回原告诉讼请求;2017年2月7日和17日,自然之友和中国绿发会先后向常州市中级人民法院提交上诉状;2017年3月1日,江苏省高级人民法院正式受理该案。

〔2〕 参见黄德林、汪琳:《我国矿山生态环境保护法律制度完善问题研究》,载《中国人口·资源与环境》2008年第1期。

法》的适用范围、[1]对疑似污染地块的定义[2]以及违规惩处力度[3]等仍存在一些问题,这些都为《管理办法》执行的有效性带来了不确定因素。

值得关注的是,《中华人民共和国土壤污染防治法(草案)》[以下简和《土壤污染防治法(草案)》]已于2017年6月至7月在中国人大网公开向社会公众征求意见。我们认为,该草案分设专章规定了农用地和建设用地的土壤污染风险管控和修复,设置了不同的制度和措施。对农用地土壤建立了分类管理制度,分为优先保护类、安全利用类和严格管控类,采取不同的措施;对建设用地土壤建立了土壤污染风险管控和修复名录制度,规定了风险管控和修复措施,规定了修复工程的实施程序和修复中的污染防治要求。但是其作为土壤污染防治的统领性立法不可能面面俱到,对于污染场地修复责任主体在具体实践中存在的诸多法律问题尚需进一步的细化研究。

2. 我国污染场地修复责任主体制度的立法缺陷

总体而言,我国有关污染场地修复责任主体的立法正不断得到完善,但仍存在着诸多不足,这主要表现在以下几个方面。

(1)对生态损害赔偿和生态修复的性质认定不够明确。[4] 根据《中华人民共和国侵权责任法》(以下简称《侵权责任法》)及有关法律规定,我国规定承担民事责任的方式主要有八种。[5] 生态损害赔偿和生态修复与其中的"赔偿损失"和"恢复原状"具有相似的特征。但由于污染场地成因的复杂性和特殊性,污染场地修复主体承担责任的方式与传统民事责任承担方式应有所不同,即具有较强的综合性。而且生态环境关乎社会的公共利益,因生态环境受损所承担的责任也应当体现这一特点。但我国有关法律法规对生态损害赔偿和生态修复这两种责任方式的认定却显得较模糊。

(2)污染场地修复责任主体范围的认定过于狭窄。虽然"土十条"和《管理办法》均对污染场地修复主体承担责任的情形和方式予以了明确,但对责任主体范围的规定仍然局限于污染者、土地使用权人和地方政府之中。诚然,无论是污染者、土地使用权

---

[1] 从"常外毒地"事件可以看出,常隆地块的土地用于后被更改为绿化用地,而根据《管理办法》确定的范围,似乎不包括绿化用地。

[2] 《管理办法》确立的疑似污染地块似乎并不包括钢铁、造纸等"重污染户",这无疑与实际情况背道而驰。

[3] 《管理办法》第32条规定了处罚条款,但仅限于对第三方调查、修复和监测机构弄虚作假的行为,缺乏对地块责任人违法处罚的条款,且也没有规定罚款、吊销资质等更具威慑力的处罚方式。

[4] 康京涛:《生态修复责任:一种新型的环境责任形式》,载《青海社会科学》2017年第1期。

[5] 《侵权责任法》第15条规定:承担侵权责任的方式主要有:停止侵害、排除妨碍、消除危险、返还财产、恢复原状、赔偿损失、赔礼道歉及消除影响、恢复名誉。

人还是政府部门,其承担修复责任都没有太大的理论和实践障碍,但这在场地污染成因日渐复杂化、修复成本和技术要求日趋提高的背景下,却很难有效解决我国的场地污染问题。此外,根据我国有关法律的规定,政府对场地的修复承担兜底的责任,这在责任主体过窄的情况下无疑也增加了地方政府的压力。

(二)污染场地修复责任主体相关国内司法实践评析

1. 司法实践中污染场地修复责任主体的认定

受"污染者担责"原则的影响,我国在司法实践中对责任主体范围的认定相对狭窄。这在"常州市环境公益协会与储某等环境污染纠纷案"[1]和"镇江市生态环境公益保护协会与某公司环境污染侵权纠纷案"[2]中表现得较为明显。在这两个案例之中,承担污染场地生态修复的首要主体都是场地的直接污染者,而与污染者的污染行为有关联的其他主体在一定情况下也是连带责任主体,但该连带责任除了经济赔偿以外是否包括生态修复和生态损害赔偿的责任,有关司法实践并没有明确这一点。除此之外,污染场地上存在的不仅只有场地与污染者的关系,还有场地与其所有者、出租者、使用者等其他主体的关系。对于场地污染,这些主体是否也应当纳入场地修复的责任主体范围中,这在司法实践中也存在着争议。

2. 对我国司法实践中污染场地修复责任主体认定的评析

"污染者担责"原则,依然是我国司法实践中认定污染场地修复主体的首要原则。虽然该原则体现了环境正义和责任公平,但其对土壤污染的致灾性控制和土壤污染灾害的治理,难以转化成预防土壤污染以及应急修复等环节的可操作性的规定。[3]

污染场地的修复是一个既复杂又专业的工程,污染者往往缺乏修复的能力,如果按照传统的认定原则,承担修复责任的主体只是污染者,则污染者或因缺乏技术或因缺乏资金而经常会陷入履行不能的局面,而场地的修复又具有时间上的紧迫性,无法等待污染者恢复履行能力,这种矛盾的出现造成了传统认定方式在实践中的困境。另外,我国有关司法机关受此原则影响仅将目光集中在污染者的身上,而在一定程度上忽视了对环境具有监管职责的政府部门的责任和其他相关主体的责任,这也是值得我们反思的。

---

〔1〕 参见(2014)常环公民初字第2号。

〔2〕 参见(2015)镇民公初字第00003号。

〔3〕 参见王建平:《土壤污染灾害的致灾性三论——以"谁污染谁治理"原则失效为视角》,载《社会科学》2013年第7期。

二、污染场地修复责任主体制度的域外考察

(一)日本立法所确认的责任主体范围

日本的土壤污染问题由来已久,针对土壤问题的相关立法也经历了长期的探索。1970年日本颁布了第一部具有土壤保护性质的法律——《农业用地土壤污染防治法》(ALSCPL),该法的目的是控制农业用地的土壤污染,实施客土事业〔1〕和其他必要的公共事业,以谋求土壤的复原。〔2〕 1991年日本又颁布了《土壤污染对策法》(Law for Remediation of Soil Contamination,RSCL),该法侧重于城市污染场地问题的解决。随后的1993年11月,日本以对环境保护立法具有统领作用的《环境基本法》代替了公害对策基本法。〔3〕 自此,日本对污染场地治理的法律框架基本形成。其中,《土壤污染对策法》第7条对污染场地修复主体予以了明确,有关部门应在防止该污染危害人体健康的必要限度内,命令所有人等主体在规定期限内,采取清除该污染的措施。其中,"所有人等"是指曾使用过该污染场地的土地所有者、管理者或占有者。〔4〕 其第8条则对所有人与污染行为人之间的关系作出了说明。〔5〕 总体而言,在日本,场地的所有人是场地修复的第一责任人,当所有人与污染行为人不一致时,由污染行为人承担修复责任。如果场地所有人已经承担了责任,则其可向污染行为人追偿。〔6〕 此外,日本对污染场地及污染区划分的相关制度对我国亦有借鉴意义。日本将污染场地划分为农用地和城市用地,对不同类型的污染场地确定不同的应对措施。此外,日本将污染区划分为"需要治理污染区"和"改变土地利用形态时需报告的污染区"。〔7〕 针对不同的污染区,修复主体采取的修复技术和遵循的修复原则也是不一样的,从而真正做到

---

〔1〕 所谓"客土事业",是指将大量性质不同的土壤从其他地方运送到被毁坏了的土地上,覆盖该土地或与该处土壤搅拌在一起的改良土壤的事业。参见[日]原田尚彦:《环境法》,于敏译,法律出版社1999年版,第88页。

〔2〕 参见[日]原田尚彦:《环境法》,于敏译,法律出版社1999年版,第88页。

〔3〕 参见李晨:《中外比较:污染场地土壤修复制度研究》,法律出版社2013年版,第33页。

〔4〕 参见胡静:《关于我国〈土壤环境保护法〉的立法构想》,载《上海大学学报》(社会科学版)2012年第6期。

〔5〕 日本《土壤污染对策法》第8条规定,在土地所有人等遵照主管机关的指令采取指令措施之后,如果该土地污染是由土地所有人等以外的人的行为所造成的,所有人等有权就其履行制定措施所支出的费用,向污染行为人追偿。

〔6〕 See Kobayashi, "Hiromitsu, Japanese Law for Remediation of Soil Contamination", *Asia Pacific Journal of Environmental Law*, Vol. 7, Issue 2(2002), pp. 25 - 50.

〔7〕 宋德君、武晓峰:《日本〈土壤污染对策法〉的修订及其启示》,载《污染防治技术》2014年第4期。

了“因地制宜”。

（二）荷兰立法所确认的责任主体范围

20 世纪 80 年代的荷兰与今日的中国十分相似，正经历着从第二产业向第三产业的转型及大规模的城市复兴和再开发，彼时荷兰的土壤污染情况很不容乐观。在经过了一系列恶劣的环境污染事件之后，荷兰政府逐渐意识到土壤治理和修复的重要性。1982 年荷兰通过了《土壤保护暂行法案》，该法案规定承担修复责任的主体是政府，如果污染本身构成违法，则政府可向污染者追偿。[1] 其后的 1985 年，荷兰颁布了《土壤保护法》，正式明确了污染者是承担污染场地生态修复的首要主体。同时，该法也对土地所有者和长期承租者课以土壤修复的责任。此外，该法也规定了政府责任，即规定“在以上修复责任无法建立时，政府有责任进行初步调查、场址评估和修复调查，并在发生严重污染时采取修复措施”。[2] 总体而言，荷兰对责任主体的认定范围主要有污染者、污染场地的所有者、长期承租者以及政府四种类型。

（三）美国立法所确认的责任主体范围

美国是世界上最早展开对污染场地治理和修复的国家之一，迄今已有 30 余年的立法和实践经验。其中位于核心地位的，是 1980 年颁布的《综合环境反应、赔偿与责任法案》及其修正案（又称《超级基金法》）。该法案把污染场地生态修复的主体分为以下 4 类：(1) 当前“船舶”或“危险物质处置设施”的所有人或使用人；(2) 废物处置时（过去）工厂设施的所有人；(3) 安排或者指使他人进行危险物质处置的指挥者；(4) 危险物质的转运人。[3] 以上的主体包括个人、企业和其他组织，[4] 至于企业的股东是否应当承担责任，美国司法实践中对此也存在争议。

综上，《美国超级基金法》确认了 4 类潜在的责任主体，分别为当前“船舶”或“危险物质处置设施”的所有人或使用人、废物处置时（过去）工厂设施的所有人、安排或者指使他人进行危险物质处置的指挥者、危险物质的转运人；荷兰承担污染场地修复的责任主体包括污染者、场地的所有者、长期承租者以及政府。这两个国家对责任主体的

[1] See Mellenbergh, Rik, “Soil Protection Law and Reclaiming Soil Decontamination Costs in the Netherlands”, *Journal for European Environmental & Planning Law*, Vol. 3, Issue 3 (2006), pp. 240 – 249.

[2] 参见《荷兰土壤保护法》第 48 条。

[3] 参见张辉：《美国环境法研究》，中国民主法治出版社 2015 年版，第 387 ~ 388 页。

[4] 42 U. S. C. A. § 9601 (21) (West Supp. 1990) provides: “The term ‘person’ means an individual, firm, corporation, association, partnership, consortium, joint venture, commercial entity, United States government, State, municipality, commission, political subdivision of a State, or any interstate body.”

认定范围较我国都要宽泛许多,尤其是美国,承担责任的主体可能还包括信托人的责任。[1] 很显然,虽然美国、荷兰两国关于污染场地修复主体的规定在实践中也会存在问题,但总体而言仍取得了一定的成功。至于日本,虽然其主体认定的范围并不比我国宽泛,但其针对土壤问题的立法框架较我国而言却要合理许多,即日本将污染场地分为城市污染场地和农村污染场地,分别以立法予以规范,并对每部法律辅之以相应的实施细则。[2] 我国目前对污染场地的分类依据的主要是场地污染的程度和场地污染物的类型。具体而言,从场地污染程度上可以分为轻度污染、中度污染和重度污染。[3] 从场地污染物的类型上可以将其分为重金属污染场地、持久性有机物污染场地、电子废弃物污染场地等。[4] 而从最新征求意见的《土地污染防治法(草案)》的规定中可以发现,我国已逐渐转变对污染场地的分类标准,即将污染场地分为农用地土壤污染和建设用地土壤污染,这一点与日本的相关做法甚为相似。域外国家的立法对于现阶段我国污染场地的相关立法具有很好的参考和借鉴价值。

三、我国污染场地修复责任主体制度的完善

(一)明确生态损害赔偿和生态修复的法律性质

近年来,生态损害赔偿和生态修复成为污染场地修复主体承担的新型责任方式,上述两种责任既不同于传统民事责任的承担方式,也有别于纯粹的行政责任。而我国有关法律法规对此问题的规定也显得较模糊,因此,厘清上述两种责任方式的性质对于解决污染场地修复问题具有重要的意义。

我国2015年年底颁布的《生态环境损害赔偿制度改革试点方案》,并没有对生态损害赔偿的性质作出明确的认定。同样,我国学术界对此也存在着较大争议。有学者主张民事救济手段既不能对环境损害提供"赔偿"性的帮助,也不能阻止环境损害的发生,故应当强化政府责任,寻求公法上的救济。[5] 而有的学者则认为生态损害赔偿社

---

[1] See Hoey, William L., "Personal Liability of Trustees under the Comprehensive Environmental Response, Compensation and Liability Act (CERCLA)", *University of Detroit Law Review*, Vol. 68, Issue 1 (Fall 1990), pp. 73-98.

[2] 如日本于2003年先后颁布的《土壤污染对策法实行令》《污染场地对策法实施规则》等。

[3] 参见陈辉等:《重金属污染场地治理管理模式及分级方法研究》,载《中国环保产业》2008年第4期。

[4] 参见刘乙敏等:《西方国家工业污染场地管理经验及其对中国的借鉴》,载《生态环境学报》2013年第8期。

[5] 参见徐祥民、辛帅:《民事救济的环保功能有限性——再论环境侵权与环境侵害的关系》,载《法律科学》(西北政法大学学报)2016年第4期。

会化并不能从根本上解决生态损害救济的全部问题,而仍需回归到民事侵权赔偿之中。[1] 根据该方案的解释,生态损害赔偿是指有关个人和单位因污染环境、破坏生态的行为所应承担的相关赔偿。[2] 可见,生态损害赔偿的对象主要是受损的生态系统,而这并不能简单等同于人身或财产等私法性质的赔偿,因此,生态环境损害赔偿很难被纳入传统民法的范畴中。但无论是环境污染造成的人身、财产损害赔偿问题,还是生态环境本身的损害赔偿问题,其实质都是一个私法性质的问题。[3] 而笔者认为,将其认定为私法责任相较于认定为公法责任更有利于生态损害赔偿问题的解决。第一,由于生态损害赔偿的数额巨大,而我国环境行政罚款的数额一般在 10 万元以下,[4] 将生态损害赔偿认定为行政责任显然不能解决修复生态损害所需要的高昂费用问题。第二,侵权责任法应当是一个符合生态规律的开放性系统,[5] 其并不排除生态损害赔偿的侵权责任形式。相反,在民法生态化的大背景下,将生态损害赔偿纳入环境侵权责任中更有利于生态问题的解决。第三,从生态损害赔偿之诉性质的角度来看,在现有的诉讼制度体系下,生态损害赔偿诉讼在性质上应当属于环境民事诉讼的范畴,这一点应当没有太大疑义。[6] 除此之外,从国外的有关立法来看,美国的《超级基金法》、欧盟《环境责任指令》及英国《生态损害(预防与填补)规则(2015)》,均将生态损害赔偿定性为民事责任。[7]

我国相关法律法规同样没有对生态修复的法律性质作出明确的认定,而是通常将其认定为一种制度措施,从制度构建的角度认识生态修复。但制度的构建也应当以性质的明确为前提,所以生态修复的性质认定就显得尤为重要。生态修复性质的认定是

---

[1] 参见陈红梅:《生态损害的私法救济》,载《中州学刊》2013 年第 1 期。

[2] 《生态环境损害赔偿制度改革试点方案》规定生态环境损害,是指因污染环境、破坏生态造成大气、地表水、地下水、土壤等环境要素和植物、动物、微生物等生物要素的不利改变,及上述要素构成的生态系统功能的退化。

[3] 参见柯坚:《破解生态环境损害赔偿法律难题——以生态法益为进路的理论与实践分析》,载《清华法治论衡》2012 年第 2 期。

[4] 参见徐以祥、梁忠:《论环境罚款数额的确定》,载《法学评论》2016 年第 6 期。

[5] 参见吕忠梅:《环境侵权的遗传与变异——论环境侵害的制度演进》,载《吉林大学社会科学学报》2010 年第 1 期。

[6] 参见程多威、王灿发:《生态环境损害赔偿制度的体系定位与完善路径》,载《国家行政学院学报》2016 年第 5 期。

[7] 参见殷鑫:《论生态损害的侵权责任法救济机制》,载《河南师范大学学报》(哲学社会科学版)2016 年第 5 期。

一件较为复杂的事情,因为生态修复既不同于传统民事责任中的恢复原状,[1]也不同于传统环境行政责任和刑事责任,而是一种体现为环境法自身特点的责任承担方式。[2] 因此,我们有必要从承担生态修复的主体、形式以及生态修复的对象等方面明确生态修复的法律性质。从《环境保护法》第6条和第32条中可以推知,政府应当对生态修复承担主要责任。虽然在未来,随着历史遗留问题的解决以及生态修复制度的完善,政府承担的生态修复责任会进一步弱化,但其始终是生态修复的当然主体。关于承担生态修复责任的方式,我国司法实践中已经有了相应的探索。在"广州市白云区鱼塘污染公益诉讼案"[3]中,法院判决污染者承担生态修复责任的方式包括修复行为和经济赔偿,而经济赔偿的内容主要是针对生态环境损害的赔偿和修复费用的来源。至于生态修复的对象,应当包括两个层面:第一,生态修复的对象应当是受损害的生态系统;第二,生态修复的对象应当是由自然生态系统受损而导致的人与自然、人与人之间的关系。[4] 我们能够发现,生态修复责任的主体、方式以及对象都指向了公共利益,而蕴含在生态修复责任背后的价值取向也是为了保障全社会的公共利益,所以生态修复更多的是一种公法上的责任方式。从《中华人民共和国民法总则》(以下简称《民法总则》)对于"修复生态环境"是否应当纳入民事责任承担方式的态度的转变上看,[5]生态修复责任也不应当归入民事责任的视域之下,其在救济对象、标准、方式等方面与民事责任中的"恢复原状"还是存在着较大的区别。[6]

(二)扩大污染场地修复责任主体的范围

"污染者担责"原则的局限性,要求我们不断重新审视污染场地修复责任主体范围的有关立法规定。为了应对日渐复杂的场地污染问题,我们不应只将目光局限在污染者、场地使用者以及政府中,以下主体也应考虑纳入污染场地修复责任主体范围中。

---

[1] 参见吴鹏:《最高人民法院司法解释对生态修复制度的误解与矫正》,载《中国地质大学学报》(社会科学版)2015年第4期。

[2] 参见刘鹏:《论生态修复的环境法属性》,载《政法论坛》2016年第2期。

[3] 参见李挚萍:《生态修复案件中的责任承担和法律适用——以广州市白云区鱼塘污染公益诉讼案为例》,载《环境保护》2015年第8期。

[4] 同上。

[5] 2016年6月第十二届全国人大常委会第二十一次会议初次审议后公开征求意见的《民法总则草案》第160条第5项将"修复生态环境"作为一种民事责任承担方式与恢复原状相并列。而在2016年10月第十二届全国人大第二十四次会议公布的《民法总则草案(征求意见稿)》上将其删除。在2017年3月15日第十二届全国人民代表大会第五次会议正式通过的《民法总则》中也放弃了"修复生态环境"作为民事责任的承担方式。

[6] 参见吕忠梅、窦海阳:《修复生态环境责任的实证解析》,载《法学评论》2017年第3期。

1. 污染企业的有关股东

“土十条”明确提出要落实企业责任,故造成土壤污染的企业应当承担损害评估、治理与修复的法律责任。那么在企业承担修复责任的情况下,其股东是否也应当承担生态修复的责任呢?从微观层面上来说,法人的具体行为往往是由个体完成的,而该个体又经常是股东或者股东委托的主体,所以股东(尤其是控股股东)对法人的行为经常起决定性的作用。这在场地污染领域也不例外,法人实施的某项具体污染场地的行为经常是由股东或者股东委托的人(董事、经理等)做出的,股东对该行为有可控制的权利。所以当法人的行为对场地造成了污染而法人的财产又不能承担全部赔偿责任的时候,应当要求该法人的股东对污染场地承担修复责任。这既能强化公司的环保意识,也能真正做到“责任到位”。此外,公司法所确定的公司人格否认制度也可为这一问题的解决提供了相应的理论依据。《中华人民共和国公司法》第20条[1]及最高人民法院《关于适用〈中华人民共和国公司法〉若干问题的规定(三)》[2]对公司人格否认制度作了较详细的规定,基本理念在于通过法律规制股东的不当行为以保障公司和债权人的利益,从而实现公平和正义。这在根本上是与我国污染场地修复责任主体制度所追求的价值目标相一致的。因此,污染企业的有关股东滥用公司独立人格,使公司人格形骸化,发生污染环境的侵权行为并使债权人因此遭受严重损害时,[3]将公司法中的人格否认制度突破运用到污染场地生态修复领域,让污染企业的有关股东承担场地的修复责任,就显得很有必要。这一点在域外的司法实践中已经有了一些探索。例如,美国的3个巡回上诉法院和8个地方法院,在污染场地修复责任的主体认定问题上,已经明确了污染企业的有关股东需要承担场地修复的责任。[4]

---

〔1〕《中华人民共和国公司法》第20条规定:公司股东应当遵守法律、行政法规和公司章程,依法行使股东权利,不得滥用股东权利损害公司或者其他股东的利益;不得滥用公司法人独立地位和股东有限责任损害公司债权人的利益。公司股东滥用股东权利给公司或者其他股东造成损失的,应当依法承担赔偿责任。公司股东滥用公司法人独立地位和股东有限责任,逃避债务,严重损害公司债权人利益的,应当对公司债务承担连带责任。

〔2〕最高人民法院《关于适用〈中华人民共和国公司法〉若干问题的规定(三)》第13条第2款规定:公司债权人请求未履行或者未全面履行出资义务的股东在未出资本息范围内对公司债务不能清偿的部分承担补充赔偿责任的,人民法院应予支持。股东在公司设立时未履行或者未全面履行出资义务,债权人请求公司的发起人与被告股东承担连带责任的,人民法院应予支持。

〔3〕参见张新宝、庄超:《扩张与强化:环境侵权责任的综合适用》,载《中国社会科学》2014年第3期。

〔4〕See Heidt, Kathryn R., “Liability of Shareholders under the Comprehensive Environmental Response Compensation and Liability Act(CERCLA)”, *Ohio State Law Journal*, Vol. 52, Issue 1(1991), pp. 133 - 194.

2. 污染场地的关系人

目前我国法律还没有对污染场地关系人的概念予以明确的界定,对有关概念的理解可以借鉴我国台湾地区的做法,即污染场地的关系人是指污染行为人之外的,该场地的使用人、管理人或所有人。[1] 由于"土十条"及《管理办法》已经明确规定了场地的使用权人是场地修复的责任主体,同时,已公开征求意见的《土地污染防治法(草案)》第50条也明确规定:对土壤污染风险管控和修复名录中需要实施修复的污染地块,由土壤污染责任人负责修复;土壤污染责任人无法认定或者消亡的,由土地使用权人负责修复。因此,本文在此不对场地使用人的修复责任再行讨论,而是将重点放在可能承担污染场地修复责任的其他关系人上。从某种意义上来说,场地的管理人和所有人往往也是重合的。但既然有先例将其并列,那么这两者就有可能存在不重合的情况,并且这些非重合的情形才是法律关注的重点。例如,在租赁关系中,场地的所有人A将场地出租给场地承租人B,而B基于合同或者其他关系将场地借与C使用,而C却实施了污染场地的行为。在这种情况下,场地的所有人A和场地的承租人B都是场地的管理者,那么针对C的污染行为,A和B是否应当承担修复责任呢?"土十条"及相关法律法规并未对此作出明确的规定。[2] 因此,本文在此就针对场地的出租人A以及作为非直接使用人的场地承租人B,这两种情况下的污染场地关系人是否应当承担场地修复责任予以分析。

首先需要说明的是,并非所有的场地承租人都是污染场地修复的责任主体,只有那些长期承租人才需承担修复责任。因为场地的长期承租人就相当于场地的所有人,其拥有对场地事实上的管理和控制权利,包括对场地用途的选择等。在通常情况下,场地的长期承租人往往是场地的经营者,其在场地上从事着生产经营活动,那么,"作为经营者,承租人应当对自己的行为和对他在经营过程中发生的处置行为负责"。[3] 当承租人将其场地借与他人使用时,其也有确定的义务防止场地的污染。换句话说,承租人承担的是一种状态责任,即承租人有维持其所控制的场地处于不受污染之状态

---

[1] 参见我国台湾地区"土地及地下水污染整治法"第2条第19款。

[2] "土十条"规定:按照"谁污染,谁治理"原则,造成土壤污染的单位或个人要承担治理与修复的主体责任。责任主体发生变更的,由变更后继承其债权、债务的单位或个人承担相关责任;土地使用权依法转让的,由土地使用权受让人或双方约定的责任人承担相关责任。责任主体灭失或责任主体不明确的,由所在地县级人民政府依法承担相关责任。

[3] Jensen, William P., "Lessor and Lessee Liability under the Comprehensive Environmental Response, Compensation, and Liability Act (CERCLA): The Catch - 22 of Lease Agreements, State Bar of Texas", *Environmental Law Journal*, Vol. 22, Number 2 (Fall 1991), pp. 25 - 42.

或排除侵害之危险的责任。在之前的“常州市环境公益协会与储某等环境污染纠纷案”中,我们也能发现,博世尔公司作为场地的经营者和场地的承租人,实际的污染者却是储某某,而法院判决博世尔公司对储某某的污染场地行为承担连带责任,法院如此判决的理由也是基于博世尔公司未履行好其作为场地经营者的义务。所以我国的司法实践中已经有了相应的司法实践,只是在立法上还没有对此予以确认。

出租人作为场地的所有者或使用者,有确定的义务阻止其他人以破坏环境的方式使用场地,出租人对其控制的场地负有严格的监管责任,无论该场地污染是由其自己造成的,还是由其前者,抑或承租人造成的,出租人都应当被限制适用抗辩理由。在我国,由于土地由国家所有和集体所有,所以场地的第一出租人只能是国家和集体经济组织。也就是说,国家和集体经济组织也是潜在的修复责任主体。那么,这就可能存在一个问题,即在面对场地污染治理的时候,政府的角色应该如何去定位,是社会的监管者还是场地的出租者?虽然无论是社会的监管者还是场地的出租者,政府部门都需承担场地修复的责任,但在这两个角色中,政府承担责任的顺位是不相同的。即按照目前我国对政府责任的规定,政府部门只有在土地使用权已经收回、责任主体灭失或者责任主体不明确的情况下才承担修复责任。易言之,政府部门在作为社会监管者的时候,只是承担补充责任;而作为场地的出租者,政府部门则没有顺位利益,其应与污染者承担连带责任。但在这两种情况下,政府都有权向真正的污染者追偿。鉴于此,笔者认为,当政府部门能够作为场地出租者的时候,其在责任承担方面,较之社会监管者,应优先考虑追究其作为场地出租人而应承担与实际污染者的连带责任,当然,其依然得以保留对实际污染者追偿的权利。如此,一方面可以避免政府因角色不明所带来的消极影响,另一方面也可增加污染场地修复的可能性。

四、结论

污染场地生态修复,对于改善环境、保障人体健康具有重要的现实意义,同时也是实现经济可持续发展的必然要求。我国场地污染问题由来已久,“土十条”和新近征求意见的《土壤污染防治法(草案)》无疑为我国污染场地的治理和修复的具体制度建设指明了方向。考虑到我国场地污染现状的严峻性和生态修复的紧迫性,我们应当在明确污染场地中生态损害赔偿以及生态修复这两种责任方式法律性质的基础上,将污染企业的有关股东以及场地的出租者和承租者纳入污染场地修复责任主体范围的考量之中,明晰场地修复责任主体,为后续更具针对性的土壤污染修复制度建设提供良好的运行基础。

农村法治

新型城镇化背景下我国宅基地制度的发展歧向与功能塑造

——以协调发展为理念

杨青贵*

目　次

新型城镇化是21世纪中国影响世界发展的重大事件,在城镇与农村之间形成了很大规模的人口转移,极大影响了城镇和农村发展。中央所提出的新型城镇化,并非纯粹的城镇化,而是以城乡统筹、城乡一体、产业互动、节约集约、生态宜居、和谐发展为基本特征的城镇化。新型城镇化发展,成为中国未来相当长时期的重大改革实践。作为上层建筑的法律制度的变迁,事实上必然受到新型城镇化的影响和决定;法律制度是否适应新型城镇化的发展,成为法律制度发展方向与程度的重要衡量指标。宅基地制度作为中国特色的法律制度,与新型城镇化之间既存在一定的张力,也存在内在

---

* 西南政法大学博士后流动站与贵州省社会科学院博士后工作站联合培养博士后研究人员,西南政法大学中国农村经济法制创新研究中心研究员,副教授,法学博士。

基金项目:中国博士后科学基金第11批特别资助项目(2018T110997);中国博士后科学基金第61批面上资助项目“民族地区资产收益扶贫的实施困境及其制度应对”(2017M610587);重庆市博士后研究人员科研项目特别资助项目“民族地区资产收益扶贫的地方实践及其制度保障”(Xm2017122);2017年度西南政法大学专项资助项目(2017XZZXQN-04);西南政法大学经济法学科“两江学者”团队建设项目“贫困地区资产收益扶贫法律制度创新研究”(XZJJFLJ02)。

一致性。面向新型城镇化发展要求,重塑我国宅基地制度的现代功能,成为我国宅基地制度改革与完善的重要起点与目标指向。

一、新型城镇化发展对现行宅基地制度的冲击

我国的新型城镇化并非纯粹意义上的西方城镇化和传统城镇化,而是坚持以人为本,贯彻"五大发展"理念,旨在全面提升城镇化质量和水平的一项重大的中国特色实践。其核心在于强调新型城镇化与工业化、信息化、农业现代化同步推进,实现人口、经济、资源和环境相协调,大、中、小城市与小城镇协调发展,人口集聚、"市民化"和公共服务协调发展。[1] 新型城镇化作为深化改革的重大突破口,其影响范围不仅限于"人的城镇化",而是伴随从农民的生产方式、生活方式转变为市民的生产、生活方式,在城乡要素流动、农业人口转移、大规模公共服务均衡化等方面均发生重大变革。[2] 宅基地使用权及农房是农民进城落户及生存发展的重要物质基础。进城落户农民宅基地使用权益相关制度安排在很大程度上影响着农民市民化的动力,是影响新型城镇化发展的重大现实因素。

"保障农村人口居住权,实现居者有其屋",一直是我国宅基地使用权制度设计的唯一价值目标。[3] "一户一宅"且人均面积受限,仅限农村集体经济组织成员以"户"为单位申请,宅基地使用权及其住房不得向非农村集体经济组织成员转让,是我国现行宅基地制度的核心内容。以身份性、保障性为主要特征的现行宅基地使用权制度与新型城镇化发展中"人的城镇化""要素的城镇化"所内含的要素化、流动性等要求存在明显的适应性问题,已成为新型城镇化发展的重大障碍。[4]

新型城镇化对现行宅基地制度的冲击,是两者关系的主要方面。新型城镇化以破除土地利用的城乡二元体制为基本要求,宅基地是一种重要的市场要素和稀缺资源,而适当削弱宅基地使用权的身份色彩,逐步向财产权性质的适度回归,是新型城镇化发展的应有之义。同时,新型城镇化应当以有效保护农户宅基地权益为前提,将宅基地使用权等财产权实现作为农民进城落户的物质基础和保障。然而,现行宅基地使用

---

〔1〕 参见杨佩卿:《新型城镇化的内涵与发展路径》,载《光明日报》2015年8月19日,第15版。

〔2〕 参见中国金融40人论坛课题组:《加快推进新型城镇化:对若干重大体制改革问题的认识与政策建议》,载《中国社会科学》2013年第7期。

〔3〕 参见刘俊:《农村宅基地使用权制度研究》,载《西南民族大学学报》(人文社会科学版)2007年第3期。

〔4〕 参见汤汉林:《城镇化背景下农村宅基地制度改革研究》,载《山西农业大学学报》(社会科学版)2013年第9期。

权立法不仅坚持身份性、强制性的立法基调，更没有在立法层面明确农民进城落户后是否仍然属于宅基地使用权主体，[1]所拥有的宅基地使用权是否存在期限，如何实现宅基地使用权的财产权益等重要内容。

综上可见，如何全面识别现行宅基地制度与新型城镇化发展的适应性问题，确认宅基地使用权，均衡宅基地使用权的财产权保护与集体所有制法律实现的价值取向，允许多渠道筹集资金并按规定用于对进城落户农民自愿退出宅基地的补偿，[2]无疑成为破解宅基地使用权制度改革与新型城镇化发展的适应性问题的重要方面。

二、现行宅基地制度与新型城镇化发展的错位

长期以来，人口城镇化滞后于土地城镇化，城镇化发展问题较突出。党的十六大报告首次提出“走中国特色城镇化道路”，党的十八大明确提出新型城镇化的发展路径。新型城镇化是“城市的现代化”，也是“人的现代”，更是城乡统筹、城乡一体、产城互动的城镇化，形成城市群特定区域内大中小型城市、村、镇相互依托、资源共享、优势互补的城市发展生态链。[3] 与传统的城镇化相比，新型城镇化更加注重对农村资源的集约利用，着力解决农村人口市民化之后遗留的土地资源闲置与土地资源价值体现之间的矛盾。[4] 土地问题是新型城镇化的核心问题，包括宅基地制度在内的农村土地产权制度改革，在很大程度上影响新型城镇化发展效果。

处于不断改革探索中的农村土地制度，总体上仍然难以有效适应新型城镇化发展。尤其是受农村产权制度改革滞后的影响，农村资产权益缺乏有效退出通道，农业人口转移与农村土地、集体经营性资产等相关权益的流转不同步，造成农业转移人口难以在城镇落户，城镇建设用地需求得不到有效满足，大量农村“沉睡资产”无法资本化，不仅影响农业现代化进程，而且影响新型城镇化的健康发展。[5] 就新型城镇化的本质及发展趋势而言，新型城镇化对宅基地制度存在方向性要求，总体上要求通过不

---

〔1〕 进城落户农民往往因丧失农业人口身份而失去特定集体的成员资格。在以户籍作为集体成员身份依据的标准下，进城落户农民必然会丧失集体成员身份，进而也会在理论上失去以成员身份为基础的宅基地使用权等集体权益。

〔2〕 参见中共中央、国务院《关于深入推进农业供给侧结构性改革、加快培育农业农村发展新动能的若干意见》。

〔3〕 参见肖振宇、宁哲、张杰：《新型城镇化新型度评价研究——基于城市群的视角》，载《经济问题》2017 年第 7 期。

〔4〕 参见郎晓娟、郑风田、崔海兴：《中国燃料乙醇政策演变》，载《林业经济》2009 年第 3 期。

〔5〕 参见涂圣伟：《新型城镇化建设背景下我国农村产权制度改革研究》，载《经济纵横》2017 年第 7 期。

断的改革和完善宅基地制度,适应新型城镇化发展。为此,把握新型城镇化对宅基地制度的基本特点和根本要求,才可能厘清现行宅基地制度不适应新型城镇化发展的问题。

在宅基地制度框架中,与新型城镇化发展最紧密相关的当属宅基地使用权制度。我国现行宅基地制度的基本内容可概括为:农村集体经济组织成员以户为单位申请使用、一户一宅、无偿福利性分配、零成本维持、严格限定用地面积以及仅限农村集体经济范围内流转。福利性、保障性、身份性以及权能有限性无疑成为现行宅基地制度的最主要特征。受此影响,许多农民在新型城镇化进程中必然进行利益衡量,并根据政策和制度情况加以选择。其结果必然是导致宅基地资源的浪费。例如,有调查现实,在我国工业化、城市化快速发展过程中,有 2 亿名至 3 亿名农民从农村转向城镇就业与居住,全国 2 亿亩宅基地中有 10% ~15% 处于闲置状态,为 2000 万 ~3000 万亩;[1] 另据有关部门调查,重庆市万盛区 43,000 多家农户中,9000 多户有两处以上宅基地,甚至出现了一户三四处宅基地的情况。[2] 足见现行宅基地制度及其实施效果与以人为本的新型城镇化发展之间存在一定的张力。现行宅基地制度与新型城镇化发展存在不适应问题,主要表现在以下四个方面。

一是宅基地所有权较为明确而稳定,但以之为基础的宅基地使用权主体与农村集体经济组织之间却具有较稳定的身份性,并且农村集体经济组织成员资格取得与丧失的标准和条件缺失。而农村集体经济组织成员资格又是现行法理上宅基地使用权主体正当性的识别标准。

二是宅基地使用权的身份性大于财产性,并且法律严格限定宅基地使用权流转范围,事实上限制了宅基地使用权的权能,制约了宅基地使用权财产权属性的彰显,制约了进城落户农民宅基地使用权的有效实现以及对宅基地的有效利用。

三是进城落户农民缺乏有效实现宅基地使用权的渠道。尽管中央提出有偿退出宅基地这一路径,但从地方实践来看,其又受制于补偿标准以及补偿资金来源的持续性,以致影响实际效果。

四是宅基地与其他集体建设用地、国有建设用地相互之间很难实现同地、同权、同价,亦缺乏相应的规范性的转换规则依据,影响了土地价值的有效实现,也影响了集体及其他相关主体合法权益的保护和实现。

---

〔1〕 参见张云华:《完善与改革农村宅基地制度研究》,中国农业出版社 2013 年版,第 76 页。

〔2〕 参见帅文波:《农村宅基地节约集约利用的思考与建议》,载《南方国土资源》2014 年第 4 期。

三、新型城镇化背景下宅基地制度调适的基本路径

传统的城镇化,对我国经济社会发展带来了突出问题。例如,“土地城镇化”快于人口城镇化,“半城镇化”问题依然突出;征地拆迁、“被上楼”导致的各类纠纷、群体性事件频频发生;建设用地利用粗放而低效,城镇空间分布和规模结构不合理,“空城”“鬼城”现象屡见不鲜;城镇化与资源环境承载能力不匹配,城市管理服务水平不高,空气雾霾、道路拥堵、城市看海等“城市病”问题日益突出;自然历史文化遗产保护不力,城乡建设与当地地理人文不相融合、缺乏特色,个别地区大拆大建现象突出等。〔1〕新型城镇化是中国经济转型和经济增长的重要引擎。〔2〕新型城镇化本质上是资本、土地、劳动力等要素自由流动和重新配置的结果,城镇化的关键是消除人口和生产要素自由流动的障碍。〔3〕其中,人口的自由流动,现已通过户籍制度改革得到了很大程度的实现。

就新型城镇化的主要对象而言,农民由农村向城市的自由流动远未实现。这主要是因为除户籍制度线之外,农民对农村的情愫、对原有生活的适应性及对未来生活的不确定性、对农村土地承包经营权及其他财产权利获得与维持的考虑等均成为农民是否参与城镇化的重要影响因素。随着户籍制度改革,上述因素甚至已经成为改革推进进展缓慢的主要原因。宅基地使用权作为农民生存的重要基础,更是在对农民是否参与城镇化问题上发挥了比较重要的作用。尤其是在逆城市化的趋势下,加之缺乏其他方面的限制和协同性,许多农民尤其是进城务工者,往往在城镇购置住房甚至以城镇生存为主导的情况下,更愿意选择保留农村住宅及宅基地使用权。这种现象在实践中较普遍。这就实际上提出了必须面向新型城镇化发展需要来改革和完善宅基地制度的重大命题。

2014年国务院政府工作报告指出,“坚持走以人为本、四化同步、优化布局、生态文明、传承文化的新型城镇化道路”。这是官方首次明确提出的新型城镇化的内在要求。“五大内生要求”对于宅基地制度而言,存在如下基本要求:一是以人为本,有效确认、保护和实现好宅基地所有权主体、宅基地使用权主体的合法权益。二是宅基地制度应

---

〔1〕参见张占斌:《新型城镇化健康发展的若干重大问题》,载《中国浦东干部学院学报》2017年第4期。

〔2〕参见蔡昉、郭震威、王美艳:《中国新型城镇化如何成为经济增长源泉——一个供给侧视角》,载《中国乡村发现》2016年第10期。

〔3〕参见李佐军:《“钱荒”暴露地方债问题 城镇化关键是要素自由流动》,载财经网:http://economy.caijing.com.cn/2013-08-13/113165162.html,最后访问日期:2018年2月6日。

当降低身份性的突出特色。这主要是指宅基地使用权制度安排中,至少应当在宅基地使用权的持有、退出环节,加大立法完善,降低身份性色彩。以农民和土地的双向依附关系作为基本前提来设计的土地流转制度,强化了具有"中国特色"的城镇化路径,但却使乡村城镇化与农民市民化渐行渐远。[1] 尤其是在国家要求不得以退出宅基地使用权作为进城落户要求的政策导向下,唯有身份性较弱的宅基地使用权制度,方可更好推进新型城镇化发展。三是宅基地上的权利制度安排应当坚持稳定性与可流动性,即除坚持宅基地所有权不得动摇外,宅基地使用权作为物权法确认的用益物权,属于农户的财产权范畴,是农户参与新型城镇化的物质基础和核心利益。唯有坚持稳定性与可流动性并存的宅基地制度,方可为人的城镇化奠定制度基础。

如何适应新型城镇化发展对宅基地制度改革的要求和需要,需要坚持以"协调发展"为导向,正视宅基地制度与新型城镇化发展的不适应性,进而立足宅基地制度变迁的应有走向,明确宅基地制度及相关制度改革的可为之处:一是将协调发展作为相关法学理论和法律制度的基本理念。二是在民法总则明确农村集体经济组织为"特别法人"的基础上,进行农村集体经济组织立法,建立科学、完善的农村集体经济组织制度,尤其是明确农村集体经济组织成员资格认定标准与条件。在此基础上,宅基地使用权主体身份的取得与丧失,由农村集体经济组织成员资格予以认定;宅基地使用权则仅为财产权。三是严格执行一户一宅、严格控制适用面积等既有制度规定,同时赋予宅基地使用权更全面的权能内容,尤其是丰富和完善宅基地使用权流转、退出的制度规定;通过发挥地票制度的优势功能,增加对宅基地使用权流转、退出的激励措施和激励程度。四是注重发挥成员集体及农村集体经济组织在宅基地管理及有效利用方面的功能,避免和应对实践中存在的宅基地管理主体缺位、宅基地违法问题得不到有效纠正等问题。五是注重宅基地制度改革与其他相关制度建设的协同性,主要包括户籍制度、土地监管制度、城乡公共服务一体化等方面。

四、新型城镇化背景下宅基地制度现代功能的协调发展

制度功能存在正负之别,但正向功能确是制度设计者的基本意旨和制度追求。宅基地制度,具有集成所有权制度与使用权制度的复杂性。受限于集体所有制、集体经济有效实现、成员基本生存权保障以及中央政策及立法导向等重要因素,宅基地制度的正向功能呈现多元化特征。宅基地制度变革既要辩证发展宅基地制度,更要确立适应理论及实践发展要求的现代性因子。新型城镇化成为我国宅基地制度现代功能的

---

[1] 参见郑兴明:《中国城镇化进程中农民退出机制研究》,人民出版社2012年版,第42页。

重要基础,新型城镇化对农村集体经济组织成员身份及生产生活方式带来的变化,更是宅基地制度发展必须正视和有效回应的重要方面。尤其是在现有相关理论对宅基地现代功能关注不多且缺乏系统性、全面性的情况下,宅基地制度现代功能塑造应当立足中国实践,明确宅基地制度现代功能的识别标准与基本特色,从政治、经济、社会、文化等多维视角,探索确立宅基地制度正向功能。

(一)宅基地制度时代功能的识别标准

功能,是指属于总体活动一部分的某种活动对总体活动所作的贡献,[1]也是社会制度对社会需求的贡献,维持社会各部门之间整合性的过程。[2] 法律制度不仅反映着社会生活,同时塑造着我们的社会生活;不仅宏观影响社会进步与经济发展,同时微观影响个体的成长与发展。[3] 功能性是法律制度的基本特性。法律制度自然有其功能,立法者也希望法律制度能够发挥其预定的功能,这也正是法律制度的价值所在。[4] 法律制度的功能即是法律以其特有的结构性在实施中对特定社会关系的影响,可按照不同标准,分为内部功用与外部功能、正功能与反功能、激励功能与约束功能等类型。

宅基地制度是有关宅基地占有、使用、收益及处分的法律原则和法律规则的总称,主要包括宅基地所有权制度和宅基地使用权制度两类。其中,宅基地使用权制度的核心在于对宅基地使用权及其主体、客体、内容、行使的规定。宅基地所有权和宅基地使用权既是物权法中明确规定的重要物权,也是我国农村土地制度的重要制度构成。当然,我国宅基地制度并非纯粹意义上的物权制度,无法直接运用现有物权法理论尤其是传统的西方物权法理论及物权法制度加以解读、阐释、分析。相反,我国宅基地制度的研究更应当立足社会主义公有制等中国实践,回归我国宅基地制度及其功能变迁的实践中。

在我国,"宅基地"一词已纳入宪法、土地管理法、物权法及其他相关法律法规规定,宅基地制度亦成为中国特色社会主义法治体系的重要构成部分,两者均深刻体现出宅基地制度在中国特色社会主义法治理论和法治体系中的重要地位。另外,这也是证成宅基地制度具备重要现代功能的应有之义。详言之,颇具中国特色的宅基地制度的现代功能应当被定位为正向功能,是具有重要理论价值和实践意义的一项特色制度功能。尤其是在农村土地制度试点探索改革的重要时期,探索确立宅基地制度的现代

[1] 参见[美]J. 威尔逊:《功能分析介绍》,罗述勇译,载《国外社会科学》1986 年第 10 期。
[2] 参见付子堂:《法律功能论》,中国政法大学出版社 1999 年版,第 16 页。
[3] 参见丰霏、王天玉:《法律制度激励功能的理论解说》,载《法制与社会发展》2010 年第 1 期。
[4] 参见王丹丹:《法律制度的功能及其异化——人民调解制度演变史》,载《政法论坛》2016 年第 6 期。

功能,不仅有助于缓解理论和实践中关于宅基地制度功能的争议与分歧,更能进一步有效推进农村土地制度改革探索,摸清制度发展变迁的基本走向。据此,可将宅基地制度现代功能的识别因素提炼如下。

一是集体所有制的内在要求。宅基地制度是建立在集体所有制及集体土地所有权制度基础上的,是集体所有制内在精神和本质要求的重要载体之一。这就要求坚持宅基地由全体劳动者共同占有,从而形成由社会全体成员所有的公共财产,促进联合起来的社会劳动者与社会占有的生产资料的有机结合。[1] 因而,集体所有制对宅基地制度功能的影响是根本性和深层次的,不仅体现在对宅基地使用权制度及其功能的约束上,更是深刻遁入宅基地集体所有权制度规则中。这也是宅基地制度改革及宅基地制度功能确立必须坚守的根本性问题。

二是农村集体经济组织成员基本生存权保障的依赖性。自中国共产党领导下的苏维埃政权成立以来,"保障农村人口居住权,实现居者有其屋"一直是我国农村宅基地使用权制度进行立法设计时的唯一价值目标。[2] 不过,随着农村经济社会发展以及户籍制度改革的推进,农民通过进城务工、创业等多种渠道获得的收入已远高于农业收益,且实质上已经开始城市化生活。宅基地使用权作为宅基地制度的重要组成,对这部分人而言,其生存保障价值已经大大降低,但对于绝大多数农村集体经济组织成员而言,宅基地使用权与其基本生存权保障之间仍然存在较高依赖性。为此,宅基地制度功能的确立,离不开对宅基地使用权与农村集体经济组织成员之间依赖性及其差异性的有效识别。

三是农村集体经济的有效实现。在坚持集体所有制以及对农村集体经济组织成员基本生存权保障依赖性的基础上,农村集体经济的有效实现也是制约宅基地制度功能形塑的重要因素。一方面,宅基地所有权是宅基地制度的重要组成,更是农村集体经济组织成员集体发展、增强集体经济实力、供给集体公共产品的重要物质来源。另一方面,宅基地使用权衍生于宅基地所有权,是所有权与用益物权的关系。宅基地使用权与宅基地所有权之间的关联性以及宅基地对于集体的资源价值,是集体经济得以

---

[1] 参见贾后明、丁长青:《公有制、社会所有制和公众所有制的关系辨析》,载《理论探索》2009年第2期。

[2] 参见刘俊:《农村宅基地使用权制度研究》,载《西南民族大学学报》(人文社会科学版)2007年第3期。

有效实现的重要物质基础。[1] 以宅基地所有权等集体产权为基础,不违背农村集体经济有效实现的需要,是对宅基地使用权制度功能的最低要求。

四是符合中央政策及立法的目标指向。无论是政策还是立法,其功能均是在特点政策或立法目标指引下,按照一定的原则和规则,在作用于社会关系中所形成的。宅基地制度作为由政策及立法共同推动所形成的一项重要制度,同样存在政策及立法的目标指向问题。正如有学者所言,应该从"立法者"的角度,而不仅仅是"法律人"的角度思考中国农地法律制度的安排;应当将农地法律制度放到中国和平崛起的广阔视野,而不仅仅是经济学和法律的技术化视野去思考。[2] 而中央政策及立法的目标指向恰好最能体现具有全国性、普遍性的宅基地制度的目标定位。因而,宅基地制度时代功能的识别必须符合中央政策及立法的目标指向。

(二)维护社会主义集体所有制的政治功能

在现代社会中,法律与政治的关系是法学研究中一个扑朔迷离的命题,法律的实在化、世俗化的过程同时也是法律的政治化。[3] 正是政治与法律之间存在着"交集",法律才成为国家赋予强制力、权威性的行为规范。政治目标与诉求也主要是通过转化为立法者意志,以法律规定的形式来实现的。承载政治目标与诉求的法律规范,通过实施而形成法律的政治功能。

我国是社会主义国家,生产资料社会主义公有制由全民所有制和集体所有制组成,成为实现中国特色社会主义、开展社会主义现代化建设的经济基础。[4] 从宅基地所有权和宅基地使用权的形成历程来看,由农民对房屋和宅基地的所有走向房屋和宅基地分别由农民和集体所有、由农民拥有使用权,是实现宅基地的社会主义集体所有制的基本路径和必然结果。据此看来,现行法律框架中的宅基地的集体所有权制度和宅基地使用权制度恰好就是宅基地集体所有制的基本法律实现形式。就此而言,体现和维护社会主义集体所有制必然成为宅基地制度的基础功能和首要功能。

---

〔1〕 从通常意义上来讲,所有权分离出用益物权往往是基于债权行为实现的,而且往往是对价的,这也是保障和实现所有权权益的基本路径。只是因为我国宅基地使用权制度变迁中,存在一个从农民对宅基地的所有与使用一体向农民使用、集体所有的产权制度变革,并在这一变迁中形成了宅基地由农民无偿取得、无偿使用的基本规则,而使宅基地所有权无法直接形成所有者收益。即使如此,宅基地使用权与宅基地所有权之间的这种根本关系,决定了宅基地使用权在一定情况下可能形成集体收益或促进集体收益之形成。

〔2〕 参见陈柏峰:《农地的社会功能及其法律制度选择》,载《法制与社会发展》2010年第2期。

〔3〕 参见闫海:《论政治法与法政治学——从政治与法律关系的契入》,载《太平洋学报》2010年第9期。

〔4〕 参见《中华人民共和国宪法》第6条的规定。

宅基地制度所负担的政治功能正是由社会主义集体所有制的政治属性所传导的，而宅基地所有权和宅基地使用权的立法规定，恰好又是这种政治导向实现的“一种政治措施”。[1] 是故，宅基地制度尤其应当重视对政治功能的实现。具体而言，宅基地制度形成并践行维护社会主义集体所有制的政治功能，存在如下基本要求：一是宅基地集体所有权制度不得动摇，应当成为宅基地所有权制度、宅基地使用权制度及其他相关制度改革与完善的根基和底线。二是宅基地制度的结构设计及规则制定应当以社会主义的本质为目标指向，促进社会主义的实现。三是应当着力立足中国实践，按照中国特色社会主义法治理论和法治体系建设要求，形成具有科学性、特色性、适应性及实践性的宅基地制度。四是宅基地制度相关改革探索中，应当有效贯彻和充分发挥社会主义民主，吸引更多主体积极参与宅基地制度改革实践，形成创新合力。

(三)促进农村经济社会发展的经济功能

法律作为上层建筑，在根本上是由经济基础决定的；法律对经济基础具有反作用。现代社会中的法律主要是通过建立一定的法律秩序来维护和发展经济基础。不过，不同的法律对经济基础的反作用有一定差异。维护和发展经济基础是作为上层建筑的法律的基本功能；不同的法律则从不同的角度、以不同的方式来实现这一目标，但均具备特定的经济功能。社会主义市场经济是以生产资料公有制为主要形式，将“看不见的手”(市场机制)与“看得见的手”(宏观调控)综合运用的经济形态。社会主义市场经济作为我国的重要经济基础，同样需要建立与之相适应的上层建筑。这也就成为社会主义市场经济相关立法的重要使命。

宅基地是农村土地的重要组成部分，也是农村集体土地所有权的重要标的。在很大程度上，农村经济社会发展的基础是集体土地，在法律上则为集体土地所有权及其衍生权利。以宅基地为重要构成的集体土地事实上构成了我国农村改革发展中上层建筑建设的核心经济基础。尤其是在当前农村经济发展乏力的背景下，宅基地等集体土地自然成为我国大多数农村发展的重要经济基础，甚至在很多地方成为唯一的集体资源，也是实现农村集体公共产品供给水平提升的重要方面。在现行法律制度框架内，宅基地制度又成为我国集体土地所有权制度和集体土地使用权制度的重要组成。更重要的是，宅基地制度及其基本规定已经成为其他相关法律制度及中央政策的基础性制度规则，对农村经济社会发展相关制度变迁存在内在约束力。

---

〔1〕 列宁认为：“法律是一种政治措施，是一种政治。”参见[苏联]列宁：《论面目全非的马克思主义和“帝国主义经济主义”》，载《列宁全集》(第28卷)，人民出版社1990年版，第140页。转引自李林：《坚持和完善中国特色社会主义司法制度》，载《学习与探索》2009年第5期。

基于上述考虑，促进农村经济社会发展应当成为新型城镇化背景下宅基地制度的重要功能之一。具体而言，对于实现宅基地制度促进农村经济社会发展的现代功能，存在如下基本要求：一是宅基地制度及其改革与发展应当对集体经济发展和增强集体实力具有正相关性。这也是宅基地作为集体所有制，与农村经济社会发展的内在关联性所决定的。二是均衡实现集体利益与宅基地使用权主体利益。如何在多元利益格局调整中实现公平和正义，是社会主义市场经济的重要价值目标。[1] 宅基地制度作为社会主义市场经济的制度基础，对公平与正义的追求是法律制度的应有之义。尤其需要宅基地制度关注的辨识宅基地之上集体利益与个体利益的协调与平衡，尤其是在宅基地制度经济功能日益凸显的背景下。[2] 在社会主义公有制基础上，集体利益是对个体利益的整合与升华，唯有坚持在不损害集体利益的前提下，方可更好地实现宅基地上的个体利益。

（四）保障集体成员基本权益的社会功能

新型城镇化的根本特点在于“中国特色”，典型体现如以政府主导、城镇化速度和质量矛盾凸显。[3] “土地是一切生产和一切存在的源泉”，[4] 土地问题恰好是新型城镇化中无法回避的重大核心问题。其中，宅基地及宅基地制度与“住有所居”的目标最具直接性，因而自新民主主义革命时期以来，农民住房及住房用地问题就一直是党和国家关注的重要领域之一。在高级农业生产合作社向人民公社体制过渡过程中，尤其是伴随着人民公社体制的确立，农民住房及用地的产权制度安排已经直接从农民对房地一体化直接私有转变为房地所有权分离、形成宅基地使用权的宅基地制度。在这一转变中，宅基地对农村集体经济组织成员的物质化的生存居住保障得以逐步形成。改革开放以后，国务院发布的《村镇建房用地管理条例》规定，农村土地归公社、大队、生产队三级集体所有，农民对宅基地只享有使用权，严禁买卖、出租和违法转让宅基地。1986 年颁布的《中华人民共和国土地管理法》进一步明确宅基地属于集体所有；出卖、出租住房后再申请宅基地的，不予批准。2015 年 3 月和 2016 年 1 月起分别实施的《不动产登记暂行条例》和《不动产登记暂行条例实施细则》，明确将宅基地所有权登记与宅基地上所建房屋的登记分别列举。

---

〔1〕 参见刘灿：《社会主义市场经济的产权正义》，载《当代经济研究》2007 年第 11 期。

〔2〕 参见林超、谭峻：《农村宅基地制度改革研究——基于宅基地功能演变分析的视角》，载《经济体制改革》2013 年第 5 期。

〔3〕 参见“基于农村空心化背景的农村宅基地制度研究”课题组：《城镇化过程中农村宅基地的功能重构》，载《农村经济》2016 年第 4 期。

〔4〕 《马克思恩格斯全集》（第 46 卷）（上册），人民出版社 1979 年版，第 44 页。

自德国《魏玛宪法》(1919年)颁布时起,生存权便被作为基本权利公之于世,也是在近代市民宪法所保障的人权宣言的体系中前所未有的崭新的基本人权。[1] 住房保障关系到农村集体经济组织成员的基本生存权问题。截至目前,我国宅基地制度对农村集体经济组织成员的住房保障功能已经形成并长期固化。在农村集体经济组织范围内,宅基地向成员所在的户的分配具有公平性、福利性,而且农户对宅基地的持有长期以来均不需要付出成本。同时,通过明确禁止农户将房屋及宅基地使用权转让给本集体以外的其他主体,以维持宅基地在农村集体经济组织范围内的保障性。在实质上,宅基地制度对集体成员基本权益的保障性、福利性具有明显的身份性特征。现行宅基地制度从宅基地分配、宅基地使用权及其持有到宅基地使用权"流转",都限制在农村集体经济组织范围内。然而,宅基地使用权的身份性却又与宅基地使用权本身的用益物权属性,具有一定的不完全兼容性。对此,有人主张宅基地的福利性和无偿性是针对宅基地的分配环节而言的,仅此不能否定宅基地使用权的财产属性。笔者认为,就现行立法对宅基地使用权的相关规定分析来看,这种观点是比较符合法律规定的。同时,对集体成员的保障功能并非宅基地,而是宅基地制度所形成的。宅基地作为一种实然样态,本身无所谓价值判断,唯有宅基地制度才存在保障功能。

宅基地制度具有的保障集体成员基本权益的社会功能,衍生于社会保障,是对国家社会保障不足情况下的一种替代或弥补。宅基地制度作为一种用益物权制度,原本应按照财产权理论运行,而不应被附加更多的身份性、福利性、保障性等特性。宅基地制度所具备的保障集体成员基本权益的社会功能,从根本上是对农村集体经济组织成员基本生存权的保障,并在此基础上促进发展权的有效实现。笔者赞成开禁或变相开禁农村宅基地交易的主张不具有正当性和公平性,物权法应当在完善农村宅基地分配制度上做出应有的努力等观点。[2] 同时也可预判,宅基地制度具备的对农民基本生存权方面的住房保障功能"在未来一个相当长的时期内也不可能发生根本性变化"。[3]

此外,在坚持宅基地制度保障集体成员基本权益的基本功能的基础上,"宅基地分配的福利性,并不能否定宅基地使用权的财产属性"。[4] 尤其是伴随着新型城镇化发展以及市场机制在农村经济社会发展中作用的增强,农村宅基地与农户之间的依赖性

---

〔1〕 参见[日]大须贺明:《生存权论》,林浩译,台北,元照出版股份有限公司2001年版,第3页。

〔2〕 参见孟勤国:《物权法开禁农村宅基地交易之辩》,载《法学评论》2015年第4期。

〔3〕 刘俊:《农村宅基地使用权制度研究》,载《西南民族大学学报》(人文社会科学版)2007年第3期。

〔4〕 高圣平:《宅基地制度改革试点的法律逻辑》,载《烟台大学学报》(哲学社会科学版)2015年第3期。

存在一定程度的削减。尤其是经济发达地区、城市郊区、城中村等区域的农户，[1]现行宅基地制度对其而言，资产功能往往强于保障功能，宅基地对主体的保障性逐步向资产性转变。这种转变也是宅基地作为重要的土地资源和生产要素进入市场的自发要求的必然结果。[2] 这也在一定程度上说明，宅基地制度不能因保障集体成员基本权益的社会功能及其实现的需要，而完全否定宅基地制度可能拥有经济功能及其他功能。过分强调宅基地制度的稳定性、分配性、保障性，可能牺牲经济效率。[3] 尤其是在中国农村分布较广且地区之间差异较大的情况下，在坚守基础功能之基础上，开放、包容地认可其他应有的制度功能，具备理论科学性和实践必要性。[4]

（五）传承集体精神和乡村文明的文化功能

"法律必须被信仰，否则它将形同虚设。"[5]在法律信仰中逐渐衍生并固化形成内在化的精神、文明、文化，是法律制度变迁中法律与道德、宗教等相互交叉融合的必然产物。在现代法治社会，法律文化是法律实现文化的主要价值与基本精神的中介和载体。[6] 法律文化的形成、变迁，在根本上是由"经济政治制度的变革而引发的法律文化内部的矛盾互动"。[7] 在法律文化发展中，本土法律文化相互之间及本土法律文化与外来法律文化之间的冲突是难以避免的问题。尽管现代法律文化具有跨越民族或国家的某些共同特征，[8]但立足实践需要而形成的契合本国文明及政治要求的特色法律文化，方为法律制度建设的重要方面。中国法律文化发展及理论研究中，普遍存在

---

〔1〕 有学者认为，随着社会转型逐渐深化，宅基地社会保障功能和生产功能在逐渐减弱，城中村和近郊村宅基地的资产增值功能在逐渐增强，使这两类农村的宅基地相对价格上涨，形成外部利润，客观上产生了宅基地管理制度变迁的需求。参见瞿理铜、朱道林：《基于功能变迁视角的宅基地管理制度研究》，载《国家行政学院学报》2015 年第 4 期。

〔2〕 参见张德元：《农村宅基地的功能变迁研究》，载《调研世界》2011 年第 11 期。

〔3〕 参见陈龙江：《制度功能视角下农村宅基地使用权制度改革探析》，载《河南财经政法大学学报》2008 年第 5 期。

〔4〕 也有许多学者持这一主张。例如，瞿理铜、朱道林认为，从经济层面来看，宅基地具有资产增值功能，宅基地使用权人能够通过出售、出租宅基地和合作建房等方式获取宅基地的级差收益。社会保障功能是制度设计的主导功能，生产功能是其附属功能，资产增值功能是随着社会转型逐渐衍生出来的新功能。参见瞿理铜、朱道林：《基于功能变迁视角的宅基地管理制度研究》，载《国家行政学院学报》2015 年第 4 期。

〔5〕 [美]伯尔曼：《法律与宗教》，梁治平译，生活·读书·新知三联书店 1991 年版，第 28 页。

〔6〕 参见高鸿钧：《法律文化的语义、语境及其中国问题》，载《中国法学》2007 年第 4 期。

〔7〕 参见[美]J. H. 梅里曼、D. S. 克拉克、L. M. 弗里德曼：《"法律与发展研究"的特性》，俗僧译，载《比较法研究》1990 年第 2 期。

〔8〕 See L. M. Friedman, "Is There a Modern Legal Culture?", *Ratio Juris*, Vol. 7, No. 2, July 1994, pp. 117 – 130.

"内隐法律文化严重滞后于外显法律文化发展",[1]甚至存在外来法律文化始终优于本土法律文化的错误认知。

在本土法律文化与外来文化融合过程中,立法者尤为应当注意:一方面,应当充分重视本土资源,注重本土法律文化与法治实践的结合。尽管利用本土资源可以超越传统,但我们并非是要完全恢复中国法律文化传统,而是要建立起与中国现代化相适应的法治文化。[2] 另一方面,应当立足于我国法律文化的总体发展方向和我国经济社会发展的实践需要,结合现代法律文化理论的发展趋势,充分吸收外来法律文化的思想精髓并转化为具有科学性、合理性、实践性的现代法律文化。宅基地制度作为我国农村集体所有制形态下的重要土地制度,在制度变迁过程中便已形成并固化了一些集体情愫和集体精神。事实上,人民公社体制引导农民放弃对住宅及地基的私有权,进而形成宅基地集体所有与农户获得宅基地使用权的制度安排,以及现行宅基地制度具有的较强的身份性、保障性、福利性等特征,宅基地制度始终内含并深刻体现着的集体精神,也是现行宅基地制度所秉持并将继续传承下去的一种集体意识。

此外,宅基地制度还体现出对以互助合作为核心的传统乡村文明的展现、实现及承续。首先,宅基地制度自身蕴含了体现以互助合作为核心的乡村文明。例如,宅基地分配制度存在公平性、福利性、保障性等特征,并且在很多地方还是无偿性分配的。我国宅基地分配实践中形成的民主协商、均等分配等原则和规则,实质上体现的是社会主义民主和社会治理中的共治理念。其次,宅基地具有较强的地域性,并且在管理上与农村集体经济组织、村民委员会或村民小组之间存在较强的关联性。这些主体作为农村集体经济组织成员集体的法定代理者,肩负着传承和发扬传统乡村文明的重任,这就需要通过宅基地制度等具体的制度予以贯彻和落实。

---

[1] 金良贤:《改革开放以来法律文化变迁述评》,载《政治与法律》2002年第5期。

[2] 参见苏力:《法治及其本土资源》,中国政法大学出版社1996年版,第6页。

农村土地流转中的政府角色及其实现的法治保障

——以“塘约经验”为样本

段　浩*

目　次

一、引言

2018年2月28日，党的十九届三中全会公报提出，转变政府职能，优化政府机构设置和职能配置是国家机构改革的重要任务，坚决破除制约使市场在资源配置中起决定性作用、更好发挥政府作用的体制机制弊端，深入推进简政放权，提高行政效率和政府效能，建设人民满意的服务型政府。可见，政府在市场配置资源过程中扮演着重要角色，为让人民满意可以更好发挥作用。从贵州塘约村的农村土地制度改革发展实践

* 西南政法大学经济法学院博士生，中国农村经济法制创新研究中心研究员，长治学院法律与经济学系副教授。

基金项目：国家社科基金项目“经济新常态下中国经济法的回应性研究”（16BFX118）；山西省社科联2017～2018年度重点课题研究项目“山西省农村土地流转中的政府角色及其实现的法制保障”（SSKLZDKT2017122）；长治学院科学研究项目“农地经营权流转的地方立法研究”（ZZ2017007）。

来看,其所提供的"塘约经验"可以成为改变农村落后面貌与实现人民美好生活的典型样本。[1] 在农村土地"三权分置"的改革背景下,"塘约经验"带来的启示是农村土地制度改革的成败,在很大程度上取决于政府是否作为和如何作为,农村土地流转中政府的作用不可替代。[2] 但从整个农村土地流转的大局来看,由于制度供给缺失等原因,政府角色的定位存在不同程度的偏差,政府角色的实现存在不同环节的阻滞。为此,有必要明晰政府在农村土地流转中的角色定位和行为边界,进一步转变和优化政府职能配置和实现的制度安排。其中,在尊重农村土地流转市场发挥决定性作用的基础上,将"放管服"政府改革政策科学转化为权力配置、市场分配和政府分配的稳定、可行的法治保障机制,充分实现政府在农村土地流转中的角色和职能,对全面深化农村改革具有十分重要的意义和价值。

二、政府在农村土地流转中的角色定位

(一)农村土地流转中更好发挥政府作用的实际需要

中国农村问题的核心是土地问题。农村土地流转是不同市场主体以农地资源交换为目的的市场交易过程,但是,由于诸多不合时宜的思想观念、体制机制弊端以及市场自身的固有缺陷,导致产生了农村土地流转中盲目、自发和滞后等问题。首先,在农村土地流转过程中,随着土地流转市场的逐步扩大,很多企业和个体在没有对土地流转市场充分考察的情况下便盲目进入市场,同时由于信息严重不对称和缺乏科学有效的土地管理机制,不可避免地造成流转合同条款不清晰、流转行为不规范、流转资金经营不善等突出问题。其次,由于土地资源数量和质量上的差异性,多数农地复合利用率低下,导致农户的生活成本被不同程度上提高,影响农户参与土地流转的积极性。最后,在农村土地流转早期过程中,主要采用合同方式约定土地流转的固定价格,在合同期限较长的情况下,土地流转价格的合理性和科学性容易受到质疑,农户的承包价格与承包业主的承包费用容易产生矛盾,在一定程度阻碍了土地流转的可持续发展,进而使农户利益难以得到保证。[3] 其中,土地产权缺位与市场流转之间矛盾的关键在于农地流转市场。因此,在推进农村土地流转过程中,如何保障农地流转市场对资源配置的决定性作用,提高农地流转效率,仍然是我们需要关注的重大现实问题。在塘约村土地流转实践中,安顺市政府通过加大政策扶持力度、鼓励创新农业经营体制机

---

〔1〕《塘约道路》的作者王宏甲如此评价塘约的农地制度改革:"三权分置是继家庭联产承包责任制之后农村改革又一重大制度创新,塘约村已经这么做了,不仅这么说,还做到了。"

〔2〕参见高海:《农用地"三权分置"研究》,法律出版社2017年版,第15页。

〔3〕参见路征、李睿:《现阶段农地流转中的关键问题与微观制度创新》,载《西部论坛》2017年第4期。

制，形成“塘约经验”的重要原因就是因地制宜、循序渐进，尊重市场规律，遵照市场规则，不搞强制推进，不搞瞎指挥。可见，政府的恰当角色就是满足市场的实际需要，消除导致市场失灵的各种因素的影响，培育和保护市场，促使市场更好地发挥作用，而不是片面强调“干预”市场、替代市场，尤其是要避免在市场可以发挥作用的领域却要用政府权力替代市场。[1]

（二）农村土地流转中更好发挥政府作用的现实可能

市场在农地资源配置中起决定性作用，使无力经营土地的农民通过土地流转来保障基本生活，也使种田能手得以通过土地集中来实现耕地的规模效益，从而可以缓解日益激化的人地矛盾。但是，由于市场的不充分性及其本身固有的缺陷，农地流转市场在配置资源的同时也带来了流转土地权属不清、流转行为无序和流转收益分配不公等深层次问题。因此，不能完全依赖市场解决农村土地的所有问题，尤其是经济社会化所带来的宏观层次的供求关系、信息不合理分布、资源配置的宏观效率、外部性、主体利益分割与协调等问题，主要原因就在于市场主体的“有限理性”和各种市场障碍。[2] 当然，政府的理性也可能因被用于追求政府利益而滥用，所以必须有健全的制度来引导和规范，促其其合理地履行政府职责。可见，只有在制度约束下的“政府理性人”角色才能更好地规范和指导市场主体行为，开展以保障农民根本利益和内含公平正义属性的农地制度安排，才能促进农村土地有序流转，促使“经济人”在利益追逐过程中权利互不抵触，利益得到均衡。否则，如果土地资源配置不合理，就容易导致我国农村土地利用存在资源开发“过剩”和资源供给不足的双重矛盾，产生“有田无人种，有人无田种”现象。[3] 因此，只有“政府利用制度约束和制度激励”，激励种田能手或规模经营者获取足量的土地资源，限制和避免土地资源的闲置和浪费等负外部性效应，才能提高农业生产率和农产品供给能力，满足农业发展实际和人民美好生活需要。[4] 不难发现，政府角色在农村土地流转中如何定位，决定着农业供给侧改革目标的实现，决定着新形势下农业现代化的改革方向，而这表明现阶段我国农地“三权分置”制度和

---

〔1〕 参见许明月：《市场、政府与经济法——对经济法几个流行观点的质疑与反思》，载《中国法学》2004年第6期。

〔2〕 参见许明月、张新民：《现代经济的社会性与经济法——关于经济法产生原因与性质的思考》，载《现代法学》2003年第6期。

〔3〕 马克思也认为只有“把土地交给联合起来的农业劳动者”，才能克服小农生产的局限性，引导土地规模经营，利用和促进农业产业化发展和农业技术进步，满足生产力进一步发展的需求。参见《马克思格斯选集》（第3卷），人民出版社1995年版，第129页。

〔4〕 参见种明钊：《国家干预法治化研究》，法律出版社2009年版，第10～14页。

土地流转机制中政府还存在很大的发挥作用空间。

(三)农村土地流转中政府的法定职责

政府的法定职责是法治政府的具体体现,也是依法行政的边界。在宪法和地方各级人民代表大会和地方各级人民政府组织法中,严格划分了中央和地方政府的权力边界,明确规定了中央政府有权领导和管理经济工作和城乡建设,地方政府享有依照法律规定权限,管理本行政区域内的经济和城乡建设事业事务的法定职权。因此,政府扮演的角色既不是国家干预主义思潮中的"善良道德人",也不仅仅是新自由主义认为的"经济人",而是应当做市场经济条件下的"社会人",通过"督促民生政府按照法定化职责开展工作,最大限度警惕和避免政府角色的背离或缺位"。[1] 因此,政府的法定职责要求其指导和规范农村土地流转时要制定和细化权力清单,将"权力关进制度的笼子里",依靠制定农业发展方针和落实农业政策制度,实现政府管理农业经济和统筹城乡建设的工作职责和任务。从党的十八大、十八届三中全会、十八届五中全会到十九大,稳定农村土地承包关系、完善"三权分置"、依法推进土地经营权有序流转的制度框架不断明晰。2014 年中共中央审议通过《关于引导农村土地承包经营权有序流转发展农业适度规模经营的意见》,提出实现农村土地经营权与承包权的分离。2015 年党的十八届五中全会审议并通过的《国民经济和社会发展"十三五"规划中,明确提出要稳定农村土地承包关系,完善土地所有权、承包权、经营权分置办法,依法推进土地经营权有序流转。2016 年中央一号文件中,进一步提出要完善农村土地承包权、经营权和集体所有权的分置办法,确保土地承包关系保持稳定。2017 年中央一号文件明确要求落实农村土地集体所有权、农户承包权、土地经营权"三权分置"办法,深化农村集体产权制度改革。党的十九大上明确提出"实施乡村振兴战略,巩固和完善农村基本经营制度,深化农村土地制度改革,完善承包地'三权'分置制度。保持土地承包关系稳定并长久不变,第二轮土地承包到期后再延长三十年"。2018 年中央一号文件系统提出关于实施乡村振兴战略的具体意见,全面部署经济、政治、文化、社会、生态和党建等各方面"三农"工作。不难发现,中央的农业方针政策为我国农业制度改革指明了方向,一方面,有助于更好地发挥政府的引导与调控功能,规范农村土地流转市场,更好地保护农民利益;另一方面,实现和规范政府的角色和职能,也有助于中央有关"三农"问题政策的落实执行,有助于完善农村土地承包关系和推进农村经济适度规模经营,有助于法治国家、法治政府、法治社会一体建设。

---

[1] 马兴:《公民的社会权利视域下的我国政府角色重构》,陕西师范大学马克思主义理论专业 2006 年博士学位论文,第2~3 页。

(四)农村土地流转中政府的该当角色

政府角色的定位和实现直接关系农村土地流转的实施成效,但其实现方式具有多样性和复杂性,因此,当制度实施的前提条件发生变化时,政府的职能和角色也会随之变化。[1] 为同时满足国家、社会、集体和个人等不同利益主体的多样性诉求,政府应当主要承担组织领导者、改革推动者、制度供给者、运行监管者和服务提供者等主要角色和基本职责。[2] 其中,提供公共服务应当在农村土地流转中的政府角色里居于核心地位。

第一,作为组织和领导农村土地流转的中坚力量,各级政府在城乡融合过程中应当为农村土地依法流转和交易提供服务平台,推进农业适度规模经营和乡村振兴战略目标。第二,政府作为农村土地流转的改革推动者,应当打破原有土地市场的自发调节状态,开创性地实现农村土地经营权的市场化来分配农地资源,重新配置土地权益,推进不同利益群体之间协调发展。第三,是农村土地流转的制度供给者。通过公共选择理论分析政府的行为特点可以发现,政府的行为决策动机容易受到利益集团的影响而发生扭曲,产生政府失灵和决策错误,进而导致农村土地市场的资源配置作用受到制约。因此,政府在克服市场缺陷的同时,必须借助制度的规范性和科学性来弥补自身缺陷,既要完善机构设置,又要优化职能配置,充当符合农地流转需要的制度供给者。[3] 第四,政府也农村土地流转的运行监管者。在农村土地流转过程中,如果土地权益的重新配置发生权力“寻租”,就会严重损害农民的土地权益。因此,政府必须重视对农地流转运行的程序监管,杜绝以权谋私、以权压法的现象发生,“遵循倾斜保护农民权利的理念,以改变农民弱势地位为核心,建立公私协力的保护机制”,[4] 进而保障农民的知情权、参与权、表达权、监督权等民主权利的有效实现,确保政府权力的正确运行。第五,政府还是农村土地流转的服务提供者。“服务行政”这个概念在1938年厄斯特·福斯多夫的《当成是服务主体的行政》一书中最早被提出后,逐渐得到了越来越多国家和地区的认可。“以满足人民的需求为中心”的公共行政改革和公共服务

---

〔1〕 参见马开兰:《农村土地流转模式中政府角色分析》,载《安徽农业科学》2017年第4期。

〔2〕 参见赵万一、汪青松:《土地承包经营权的功能转型及权能实现——基于农村社会管理创新的视角》,载《法学研究》2014年第1期。

〔3〕 2017年9月29日,安顺市委全面深化改革领导小组第三十八次会议暨深入推广“塘约经验”掀起脱贫攻坚秋季攻势高潮现场会在普定县召开,提出要深化推广好“塘约经验”,破解农业农村发展难题,审议通过了《关于完善农村土地所有权承包权经营权分置改革试点工作方案》《关于稳步推进农村集体产权制度改革的实施方案》《关于推进集体林权流转管理的实施意见》《关于推进林权抵押贷款的实施意见》《关于深入推进城市管理综合执法体制改革改进城市管理工作的实施方案》等8个规范性文件。

〔4〕 赵万一:《中国农民权利的制度重构及其实现途径》,载《中国法学》2012年第3期。

模式作为现代政府的改革目标,满足了市场经济条件下市场主体对行政行为目标多元化的需求。因此,政府职能应以提供公共服务和保护公共利益作为核心目标,以改善民生作为基本职责,科学合理配置职能,逐渐向人民满意的服务型政府转变。

三、当前农村土地流转中政府角色的偏离

党的十九大报告中提出,“新时代中国特色社会主义思想和基本方略,要更好发挥政府作用,推动新型工业化、信息化、城镇化、农业现代化同步发展”的重大战略要求和历史任务。因此,“没有农业现代化,国家的现代化必然是不完整、不全面、不牢固的”。[1] 显而易见,包括“三权分置”在内的农村土地制度改革是当前政府治理现代化的具体体现,也是实现农业现代化的有效路径。需要引起我们注意的是,在农村土地流转的设计路向中,虽然政府在组织参与、利益协调、制度安排、监督管理、提供服务等方面具有比较优势,但由于政府和农户都易受到追求自身利益倾向的影响,加之制度不完善和政策执行力不强等原因,农村土地流转中尚存在政府缺位和错位等角色偏离问题。

(一)政府参与不足,农村土地流转严重滞后

由于农业劳动生产率不高,农业比较效益低下,导致农村社会的发展矛盾相对突出,农民普遍缺乏经营土地的积极性和主动性,进而造成土地流转的需求不足,表现为农产品价格持续低迷,农户多数不具有扩大土地经营规模的意愿和能力。究其原因,主要归结于现阶段农村配套改革进展缓慢,保障制度供给严重不足,尤其是年老和没有固定收入的农户仍然将土地作为基本的生存和社会保障条件,使得土地流转难以实现市场化和效能化。通过分析就会发现,在上述这些社会矛盾和冲突中各级政府普遍参与不够,没有有效控制农产品价格,也没有较好地解决农户社会保障问题,农户普遍缺少规模经营的意愿和能力,也不愿意失去基本的生存保障,导致农村土地流转进程严重滞后。

(二)政府利益协调能力不强,农民权益受到侵害

作为新型农地权利财产化的土地经营权尚未被法律明确界定,造成农村土地流转的随意性和不稳定性,在流转内容和程序方面存在不少问题和隐患。一方面,由于受政府自身利益诉求的影响可能导致行政权力对农地价格和收益分配进行不合理干涉,不利于农业改革发展的成果共享和农村居民收入的增加,需要建立稳定合理的收益分配机制,对受损主体给予及时足额的补偿;另一方面,多数农村土地流转主体是小规模分散经营的农民,由于农业收益较低而往往会自发将土地流转给周围的亲戚、朋友或

[1] 陈锡文:《坚持走中国特色农业现代化道路——学习习近平总书记相关论述的几点认识》,载《中国农村经济》2016年第10期。

邻居,加剧了农村土地经营的细碎化,与“欧美国家为代表的农业规模化经营作为现代农业发展的必然趋势”背道而驰。[1] 可见,农村土地流转需要政府成为各种利益集团之间博弈的中立者和协调者,然而,事实上由于受到“经济人利己”产生的趋利性影响,以及对地方财政的高度依赖性,政府容易通过“低收高售”的征地模式来保障地方财政利益,逃避了保护农民权益的责任。因此,“政府不能被当作发展政策的一个外生角色,只有恰当安排一些制度选择才能实现所要的结果”。[2] 总之,由于信息不完全、交易成本和政府偏好等问题,政府对农地流转的管理呈现低效率倾向,保障农民土地流转收益的效能不高,利益协调的功能和作用也被虚化。

(三)政府立法工作滞后,农村土地流转制度供给不足

政府在制度安排的性质、数量和效率等方面发挥着至关重要的作用。虽然已经形成了由土地管理法、农村土地承包法、农村土地流转管理办法、农村土地承包经营纠纷调解仲裁法等构成的农村土地流转法律法规体系,但是仍然缺乏完善的土地流转法律制度体系,缺少合理有序的市场规则和配套制度,尤其是随着农村土地流转实践的迅猛发展,政府立法工作的滞后带来了许多新的矛盾和问题。例如,塘约村在“三权”促“三变”制度改革以前,很多土地的流转行为并不规范,土地流转合同中既没有流转期限等主要条款,也没有使用书面合同的形式,而且在格式和内容上存在很多疏漏,甚至许多约定由于与现行法律抵触而形成无效条款。由于对农户流转合同的制度规范仅局限于传统的民事规范和合同法律,没有对农地流转合同的内容和格式、权利义务和责任等核心条款进行制度约束,导致流转双方责任的不明确和农户权益保障功能的削弱乃至丧失。因此,制度供给不足直接导致政府和市场在农地资源配置中的“零和博弈”,一方面,表现为农业生产成本过高、农产品价格持续走低、农业效益明显下滑、农民积极性进一步降低等问题,危害和影响农村土地市场机制及其作用效果;另一方面,政府在法治约束失位和利益驱动下,过度干预农村土地流转,甚至产生以权谋私、暗箱操作等政府“寻租”行为,最终对农村土地流转产生了不利影响。

(四)政府监管体系不完善,监管不到位

我国农地流转市场还处于初级发展阶段,监督管理制度仍不完善,农户利益表达机制和政府监管机制尚不健全。在此背景下,个别政府官员为了一己私利而对土地流转强行介入和非法干预,以租赁土地使用权的名义代征土地,实际上改变农地用途,甚

---

[1] See Brian Gardner, *European Agriculture: Policies, Production and Trade*, London: Routledge, 1996, p. 74.

[2] [美]道格拉斯·诺斯:《新制度经济学及其发展》,载孙宽平主编:《转轨、规制与制度选择》,社会科学文献出版社2004年版,第10页。

至破坏了农作物种植条件,造成农地大量流失,严重影响农业生产正常需要,也不利于农业的可持续发展。特别是农地大规模的“非粮化”“非农化”流转,不仅违反了农地流转的政策初衷,也严重威胁到了国家粮食安全和社会稳定,严重违反了《中华人民共和国宪法》第10条“任何组织或者个人不得侵占、买卖或者以其他形式非法转让土地。土地的使用权可以依照法律的规定转让。一切使用土地的组织和个人必须合理地利用土地”的基本要求。因此,迫切需要尽快完善政府对农地流转的监管体系,转变政府职能,提高监管效能,以切实维护农民正当权益。

(五)政府提供服务不够,农村土地改革缺乏良好环境

前述的各种政府职能都可以简单归结为政府提供的各类公共服务,或者说,服务型政府是当前政府角色的核心定位。然而,实践中各级政府的服务能力明显滞后于农村土地改革的发展水平,农村土地改革的外部环境亟待优化。比如,作为农村土地流转关键因素的土地流转信息不对称问题依然非常突出,市场环境尚不完善,相关配套工作推进也相对滞后。政府对于农民的创新服务,首先是理解和尊重,其次是鼓励和支持,最后才是规范和引导。然而,由于农村人员的整体教育水平较低以及法治意识相对淡薄,容易出现以权谋私、“暗箱操作”、不按法律程序办事等不规范和违法行为,导致农户承包土地被任意调换或者土地被收回的情况时有发生,严重侵害了农户利益,加深了农户与政府之间的矛盾。

四、农村土地流转中政府角色实现的法治保障

“塘约经验”是深化农村土地制度改革的典型,也是脱贫攻坚实践探索出的成功经验。[1] 因此,加强农村土地流转的法治供给侧改革,应当将法治政府建设与“三权”促

---

〔1〕《光明日报》彭程认为塘约村的脱贫的根本原因是集体所有制经济得到了发展。中央党校徐祥临教授也认为,塘约村的成功在于改革,重新把农民组织起来,发挥集体经济的制度优势,这是中国特色社会主义政治经济学对于塘约村这种村社一体、合股联营的走集体化、组织化道路的新解释,塘约村把土地用活了,如果将土地、资金都用活,两手抓,农村集体经济的发展会如虎添翼。

“三变”的“塘约经验”结合起来,[1]以“服务型政府”理念为指导,以协调政府与市场关系为指向,以政府“放管服”改革为核心,以农地权利制度创新为着眼点,在组织领导上实现权力配置的“放权”,在监督协调和制度供给上实现市场分配的“管权”,在协调和程序性义务履行上实现政府分配的“服务”角色,进而形成和完善有机统一的法治保障体系。[2]

(一)以权力配置为核心的简政放权

农村土地制度的改革重点是对中央和基层政府之间、政府与非政府组织、农民个体之间权力和权利配置的法治化。就农村土地流转而言,各级政府应当加快制定出台权力和责任清单,并向社会公布,把不符合市场需要和法律法规依据的权力排除在清单之外,同时,也应适时扩大市场准入负面清单,压缩负面清单事项,由过去片面追求优惠政策,转为综合打造相对公平的农地流转环境,进而实现政府与其他社会组织的互联、互动、互补的多元社会治理格局。需要引起注意的是,放权并不意味着完全放弃权力,而是“有为有不为”。不该政府管的或者由市场来管更为有效的,坚决“不为”。从塘约村由贫困村到小康示范村的发展实践来看,“塘约经验”的特点主要是运用交警管理的“评分扣分”模式,激励和制约农地流转行为,组织村民走集体化道路,进而发挥农民的内生动力和基层组织的应有作用,实现安顺市的政府角色及其在村民自治中的投射力,“围绕权属清晰抓确权、市场价值抓赋权、资产流动抓易权,促进资源变资产、资金变股金、农民变股东,使得农村资源活起来、农民腰包鼓起来、农村产业强起来、美丽乡村热起来”,[3]取得了显著成效,体现出政府在农村土地制度改革和创新中“大有

---

〔1〕 塘约村最宝贵的经验就是“三权”促“三变”,以农村产权确权、赋权、易权为抓手,围绕“三权+党建+扶贫+产业+金融”的发展思路,探索实施“村社一体、合股联营”的发展模式,促进资源变资产、资金变股金、农民变股民的三变改革模式,完成由省级二类贫困村向“小康示范村”的华丽转身,为农村脱贫致富和各地脱贫攻坚做出示范。截至2017年10月11日,安顺市推广塘约经验的村(居)787个,占全市1007个行政村、42个涉农居委会的75%,通过塘约经验的推广,激活了资源,整合了城乡资源要素,转变农业发展方式,改善农村发展环境,完善基层治理模式,农民收入实现较快增长,农业农村面貌发生巨大变化。参见张荣怀:《学习塘约经验助推扶贫攻坚》,载《理论与当代》2017年第5期;《“塘约经验”激发农村新活力》,载《安顺日报》2017年10月11日,第1版。

〔2〕 中国社会科学院党国英提出“塘约的做法不简单,工作亮点是在改革发展中推进城镇化,进而推进农村的发展。其中,根本原因就是安顺市政府把握住改革方向,鼓励塘约等基层单元创新做法,关键就是政府要放活放开,不要控制死”。参见谌贵璇、刘悦:《塘约经验引关注——塘约基层建设经验座谈会暨〈塘约道路〉研讨会发言摘录》,载《当代贵州》2017年第1期。

〔3〕 中共安顺市委全面深化改革领导小组:《“三权”促“三变”改革发展新路》,载《理论与当代》2016年第10期。

可为”。值得一提的是,“权利期限长久化和权利内容充实化作为稳定和完善土地制度的两个内在紧密关联的支点”,[1]需要“准确理解中央关于‘长久不变’的精神,贯彻、尊重既有改革成果和法律制度,避免对农民土地承包经营权造成消极影响”。[2] 总体来说,就是完善以审批发证为主要内容的传统管理体制,革除寻租权力和不当利益,推动政府加快适应农村土地流转和农村经济发展需要,围绕市场准入、市场运行和市场退出等关键环节,以新型土地权利财产化为核心,明确政府和市场各自的能力边界和行为边界,通过简政放权和放管结合的权力重新配置,提高农村土地流转过程中的行政效率和政府效能,严厉惩治侵害农民正当权益的权力滥用行为。同时,也要严格区分简政放权与行政不作为的本质区别,大力提升与农民生活密切相关的公共事业和服务机构的服务质量和效率,提高政府服务便利化水平。[3]

(二)以市场分配法律机制为保障的监督管理

领导和管理农村经济工作和城乡建设,是政府的法定职责。各级政府都有权力和责任在整合清理政务信息系统的基础上,推进农村土地流转的系统互通互联、信息目录和监管信息,缓解和克服农村土地流转中的信息不对称矛盾,以有效保障农村土地流转中的农民利益。“塘约经验”带来的启示,就是安顺市政府通过以土地确权为核心的制度设计,以强有力的督查问责保证和促进农村土地制度改革落实,畅通农户信息反馈渠道,依托人工智能、大数据和互联网等现代信息技术的网络化治理,搭建信息资源共享平台,提高农村土地流转的保障质量和监管效能。

首先,加强农民利益保障机制。土地是农民的重要收入来源,农民从土地流转中获得的利益无法实现生活保障目的,因此,在尊重市场分配功能的基础上,完善农民生活保障的市场分配法律机制应当成为土地流转得以持续发展的重要前提。(1)加大土地流转中的政府财政补贴力度。按照地区经济、社会发展水平差异,农民在土地流转后得到的收益也不相同。因此,对土地价格较低地区的农民进行一定的财政补贴,不仅可以提高农民进行土地流转的积极性,还可以增加其他生产性投入来提高农民生活水平。(2)政府积极组织各类培训,提高农民生活技能。即使在农民离开土地以后,仍然可以通过自主创业或者进入其他生产单位依靠劳动和技术不断提高自身生活水平。

---

[1] 朱广新:《土地承包权与经营权分离的政策意蕴与法制完善》,载《法学》2015年第11期。

[2] 孙宪忠:《推进农地三权分置经营模式的立法研究》,载《中国社会科学》2016年第7期。

[3] 李克强在全国深化简政放权放管结合优化服务改革电视电话会议上强调紧扣重点不断深化“放管服”改革坚持不懈推动政府职能转变,参见《李克强在全国深化简政放权放管结合优化服务改革电视电话会议上发表重要讲话》,载中国政府网:http://www.gov.cn/premier/2017-06/13/content_5202214.htm,最后访问日期:2018年1月13日。

(3)政府加强对农村企业的扶持力度,加大对农民自创业的财政补贴,对在农村办厂的农民给予政策优惠,既可以推动农业经济的发展,促进市场经济繁荣,同时还可以将土地流转后的农民纳入再生产,发挥剩余劳动力优势,促进企业发展和农民增收实现“双赢”。(4)对土地流转中的农民权益,政府要保护土地使用权和土地收益权,让农民有自主选择土地经营方式的权利,合理分配和切实保障农民的土地收益权。同时,还要在土地承包经营权有偿退出方面,在退出条件、模式、标准等方面充分保障进城农民的正当权益。比如,塘约村利用政府补贴,积极提高农民技能,强化对农村企业的支持,农民人均纯收入由2013年的不到4000元提升到2015年的8000元,村集体经济从不足4万元增加到80万元,实现了农业发展增收、农民脱贫致富。

其次,加快农村土地流转的制度供给。基于前述农地流转不规范的现实问题,亟待出台符合农地实际的土地流转法律规范,能够对农村土地的流转主体、客体、市场规则和配套制度做出具体可行的制度安排。值得注意的是,如果在缺乏基本法律制度的“缺位”阶段,需要政府及时“补位”,加快制度供给力度,更好发挥政府作用。比如,土地承包经营权的“确权”是农地三权分置政策的前提,[1]然而,在实践中,“虽然承包权与经营权尚未得到法律的确认,但一些地方政府已经以规范性文件对承包权与经营权作为独立权利类型的实践加以确认。在中央确定农地三权分置政策之前,部分地方政府已经明确了农地三权分置的具体内容”。[2] 以塘约村为例,当地政府以全面的权力界定为基础,推动农村土地流转,制定农业产业化发展道路,明确公私关系,细化产业分工分业,积极探索“公司化托管、专业化经营”的土地经营托管模式,基本实现土地流转的制度化和规范化,确保市场在资源分配中的决定性作用。

最后,强化农村土地流转的政府督促机制与问责制度建设。“塘约经验”的事实证明,农村土地流转需要成立专门监督机构,保证其行为具有独立性和完整性,尤其是不受政府部门的非法干预,坚决破除那些制约市场在资源配置中起决定性作用的政府体制机制弊端。其中,在三权分置的权利结构中,“土地承包经营权作为成员权,从集体土地所有权中分离出来意义重大。既可以强化农村集体经济组织成员的身份认同,又可以实现农村集体经济组织成员享有的公平分配权,也便于监督各种农地使用权制度共同完善”。当然,农村土地流转市场的决定性作用对政府角色提出了更高要求,需要政府根据土地利用和城市规划职责,对农村土地有权做出许可或者不许可,对土地用途实行管制,确保土地资源的合理利用,重点通过健全质询、问责、审计、罢免等监督机

---

〔1〕 参见李国强:《论农地流转中“三权分置”的法律关系》,载《法律科学》2015年第6期。

〔2〕 蔡立东、姜楠:《农地三权分置的法实现》,载《中国社会科学》2017年第5期。

制,建立决策问责和纠错等法律制度,对土地流转后的用途进行监督、检查、跟踪管理,直至追究法律责任,最终实现维护农村土地流转市场的保障功能。

(三)以政府分配法律机制为保障的创新服务

前述提及,提供服务是农村土地流转中政府的主要角色和核心职能。这里的服务不仅是一种经济干预行为,也是一种职能配置行为,具有节约财政支出、提高采购资金使用效益、强化宏观调控、活跃市场经济等作用。因此,政府应当按照《中华人民共和国农村土地承包经营纠纷调解仲裁法》等相关规定,维护和保障土地流转中各方的合法权利。同时,针对农村土地流转合同纠纷中的价格、违约责任以及合同形式等问题,专门成立农村土地流转服务与仲裁中心,以创新服务为主要内容来提升农村土地流转中服务群众的能力和水平。

首先,提供法治服务是政府创新服务的核心功能。通过落实党的十九届三中全会提出的政府机构改革的决策部署,按照重大改革于法有据的要求,适应农村土地流转改革和"放管服"改革需要,加快推进有关政府机构法律制度的立改废释工作,用健全的法治体系为政府"放管服"改革保驾护航。

其次,提升政府对农村土地流转的信息服务水平,积极推进"互联网+"政府采购行动。土地流转不仅是农村强化财政收入,提高财政资金使用效益的重要手段,更应成为各级政府强化调控职能、服务农村和城市经济发展的重要手段。具言之,政府的创新服务可以在法治支持下,积极推进"互联网+政府服务"等行动。通过加快建设统一的农村土地管理和交易平台,对政府和农村土地流转和市场交易活动实行动态实时监控。同时,加快建设统一的农村土地流转评审专家管理和信用评价系统,实现统一标准、远程服务、资源共享。在此基础上,加快建设统一的农村土地流转中心,为适用不同土地流转方式需求创造适宜条件,并对供应商信用情况进行记载和使用。实践证明,如果政府能够全面推行"农村土地流转电子商城",可以有效克服农村土地流转中存在的价格虚高、运行周期长、监管难度大等问题,大幅提升政府的服务效率和水平。

最后,探索实行政府服务农村土地流转远程电子评标方式,解决农村土地权益人串通流转平台违规操作等不良行为。探索建立农村土地流转信息资源开放共享和大数据分析,通过实时的流转数据对比分析,促进流转过程公平透明竞争,实现科学有序流转。

从本质上来看,"塘约经验"是以农民利益为出发点,以政府角色优化协同高效为着力点,提高了人、土地和资金的效率效能。鉴此,"塘约经验"产生的前提是政府分配法律机制的制度保障和功能实现。一方面,予以帮助和加强基层组织建设,创新服务,提供信息资源;另一方面,利用媒体发现、挖掘和报道塘约脱贫攻坚的先进典型和成功经验,可以发挥“塘约经验”的引领和辐射作用,把“塘约经验”制度化,积极营造脱贫攻坚、建设小康社会的良好氛围。[1] 可见,“塘约经验”的核心是以农村产权确权、赋权、易权为抓手,促进资源变资产、资金变股金、农民变股民的三变改革模式,本质上是政府“放管服”改革在安顺市农村土地流转中的坚持和深化,“放权”是前提,“管权”是关键,“服务”是宗旨,理应成为农村土地流转中转变政府职能、转换政府角色的分析样本,围绕推动农业高质量发展和现代化经济体系,加强完善和调整优化政府职能,形成一个系统完备、科学规范、运行有效的政府角色及其实现的法治保障体系。

五、结语

法治政府是建设法治国家的关键,也是法治社会的重要保障。在农村土地流转过程中,政府角色的定位和实现发挥着至关重要的作用。可以说政府对农村土地流转不断做出的制度安排已经得到社会的广泛认可,以服务型政府为统摄的农村土地流转法治保障体系也在逐步形成。由于仍需坚决破除制约使市场在资源配置中起决定性作用、更好发挥政府作用的体制机制弊端,安顺市“塘约经验”中政府在正确地扮演好自己的角色、更好发挥自己的作用中所显示出来的规律性的东西,不仅值得而且可能被汲取。虽然关于政府角色的研究已经形成了较为可观的研究成果,但是结合农村承包地“三权分置”改革的研究仍然有待深入,特别是在农村集体资产改革中政府角色亟待进一步厘清和界定,如此方可为更好发挥政府作用打下基础。笔者深切希望,在农村土地流转中,政府可以实现简政放权,提高行政效率和政府效能,稳步推进农村集体产权制度改革,构建起由权利配置、市场分配和政府分配法律机制为主要内容的法治保障体系,调动起农民发展现代农业和建设社会主义新农村的积极性,根据理论创新成果与实践进展不断进行总结和完善,为农村土地流转实践提供经验和理论依托。

---

〔1〕 参见张荣怀:《学习塘约经验　助推扶贫攻坚》,载《理论与当代》2017 年第 3 期。

会议综述

金融体制改革、金融企业治理与金融法治的完善

——暨“金融监管制度完善与金融企业治理研讨会”会议综述

岳彩申* 刘 倩**

目 次

为学习和落实党的十九大精神，尤其是关于深化金融体制改革和健全金融监管体制的战略部署，中国银行法学研究会农村金融法专业委员会、西南政法大学金融创新与法制研究中心与海南大学法学院于2018年2月3日，在位于海口的海南大学法学院会议室，联合主办“金融监管制度的完善与金融企业治理”研讨会。来自全国各地的30余位金融法专家、学者和实务部门的人员就“金融体制改革与金融企业治理”“金融风险及处置”“金融创新与金融监管法律问题”等主题展开了热烈、广泛而深入的研讨。现将此次会议代表所提出的问题、分析及对策建设综述如下。

一、金融体制改革与金融企业治理完善

党的十九大报告指出，要深化金融体制改革，增强金融服务实体经济能力；健全金融监管体系，守住不发生系统性金融风险的底线。金融和金融市场是各个国家最复杂

* 西南政法大学教授，法学博士。
** 西南政法大学经济法学院讲师，法学博士。

的问题,随着金融业和金融市场的快速发展,监管机构对金融企业治理提出了新要求。如何厘清金融创新与金融监管的关系,如何完善金融监管制度,从制度层面促进金融企业治理,成为本次论坛讨论的重点。

西南政法大学岳彩申教授认为,当前国家比较重视且值得深思的问题有两个:一是深化金融体制改革,服务实体经济。就金融体制而言,如何深化改革,包括法学界研究的很多问题,如重大立法问题、监察法的修改问题等,以及如何通过重大的立法来推进金融体制的改革,对中国来说确为一个战略上的考虑。二是如何健全监管体系,守住不发生系统性风险的问题。对于如何进行金融监管,学术界存有争议,学术界和实务界的观点也各不相同。中国监管制度的健全,绝非一个简单的问题。过去我国市场没有开放,监管较现在也更严格,但问题却是数见不鲜。从基本面判断来讲,金融监管体制如何健全和改革,是中国当前整个法制建设,也是金融业法一个非常核心的问题。2017年中央经济工作会议提出经济工作的重心,要打好防范化解重大风险的攻坚战及扶贫的攻坚战。第一个防范化解风险的重点是金融。作为学术界的一员,有责任从合理的角度,从理论的角度思考怎么样去改革,去完善金融监管制度。另外,对于金融法的完善和金融企业治理也有很多重大问题,需要进行深化研究。例如,第一,如何通过推进金融体制改革,包括证券发行、监管体制及消费者保护来推动金融服务,促进经济发展。但是,毕竟很大部分金融是在金融市场,所以也不能完全服务于实体经济。第二,在金融监管和金融法治中,规则体系还很多不完善、不统一,监管规则混乱,监管职权交叉、冲突。另外,地方与中央分权后,地方的监管权要如何界定?如今却未能落实,为什么会出现这种局面?因为要放权,由地方政府监管,但要求是中央出规则,地方负责防风险,规则如何制定,而各地情况各异。第三,"防风险、强监管"问题。"防风险"就是如何实现风险防范和监管全覆盖,全覆盖主要针对两个重点:一个是新兴金融业态,另一个是传统的分业经营、分业监管体系下的监管重叠、监管交叉及监管真空。如何实现监管全覆盖?全牌照制是否可行?这些都值得深入研究。第四,关于新金融,需要用新的思维对待。新金融的核心,以互联网金融为代表,主要是信息科技,而信息科技是解决问题的重点。就防风险角度而言,新金融需要建立更完善的、更好的信息收集、纪录和检查制度。穿透式监管的核心是信息,而非其他。对待金融创新,现在有一种呼声好像是比较负面的,即金融不要乱创新,乱不乱创新有什么标准来衡量?虽然这种讲法没错,但无法衡量。有人说不能服务实体经济的创新都是乱创新。比如微信支付是不是服务实体经济?无法对其进行评论,但确实便民。还有金融普惠也需要大量的服务创新、方式创新。所以对待金融创新要宽容,尤其是法律上要宽容。否则,中国互联网金融也不会在全世界领先。另外,国家现在提出要加大金融的开放力度,这个到底是指什么?对民营企业开放在2012年前后就开始了,国务院对民营企业放开进入什么领域也都出台了不少文件,为何重提?这都值得从法律制度、监管上、立法上去研究。

中国政法大学民商经济法学院刘少军教授,就金融监管合法性、金融监管的目的、实施监管权的主体及金融审判等问题展开探讨,认为我国金融监管方面,证券业、保险业、银行业均存在诸多法律问题。特别是银行业,很多银行的资产负债表显示,其营业收入中一半左右为理财业务。而今各大银行也在大幅度地调整来年的指标,尤其是同业业务,银监会要求得也更严了。所以,一系列问题也给金融体制完善和研究提出了很大的挑战和思考空间。而且金融监管很多情况下也未必是合法的,由此影响了法律的正常实施。金融监管的真正目的是防范系统性金融风险,若将其理解为一种权力,以非法集资为例,则必定存在相互监管推脱的问题,现有法律规定又无法解决问题,使金融监管丧失意义。至于监管到底归谁管,监管机构属于国务院的直属机构,按说监管是应该对立法机构负责或者主要对立法机构负责,世界上各个国家和地区也是如此做法。另外,监管机关的处罚权力必须受到限制,超过一定规模的处罚必须经过司法审查。例如,就掠夺性贷款问题,在明明知道借款人无还款能力时还故意放贷,那么放贷人的目的就是掠夺财产,而非提供正常的融资。这种贷款应该是无效的、非法的。按照传统的民商法、合同法理论,这个合同很可能被视为有效,但该合同目的是什么,其实值得我们思考。

海南大学法学院刘云亮教授认为,近两年我国倡导的穿透式金融监管,尽管存有很多争议,但实为一种不可不为的做法,为我国金融监管包括金融监管法制的完善,提供了一个前所未有的挑战和空间。而今的金融市场上,一方面,实体经济被金融支持的力度越来越少;另一方面,金融创新的泡沫越来越让人担忧。第一,穿透式的监管要从监管主体穿透,不能只限于原银监会(现为中国银行保险监督管理委员会)、证监会和法检,所以成立监管委员会是有一个初衷的。第二,穿透是被监管者的穿透,也是为许多业内人士所强烈不满的,因为它涉及一个企业的经营自主权的问题,包括信息、方案、模式,若被穿透,则金融企业的创新何在?其自主何在?企业不能按照以往的模式来进行经营,那么这种穿透就有一种很大的震撼。第三,金融穿透式的监管主要是要打造一个共享的信息,那么如何去打造一个共享的信息呢?这不是原来所说的某一个部门、某一个领域或某一个行业,特别是在互联网金融领域为何会出现系统性风险,如果不用穿透监管,也就不能从根子上防范这种风险。所以,也给金融体制的创新、研究提出了一个很大的挑战和思考空间。同时,刘云亮教授提出了关于穿透式监管的几点困惑。第一,就穿透式监管本身而言,需要研究穿透式监管与国务院搞的权力清单、责任清单之间是否存在矛盾？需要思考穿透式监管是否是将委员会，原银监会、原保监会(已与银监会合并为中国银行保险监督管理委员会)、证监会的权力清单和责任清单进行了混合？在这样一种情形下，穿透式监管的职责、力度，包括和现有监管机构的关系应当如何处理？监管机构的权力清单、责任清单到底怎么去理顺，如何分工？第二，穿透式监管和金融创新之间，在混业经营情况下金融企业的自主权该是怎样的？金融创新和金融监管之间的界限如何？第三，穿透式的监管对资本市场的稳定和持续健康的发展，可能短期是很痛苦的，但是长期来看，却能改变资本市场的结构和融资。其打破了传统的资本市场的格局，并对资本市场的多层次、多元化形成一个主线，比如人民币的币值还有去杠杆、贷款等这一系列的问题。第四，穿透式监管在现行金融体制下略显尴尬，因为穿透式监管下，“三会”(现为“两会”)几乎无用武之地了。所以这些问题都让人觉得企业在这样一种穿透式监管模式下被穿透了，这几个大的金融法规也被穿透式的监管穿透了。因此，如何重振金融法律制度，是一个比较宏观的问题。第五，怎么去应对这样的挑战以及完善金融监管法治，有哪些机遇可以把握？刘云亮教授认为关注金融市场，规避不了以上问题，均需予以关注。因此，法律的修改，必然建立在此形势下，需要从更高、更多的角度去考虑几个法律的融合及对接。

大连银监局政策法规处副处长祝巍，从实务角度出发对金融立法的完善提出了思路。他指出，第一，目前监管趋强，对金融市场管制的力度加大，监管的法治方面也在逐步完善。总体思路是，金融有别于其他行业，依旧要维持一个严格的市场准入管制和严格的基础法律建设，同时不能让金融达到充分竞争的状态。监管制度怎么完善，金融企业怎么治理，金融体制改革直接决定了一个国家金融的走向。作为法律人，要从法律的角度出发，秉承法律的一个基本的思想，对于违法行为的定性，包括法律的适用等诸多问题予以注意。第二，目前法律对金融的基本运行规则的约束不够严谨、完善。例如，法律规定对银行的贷款要进行严格审查，但“严格的审查”具体是什么意思还缺乏可操作性。第三，从执行层面来看，涉及金融企业的治理问题，即金融企业是不是能够真正把这些金融法律制度贯彻到公司治理层面和业务管理层面以及如何进行监管等，都是值得探讨的问题。

二、金融风险的处置与防范法律问题

随着经济发展方式的转变和结构调整，我国经济社会发展对金融改革和发展提出了更高要求。随着经济和金融开放程度不断提高，金融风险隐患也在积聚。全面推动金融改革，防范金融风险，规范金融秩序，支持金融创新，维护金融安全，是当前金融改革的主要任务。

成都农村商业银行合规总监肖山从实务角度，就金融风险防范与金融创新为题展开了论述。第一，简言之，金融即借贷，但如何做好借钱还钱的事，却是非常难的。在强监管背景下，整个市场经济压力陡升，资金短缺。从实务角度要考虑企业的经营状况、法律如何规定及风险管理措施是否到位，中间的通道还增加了辨识金融风险的方法。第二，希望尊重金融自由、尊重市场，要在一定程度上支持金融创新。例如，我国的同业业务在严监管形势下通常是一管到底，由此产生了很大的压力。因为同业业务除了表内贷款之外，额外是有100万亿元。还有，中央的财权和事权不匹配，即中央拥有财权，但事权归地方，地方需要发展，虽然现在取消了对政府国内生产总值的考核，但对每一个官员的考核却有增无减。对银行来说，必须在投资拉动经济的整体背景下面同业发展，金融配套和支持在规模控制下面也必然会有同业的发展。这是一个金融发展上的趋势，也是历史发展的必然，要尊重这个历史，如何慢慢地发展下去，避免泡沫，不管是银行界、法律界还是监管部门，都需要共同努力。第三，如何认识金融创新。比如信托，因为合同法并未作出具体规定，所以认定该行为是有效的。但现在创新就是违规，对外部律所来说，法律服务的状态和法律服务的结果和市场相对来说要一致。银行的理财产品，若突然放缓对市场可能带来大的危机，很可能出现系统性风险，希望在有序的前提下推动金融体制改革。

西南政法大学经济法学院盛学军教授，就金融业中间的典型问题进行了论述。第一，其就同业产品的本质、根源及其治理的方案是什么，展开全面论述，并以信托为例认为理财产品不论如何归类，用传统关系去界定或者传统的民商事法理论分析或者引进的信托关系去分析，都存在逻辑上的不足，与最初的信托的专家理财的本意相距较远，更多其实是指向监管指标。大量业务放开业后，立法没改变，在监管规范层面甚至规章层面都未改变，大多通过通知等规范性文件确定规则，由此导致从效率、到层级、到规范的覆盖面都不可控。第二，责任体系缺失。比如，刑事与民事的界限。金融领域在刑事上有30多个罪名，除了传统的财产刑为体系建立的诈骗以外，另一个是打击扰乱金融秩序方面的犯罪，这个体系已经远远超出了最初的设计，各个地方对此类案件的司法裁判差别较大，例如同为融资中的虚假材料，不同法院受理可能会出现完全不同的司法裁判结果。该类案件在刑民之间的界限，采取刑事措施打击不诚信、不规范的或者有害监管秩序行为的一些问题，包括民事的责任、刑事的责任及它们之间的界限，看起来仅为个案的问题，但对整体金融秩序影响都较大，对当事人的行为取向的影响具有长期性。第三，在监管制度内部存在层级，但大量的交易产品无监管规则可依。

海南大学法学院刘远道副教授认为，建立符合现代金融要求监管法治，需要基于我国当年不同于国外的资本市场发展现状,及金融监管法治改革和完善是否需要考虑新时代背景。第一,金融监管的目的是防范系统性风险,一切都是围绕这个核心。作为监管者,监管的时候必须对市场的微观风险和系统性风险加以区分,也需要监管者思考监管的目的为何。及我国监管制度从最初到现在是很严格的,但是风险为什么还是很大呢?第二,现有监管是否能够适用过去的标准应对不断变化的金融,金融科技的发展对金融监管提出了新挑战。金融要为实体经济服务这么一个口号怎么去落实。第三,如何建立符合市场经济要求的金融监管法治体系,认为应当坚持比例原则,给监管者完全的、充分的行政监管权力,让监管者真正通过行使监管的权力、职责,对市场有威慑力,市场主体冒犯法律时可以对他们进行打击和制裁,让市场有真正的威慑的力量。并且,金融监管应建立严格的问责制度,通过问责制限制监管者的权力或者约束权力的行使。

西南政法大学经济法学院万江副教授从中央地方金融分权的角度,运用了大量的、翔实的数据建立模型,论证地方融资与金融监管的关系,认为就金融分权来讲,涉及监管机构和监管制度的问题。党的十八届四中全会提出完善监管协调机制,实行中央和地方分权。2017年中央经济工作会议指出在坚持金融管理中央事权的前提下,强化属地风险的责任。在此背景下,如何实现金融监管。从地方层面来讲,从2002年开始北京就设立了金融办,很多省市也陆续设立了地方金融办。金融办最初为事业单位,到了2009以后性质发生了变化,有属于事业单位的,有挂靠的,有代管的,即由地方办公厅或者其他单位代管。在2008年至2009年开始,基于金融分权制度在全国范围内已经开始建立起来,很多地方把地方金融办变成了政府直属机构。让地方金融办也就是政府去防控当地的金融风险,但地方金融办是没有风险防控能力的,因为金融风险是一个全国性的问题,特别是互联网金融更是一个全国性的,是具有外部性的,其实地方政府并没有特别大的激励非要去防控金融风险。从这个角度来看,2017年我们要强化地方政府在防控金融风险时的属地责任意识,其积极性和有效性可能很难保持;但另一个方面来讲,金融监管作为中央的事权也可能有不妥当之处。

重庆市高级人民法院民二庭助理审判员张桦从司法审判的角度,探讨了金融风险与金融发展的关系,认为金融案件数量的持续增长,从审判与经济的关系上看,经济形势不容乐观。第一,反映在金融案件上,从2012年到2014年的数据来看,2012年重庆市全市范围内法院的金融案件数量是10,095件,标的额是20,9020万元;2013年略有下降,是8086件,但涉案标的额却增长了,是438,000多万元;在2014年,案件是9341件,标的额达到了1,318,442万元。第二,银行金融机构的案件标的额非常大,涉及面非常广。从更精准的角度可以从数理逻辑思考,这并非概念性的问题。风险虽是一个小概率事件，但是达到一定程度之后，基于背后的杠杆原理，小概率可能成为大概率。第三，金融机构可能通过一种合法的合同结构逃避监管。第四，关于法商管理理念下的金融企业服务风险治理的思考。集中体现在企业破产制度中的金融风险问题、明股实债、股权转让、对赌协议、科技风险等问题中。金融债券作为破产债权中的主要债权，其金额较大。而金融债权、小贷债权是企业融资的主要途径，一旦企业破产，为企业提供主要融资的金融债权被压制。金融债权包括担保债权，银行在向债务人及其他人提供融资时，较高的融资成本要求债务人为主债权提供担保。其风险在于可利用破产撤销权对金融债权进行不断侵害。此类案件中，往往是银行的一个巨额债权，监管部门发现问题后，要求审判部门对银行的债权风险问题在审判中予以监督。第五，政府在监管中的作为与限度，主要包括财政政策、货币政策可能会挤占民间的融资、环保执法对民间融资的影响及非法集资的处理等问题。

西南政法大学赵莹博士以"一带一路"为背景，就金融安全法治防范问题展开论述。其认为中国资本市场的发展和金融法律的逻辑，是紧紧围绕着"金融要服务实体经济以及防控金融风险、深化金融改革的任务"，从法治的视角来研究我国和"一带一路"沿线国家的金融安全法治现状，还有金融安全和金融风险协调机制理论，金融风险预警、金融风险控制还有监管等内容，所以在此基础上来构建一个"一带一路"倡议下的金融安全法治保障。通过阐述法治和金融发展若干基本问题，以及在"一带一路"倡议下金融安全法治的重要性来反思金融法领域中安全至上或者效率优先的内蕴的缺陷来论证金融安全在"一带一路"建设中的适用功能、政策定位、法律配置。

三、金融创新与金融监管法律问题

金融创新给现有监管体系不断带来挑战，现有监管模式难以跟上行业发展的步伐。同时，分业监管的机制难以覆盖综合经营带来的潜在风险，当前监管规则法律层次比较低，约束性不强，难以有效地约束金融创新带来的金融风险，需要通过金融体制改革和立法在制度上进行回应。

中国政法大学民商经济法学院张西峰副教授，就代币发行融资的法律问题展开论述。第一，金融背后不可忽略是人性的问题，金融乱象的根本原因在于人的趋利性。遇到风险的时候，人具有恐惧心理。无论是监管还是做研究，都可以从这个方面去考虑。第二，ICO（Intial Coin Offering，数字加密代币）的法律性质方面。ICO为非主权货币，为约定货币、信用货币。第三，发行比特币、莱特币或者其他的代币，募集的是一种财产，即为传统意义上的法律关系客体。第四，美国法律认为代币具有法财产的客观条件，应该说具备法财产的属性。我国民法总则专门对虚拟财产作一个法律规定，有一条讲的是虚拟财产先不规范,有其他法律进行规定的,就按照法律的规定进行调整。金融创新日新月异,若不克服人性问题,金融服务实体经济存在问题,可以借鉴英国那种沙盒监管的模式,留有创新的空间。

云南大学法学院周昌发副教授认为,区块链作为一种分布式、去中心化的数据库技术,具有一种去中心化的特点,即没有一个统一的中心,而每一个节点就是一个中心,如果运用到行业中可提高行业的透明度,因此,也逐渐被应用在金融领域,依此技术而生的区块链金融正对传统金融造成极大影响。但区块链金融发展起来之后,其却游走于我国法律之外,不论是人民币的管理条例,其银行法其物权法、电子银行业务管理办法等,现有法律法规已不能适应区块链金融这一全新的金融业态。但是《中华人民共和国民法总则》第127条规定了对网络虚拟财产的保护,此为基调性规定,为将来可能出现的数字资产、数字货币或者是民法总则说的虚拟财产留了一个空间。此外,针对区块链金融可能引致的信息保护、安全风险、智能合约及监管等问题,现存法律并无依据,作为正式制度安排的法律需有预见式的回应,要有促进区块链金融发展的一系列立法原则,从而达成既鼓励创新又保障金融秩序稳定,并促进金融效率与金融稳定相结合的目的。

广东省粤科母基金投资管理公司风控总监陈楚钟从实务角度,就私募股权投资基金等问题展开论述。第一,私募股权投资基金在国内发展较快,按照中国基金业协会公布的数据来看,截至2017年12月底,股权投资基金和创投基金规模达到了7.09万亿元,较比2016年增长了2.4万亿元,增长率高达51.21%,其规模占整个私募规模的64%,即证券类基金规模下降到24%,私募基金相较公募基金而言处于一个萎缩的状态。增长的原因在于鼓励股权投资,助力实体经济发展,通过股权的投资,能否把经济发展做一个房地产的带动,能否通过股权投资带动经济的发展,培育新的经济的增长点。以上数据可以证明,国家包括政府对于私募基金的投入支持力度较大。尽管如此,仍然存在一些问题。其主体都是有一定经济实力和营运能力的,不一定全部都需要监管来解决问题,有一部分交易可以考虑通过交易结构做好安排,尽量减少监管需求的产生。第二,当前主要的是委托类管理人员进行管理,由政府、财政出资人公布招标的方式设定管理人员资格、资质和条件,筛选出合适的管理人来管理资金。但大规模引导基金出来对民间投资形成不利的效力问题、闲置资金问题,以及有关政府基金管理人选择后的监督有待进一步重视,行之有效的建议则是通过母基金管理人解决问题。第三,政府引导基金很强调安全性问题,即保本。从操作层面及设置政府引导基金的初衷和目的来讲,还是不可行的。第四,要加强对私募基金出资人权益的保护,提高政府引导基金专业化法治水平。对失败的管理人以及控制人还是要通过行业协会进行公布,实施行业竞业禁止。

证监会稽查总队调查三处副调研员朱宇,就场外股票配资行为的法律性质及如何规制与大家展开探讨。第一,场外配资炒股自2015年"股灾"发生时得到学界和实务界的关注,其实质上是指未经监管机关批准的自然人、法人、其他组织之间约定融资方向配资方缴纳现金或者一定市值的证券作为担保品,配资方按照一定的杠杆比例将自有资金或者融来的其他资金、信托资金等出借给融资方用来买卖股票,配资方固定收取或者按照盈利比例来收取利益或管理费。融资方将买入的股票和保证金让与给配资方作为担保,设立警戒线和平常线,配资方有权在资产市值达到平常线的时候调节平仓,以偿还本息。第二,对于配资行为的效力则应予以区别对待,不能简单地说合同有效或无效,或者违反了效力性强制性规定及管理性强制性规定,应当区分行为是否为经营性的行为。因为在实务中,场外股权配置中大部分是经营性行为,只有小部分是个人行为。个人性的场外股权配资没有违反我国的效力性强制性规定,故应当认为是有效的;对于经营性行为则应当认定为无效,因为这种配资行为违反了《中华人民共和国合同法》第52条第4项规定,违反第5项关于社会公共利益的规定,这种行为中存在侵害中小股东利益的问题,损害了社会公共利益。第三,基于配资融资的主体是个人还是法人,细化一下看对于效力认定也有不同的影响。可通过改进目前融资融券的制度,改善供给制度好一点,扩大融资融券的标的比例,并建立证监会、公安部等各部门对违法犯罪行为进行打击的联合机制。

四、金融消费者保护法律问题

以互联网金融为代表的新金融门槛低且操作简单,与此同时,消费者权益极易受到侵害。因此,推动金融消费者教育和金融知识普及工作,提高社会公众正确使用金融产品、金融服务和防范金融风险的意识,保护金融消费合法权益就显得相当重要。

西安财经学院法学院王波副教授借鉴国外的经验和做法,以金融消费者综合保护的监管机制展开论述,提出了从政府监管、金融机构监管和金融消费者监管三个方面进行监管的思路。从综合保护监管机制的角度来看,政府监管在金融消费者保护中发挥着主要作用;金融机构对金融消费者保护发挥着重要作用,但实际上这部分作用被忽略了或者并没有充分发挥出来。其自律监管与政府监管互动起来,才能发挥金融机构在掌握消费者信息等各方面的专业作用,所以政府的监管一定要保持谦抑。通过消费者组织来保护金融消费者,即金融消费者自力保护监管也很重要。金融机构给监管者的信息可能不全也可能是假的,所以需要依靠金融消费者自力监管来纠偏。第三个内在的机理就是金融消费者自力监管对金融机构自律监管的一种倒逼,从三者的互动、平衡来说,金融消费者监管的综合机制应当是存在的且是必要的。但目前整体结构失衡,从政府监管来保护消费者的角度来看,干预不足与干预过度并存,以干预过度为主,特别是穿透式监管机制,干预过度无疑会影响金融创新,自律监管没有发挥作用。一是从政府监管适度方面,有必要建立规制影响评价制度,强力推进金融消费者教育的激励性监管制度。二是从金融机构自律监管的方面,做好反羊群效应监管,可借鉴国外金融机构的一些规定,即构建参与式的互动式监管,让金融机构能够通过主动的自律监管在维护自身稳健运行的同时能够保护金融消费者。三是从金融消费者自力保护层面上,要有专门的金融消费者保护组织。

重庆理工大学吴安新教授就校园网贷问题展开探讨,认为在金融法治事业不健全的情况下,在校大学生作为校园网贷的受害者,既没有一个理性交易的意识,又缺乏法律保护意识,且监管部门对于进入校园的放贷者缺失监管。故建议建立学生征信制度,建立放贷人对在校大学生的审查机制和追责机制,在其退出的时候对其违约、预期管理费、滞纳金、利率进行严格要求,建议对这些具体指标给予限定。考虑到此类合同基本上是合法的,利率也可能是符合不法律法规限制的,但其规定的滞纳金、逾期管理费、违约金明显不合理,保证放贷者依法向学生放贷,维护学生的合法权益。

海南大学法学院伍奕副教授就金融消费者教育缺失问题展开探讨,认为互联网金融虽解决了中小企业融资难问题,但金融创新伴随金融风险辨识难度提高,市场约束机制降低,需要通过教育使金融消费者能够识别一定风险,抑制其贪婪或者使其贪婪控制在一定程度内。目前消费者教育方面的制度处于缺失状态。具体而言,立法更多的是在讲金融机构的义务,对包括学校、金融机构要教育到哪一步,哪类金融消费者才能投资理财产品,对消费者有什么样的义务及有受教育的权利,如何保障受教育权方面,谁要承担、如何承担、承担什么样的责任等方面存在空白。比如,过于复杂的交易,金融机构有义务选择合适的交易对象、适当的投资者,并提示交易风险,履行教育责任义务,否则就应该承担责任。在此方面,审慎监管与保护消费者权益应该双措并举,要真正能够防范系统性风险。若没有对消费者权益进行较好的保护,很难守住系统性风险底线。消费者保护中最基本的一个权利即为保护金融消费者受教育的权利,故需完善相关立法,以实现金融消费者主体多元化,并强化种类机构的教育责任。

《经济法论坛》(第21卷)稿约

《经济法论坛》(以下简称《论坛》)系西南政法大学经济法学科点为推动经济法学的理论研究和学科建设,加强经济法学界的学术交流,编辑出版的连续性论文集。《论坛》设置的栏目有基本理论、制度研究、农村法治、国际视窗、人才培养等。自2013年起每年推出2卷,由法律出版社出版。自第1卷于2003年出版以来,至今已出版20卷,引起了经济法学界的广泛关注。《论坛》第21卷的组稿事宜如下,欢迎国内外专家不吝赐稿!

一、向《论坛》所投稿件,应属于经济法领域或与经济法相关的作品,且未曾公开发表或主体部分未曾公开发表。论文体裁不限,论文、译文、调研报告、学术随笔等均可。译文请自行解决版权。稿件篇幅一般不超过1.5万字。

二、稿件电子排版,文档存为Word 1997~2003格式。

三、来稿一经采用,即赠送样书1本。

四、来稿请在文末,另页附上作者的姓名、单位、学位、职称或职务、通信地址、邮编、电话、电子邮件地址。

五、**请勿一稿多投,自该卷截至征稿之日起逾3个月未收到采用通知的,作者可对稿件另行处理**。

六、《论坛》的注释,按以下要求执行:

(一)采用脚注,每页重新编号,注码放在标点之后,注码号为"〔〕"。不在文末列参考文献。

(二)外文注释依各文种注释习惯。外文原注释中的评论性或说明性文字,请译为中文。

(三)非引用原文者,注释前加"参见"。

(四)引用资料非来自原始出处者,请注明"转引自"。

(五)注释体例列举:

1. 著作类

①《马克思恩格斯选集》(第4卷),人民出版社1972年版,第28~29页。

②刘星:《法律的隐喻》,中山大学出版社1999年版,第60页。

2. 论文类

王家福、刘海年、李步云:《论法制改革》,载《法学研究》1989年第2期。

3. 文集类

岳彩申、李永成:《中国经济法学三十年发展报告》,载李昌麒主编:《经济法论坛》(第7卷),群众出版社2010年版,第13~36页。

4. 译著类

[英]梅因:《古代法》,沈景一译,商务印书馆1984年版,第59页。

5. 报纸类

①王启东:《法制与法治》,载《法制日报》1989年3月2日,A1版。

②庚向荣:《说理是司法裁判文书的生命》,载《法制日报》2013年2月19日,第7版。

6. 古籍类

《宋会要辑·食货》卷三。

7. 辞书类

《辞海》,上海辞书出版社1979年版,第239页。

8. 有主编的教材和著作类

李昌麒主编:《经济法学》,中国政法大学出版社1999年版,第19页。

9. 网络文献类

苏力:《中国现代化进程中的法制问题》,载北大法律信息网文献库:http://chinalawinfo.com/fzdt/xmnr.asp? id=11223,最后访问日期:2009年1月5日。

七、稿件请采用电子邮件发送至投稿信箱。

八、第21卷征稿截止时间:2018年6月15日。

地址:重庆市渝北区宝圣大道301号西南政法大学致雅楼《经济法论坛》编辑部

邮编:401120

收件人:《经济法论坛》编辑部

投稿信箱:jingjifaluntan@163.com

电话:023-67258925

《经济法论坛》编辑部

2018年3月30日

图书在版编目(CIP)数据

经济法论坛. 第20卷 / 岳彩申, 盛学军主编. -- 北京 : 法律出版社, 2018
ISBN 978 -7 -5197 -2321 -7

Ⅰ. ①经… Ⅱ. ①岳… ②盛… Ⅲ. ①经济法-文集
Ⅳ. ①D912.29 -53

中国版本图书馆CIP数据核字(2018)第122951号

经济法论坛(第20卷)
JINGJIFA LUNTAN(DI 20 JUAN)

岳彩申　盛学军 主编

策划编辑 陈　妮
责任编辑 陈　妮
装帧设计 汪奇峰

出版 法律出版社
总发行 中国法律图书有限公司
经销 新华书店
印刷 北京虎彩文化传播有限公司
责任校对 马　丽
责任印制 吕亚莉

编辑统筹 财经法治出版分社
开本 720毫米×960毫米　1/16
印张 15.75
字数 300千
版本 2018年6月第1版
印次 2018年6月第1次印刷

法律出版社/北京市丰台区莲花池西里7号(100073)
网址/www.lawpress.com.cn
投稿邮箱/info@lawpress.com.cn
举报维权邮箱/jbwq@lawpress.com.cn
销售热线/010 -63939792
咨询电话/010 -63939796

中国法律图书有限公司/北京市丰台区莲花池西里7号(100073)
全国各地中法图分、子公司销售电话:
统一销售客服/400 -660 -6393
第一法律书店/010 -63939781/9782
西安分公司/029 -85330678
重庆分公司/023 -67453036
上海分公司/021 -62071639/1636
深圳分公司/0755 -83072995

书号:ISBN 978 -7 -5197 -2321 -7
定价:80.00元
(如有缺页或倒装,中国法律图书有限公司负责退换)